21 世纪高等教育新理念精品规划教材

国际贸易实务

主编　成喜玲　孙林霞

天津大学出版社
TIANJIN UNIVERSITY PRESS

图书在版编目（CIP）数据

国际贸易实务 / 成喜玲，孙林霞主编. —天津：
天津大学出版社，2021.6（2024.1重印）
21世纪高等教育新理念精品规划教材
ISBN 978-7-5618-6973-4

Ⅰ.①国… Ⅱ.①成… ②孙… Ⅲ.①国际贸易－贸
易实务－高等学校－教材 Ⅳ.①F740.4

中国版本图书馆CIP数据核字（2021）第126779号

出版发行 天津大学出版社
地　　址 天津市卫津路92号天津大学内：邮编（300072）
电　　话 发行部：022-27403647
网　　址 www.tjupress.com.cn
印　　刷 北京虎彩文化传播有限公司
经　　销 全国各地新华书店
开　　本 185mm×260mm
印　　张 17.75
字　　数 443千
版　　次 2021年6月第1版
印　　次 2024年1月第2次
定　　价 48.00元

前　言

距笔者主编的2013年版《国际贸易实务》教材的出版已有8年时间，在这8年里，我国对外贸易的内外环境均发生了巨大变化。2013年，我国货物贸易进出口总值首次突破4万亿美元，成为世界第一大货物贸易国。2020年，我国货物贸易进出口总值32.16万亿元人民币，占国际市场份额的12.8%。在进出口数量增长的同时，进出口产品的附加值也有较大提升，贸易市场结构更趋多元化，贸易方式结构更加优化。我国对外贸易从“量”的发展逐渐进入“质”的提高阶段。

随着电子商务和数字贸易的飞速发展，贸易便利化和“单一窗口”深入推进，2018年起我国海关与商检融合监管，有关法律法规和实际业务随之发生变化。

国际贸易惯例和我国涉外经济贸易法规、条例也有了新的发展和变化。为了适应国际贸易的快速发展和国际贸易实践领域发生的新变化，以及贸易数字化及电子商务在进出口业务中被世界各国商人广泛运用，并与《联合国国际货物销售合同公约》进一步关联，国际商会（International Chamber of Commerce，ICC）对《国际贸易术语解释通则2010》进行了修订，《国际贸易术语解释通则2020》于2019年9月10日对外公开发布，并于2020年1月1日起正式生效。2020年5月28日，第十三届全国人民代表大会第三次会议表决通过了《中华人民共和国民法典》，并于2021年1月1日起施行。《中华人民共和国合同法》《中华人民共和国民法通则》《中华人民共和国民法总则》等9部法律同时废止。

鉴于以上原因，笔者在2013年版《国际贸易实务》的基础上，对教材的章节及结构进行了调整，并对内容进行了更新与补充。特别是根据《国际贸易术语解释通则 2020》的最新规定，笔者重新编写了有关国际贸易术语的章节，将 2013 年版《国际贸易实务》的第三章分解为两章——第三章贸易术语和第七章进出口商品的价格；根据国家相关机构调整后，出入境检验检疫局合并至海关的情况，对 2013 年版《国际贸易实务》的第七章进出口商品检验检疫与索赔的相关内容进行了修订。同时也对国际货物运输、国际货物运输保险、国际货款结算、国际货物买卖合同的签订与进出口合同的履行等章节中的内容进行删减、修订和补充。

本书内容共分为十七章，由成喜玲副教授（西安建筑科技大学）设计、策划、组织和统稿，并负责第一章、第三章、第六至十三章、第十六至十七章内容的编写；孙林霞老师（西安建筑科技大学）负责第二章、第四至五章、第十四至十五章内容的编写。

本书适用于国际经济与贸易相关专业的本科生、研究生，也可供从事国际经济与贸易研究、参与实际贸易业务活动的相关人士参考使用。

在本书编写过程中，笔者参阅了大量的国内外与国际贸易理论和实务相关的著作、论文和文献资料，借鉴了不少国内外学者的研究成果，在此表示衷心的感谢。

本书如存在不妥之处，谨请使用的老师、同学和广大读者批评指正。

编者

2021 年 3 月

目　录

第一章　绪论

本章教学目的及要求

通过本章学习，应掌握国际贸易实务的概念；了解国际贸易实务课程的主要内容；理解国际贸易实务与以往所学的国际贸易理论、政策的关系，国际贸易的特点；熟悉进出口贸易的基本程序；了解国际货物贸易适用的法律与惯例。

国际贸易实务，又称“进出口贸易实务”，是国际经贸类专业的一门必修的专业基础课程。它是一门研究国际货物买卖的有关理论和实践活动的学科，也是一门具有涉外商务活动特点的综合性应用学科。该门课程涉及国际贸易理论与政策、国际金融、国际运输、国际结算、国际市场营销等学科的基本原理与基本知识，并在此基础上综合运用。通过本课程的学习，学生可初步掌握有关国际贸易的基本理论、基本知识和基本技能。

学好这门课程，需要了解与该学科相关的知识和概念，其中包括国际贸易实务与国际贸易理论及政策的关系、国际贸易的特点、进出口贸易的基本程序、国际贸易活动所应遵循的国际惯例及规则等内容。

一、国际贸易实务研究的内容

国际贸易实务是国际贸易理论与政策、国际贸易法律与惯例、国际金融与国际保险、国际技术贸易与国际服务等多学科的基本理论与基本知识的具体实践和运用。国际贸易实务从广义上说，既包括国际商品贸易，又包括国际技术贸易、国际服务贸易。从狭义上说，国际贸易实务主要是指国际商品贸易，即商品进出口业务，是研究国际货物买卖的有关理论和实际业务操作的过程。

国际货物买卖是通过磋商、订立和履行国际货物买卖合同进行的。要订立和履行好国际货物买卖合同，就必须掌握其条款的内容和规定方法，熟悉合同磋商、订立和履行的基本环节。由于各国存在法律上的不同规定和贸易习惯的差异，当涉及买卖双方的利害关系时，经常会出现矛盾和博弈，面临各种问题和风险。因此，学会运用有关国际惯例和法律规则处理纠纷、防范风险是很有必要的。本教材有关国际货物买卖合同的内容主要包括：国际贸易惯例与国际贸易术语，国际货物买卖合同条款中的商品品质、数量和包装，商品价格，国际货物运输与保险，货款结算，检验检疫，索赔，不可抗力与仲裁，合同的签订与履行等。

随着国际政治经济的变化及国际贸易的进一步发展，国际货物贸易除了传统的经营方式以外，还产生了融货物、技术、劳务和资本移动为一体的新的国际贸易方式，致使目前的国际贸易活动除了采用单纯的货物买卖以外，还可以采用代理、寄售、拍卖、招投标、加工贸易、期货交易以及租赁等国际贸易方式。

二、国际贸易实务与国际贸易理论、政策的关系

国际贸易实务与国际贸易理论、政策有着密切的关系，它是国际贸易理论、政策的具体实践和运用。

（一）国际贸易实务与国际贸易理论

国际贸易理论是研究国际贸易产生、发展和贸易利益，揭示其中运动特点与运动规律的学科。国际贸易理论是在社会经济发展到一定阶段、国际分工发展到一定程度基础上产生的，随着社会经济和经济学理论的发展而发展的。

国际贸易理论要回答的问题是：为什么要进行国际贸易？如何进行国际贸易？国际贸易有什么利益？

通过上述问题，我们可以明白一个国家参与国际分工和国际贸易的目的和动机；了解一国参与国际分工的生产结构和分工结构，进而了解其国际贸易中商品进出口的结构特征；把握国际贸易中的利益所在，以及贸易所得利益在不同国家生产者与消费者中的分配和变化。

国际贸易理论的发展大致经历了古典、新古典、新贸易理论以及新兴古典贸易理论四大阶段。古典贸易理论是在批判重商主义的基础上发展起来的，它从劳动生产率的角度说明了国际贸易产生的原因、结构和利益分配，认为具有绝对优势成本或相对优势成本差异的不同国家之间，通过贸易可以节约劳动，或增加产出总量，为双方带来比较优势利益。新古典贸易理论提出要素禀赋说、多要素禀赋差异的资源国际配置，即通过国际贸易使不同资源禀赋的国家之间实现生产要素的国际合理配置，从而为参与国际分工与贸易的国家带来比较优势利益。针对产业内贸易的迅速发展，20世纪七八十年代以来出现了规模经济、不完全竞争等新贸易理论，其试图回答相同要素禀赋或相同产品之间国际贸易产生的原因和利益分配问题。但新贸易理论并不能取代传统贸易理论。新兴古典经济学是20世纪80年代以来新兴的经济学流派。新兴古典贸易理论依托新兴古典经济学的新框架，将贸易的起因归结为分工带来的专业化经济与交易费用两难冲突相互作用的结果，从而对贸易的原因给出了新的解释思路，使贸易理论的核心重新回到分工引起的规模报酬递增，是一种内生动态优势模型，是贸易理论和贸易政策统一的模型，是国内贸易和国际贸易统一的模型，能够整合各种贸易理论，是贸易理论的新发展。

一个国家进口什么、出口什么必须依据国际贸易理论所揭示的本国的资源禀赋和比较优势进行选择，同时要根据贸易对象的要素禀赋，实现国内市场与国际市场的统一配置。在科学技术日益发展的当代国际贸易活动中，各国也要重视规模优势和不完全竞争市场对进出口商品结构的影响。

（二）国际贸易实务与国际贸易政策

国际贸易政策是国际贸易理论的具体表现。所谓国际贸易政策是指一个国家所采取的控制和管理对外贸易的各种政策与措施的总和。一国的对外贸易政策依据其贸易理论制定，并与其贸易理论相适应。一个国家在不同的发展时期，根据其社会经济发展的变化采取不同的国际贸易政策。

国际贸易政策是一国经济政策体系和对外关系的重要组成部分。因此,采用何种对外贸易政策,既与该国的国内经济发展目标与政策密切相关,又要考虑世界社会经济发展与经济关系的发展变化。

国际贸易政策有两种:一是自由贸易政策,二是保护贸易政策。自由贸易政策的主要内容是国家取消对进出口的各种限制和障碍,取消对本国进出口的各种特权和优待,使商品自由进出口,在国内外市场上自由竞争,逐步形成统一的国际商品市场。而保护贸易政策的主要内容是国家限制商品的自由贸易,借助于各种贸易壁垒,限制商品进口的数量、种类、价格等,保护国内市场免受外国商品的竞争;对本国的出口商品则通过补贴或税收优惠等手段鼓励出口。

国际贸易政策与国际贸易实务关系更为密切。不同国家采取的贸易政策不同,直接影响到商品交易的进行。例如关税高低、配额多少、商检程序、结汇规定等都直接影响商品进出口的结构和规模,也影响着贸易利益在不同国家之间的分配。

三、国际贸易的特点

国际贸易是国内贸易向国际的延伸。从一个国家来看,其国际贸易和国内贸易都是商品和劳务的交换,商品都是从生产者向消费者转移。而且,出口要以国内的生产或采购为前提,进口要以国内市场的销售为目标,通过进出口使得国内市场与国际市场融为一体。但是国际贸易和国内贸易相比具有难度大、风险高、程序更复杂、竞争更激烈等特点。

(一)难度大

国际贸易和国内贸易在本质上说都是商品交换活动,在商品从生产者向消费者转移过程中大体都要经过相同的环节,如贸易洽商、合同签订、合同履行等。更具体的还有商品的质量、品名、数量、价格,商品的包装、运输、保险,货款的结算等。但与国内贸易相比,国际贸易涉及的各个国家在语言、风俗习惯、宗教信仰、政治制度、法律体系等方面存在着巨大的差异,从而使得贸易洽商、合同签订、合同履行等方面具有更大的难度。

(二)风险高

国际贸易的买卖双方分处不同的国家或地区,商品的跨国交易往往需要越洋跨海经过长时间、远距离运输才能从生产者转移到消费者。因此买卖双方要承受不同国家、不同市场中资信、汇率、外贸政策与措施等方面的信用风险、汇率风险、市场风险,还要承受远洋运输过程中可能遇到的自然灾害、意外事故和其他外来风险。可见国际贸易远比国内贸易有更多的风险。

(三)程序更复杂

在国际贸易中,交易双方相距遥远,交易过程涉及的地域广、期限长、中间环节多等所有这些使得国际货物买卖更加复杂。具体来说,国际货物买卖的每笔交易除了买卖双方以外,还涉及各种中间商、代理商以及国内外的运输、保险、港口、海关、检验与检疫、银行、政府机关等部门的协作配合,或接受其监督与管理。交易过程的关系错综复杂,稍有不慎就可能造成损失或引起纠纷,以致提交仲裁或司法诉讼,从而影响交易的完成与合同的履行。

(四)竞争更激烈

国际贸易的竞争比国内贸易更加激烈。国际贸易当事人不仅要面临国内竞争对手,还要面临来自不同国家的竞争对手的挑战。竞争的形式虽表现为商品竞争、市场竞争、技术竞争、服务质量竞争,但归根到底,竞争的实质还是人才的竞争。因此,我们必须增强竞争意识、提高国际贸易从业人员的整体素质和竞争能力,才能在国际市场竞争中立于不败之地。

四、进出口贸易的基本程序

在进出口贸易中,由于交易方式和成交条件不同,其业务环节也不尽相同。各环节的工作,有的分先后进行,有的先后交叉进行,也有的齐头并进。但是,不论进口还是出口交易,就其业务程序而言,一般都包括交易前的准备、磋商和订立合同、履行合同三个阶段。现将进出口贸易的基本业务程序分别介绍如下。

(一)出口贸易的基本业务程序

1. 出口交易前的准备

出口交易前的准备工作,主要包括做好对国际市场的调查研究、制定出口商品经营方案或价格方案、落实货源或制订出口商品生产计划、进行广告宣传、选定客户并建立业务关系等。

(1)做好对国际市场的调查研究

对国际市场的调查研究、分析和对其发展趋势的预测,是开展出口贸易前首先应当做好的工作。只有做好这项工作,才能做到知己知彼,掌握主动权,作出正确的经营决策。对国际市场的调查研究,可分为对进口国家或地区的调查研究、对商品市场的调查研究及对交易对象的调查研究。

对进口国家或地区的调查研究主要是调查有关国家或地区的经济状况,对外政策,与我国的关系,进出口商品结构、数量、金额,贸易对象国,贸易与外汇管制,以及与我国订立或共同参加的双边或多边的国际条约等有关对外经济往来的情况。

对商品市场的调查研究主要是调查有关商品的品种、质量、包装、原材料、技术水平以及生产、消费、贸易、成本、价格、主要供应国与消费国及其发展状况。

对交易对象的调查研究主要是调查现有及潜在客户的资信状况、经营范围和经营能力等方面,以利于选择客户。

(2)制定出口商品经营方案或价格方案

在对国际市场调查研究的基础上,外贸经营单位应对所经营的出口商品制定经营方案或价格方案。出口经营方案是根据国家的方针政策和本企业的经营意图对该出口商品在一定时期内所作出的全面业务安排。一个企业在分析市场、选定自己的目标市场以后,就要针对目标市场的需求、影响市场销售的不可控的宏观因素以及企业可以控制的销售因素,最有效地利用本身的人力、物力资源,趋利避害,扬长避短,设计企业的销售策略,制定最佳的综合销售方案,即出口商品经营方案,以便达到企业的预期目标。出口商品经营方案内容通常包括国内货源情况、国外市场与目标市场情况、历史经营情况、计划安排和实现计划的措施,如市场安排、物色客户、广告宣传、贸易方式、价格、支付等交易条件的选择、运用和掌握，以及成本和经济效益的核算等。

（3）落实货源或制订出口商品生产计划

在制定出口商品经营方案或价格方案的同时或先后，应按不同商品的具体情况和特点，及时根据经营方案，与生产、供货部门落实货源收购、调运或制定出口商品生产计划。

（4）进行广告宣传

广告宣传工作是出口商品经营方案的重要内容。在进行广告宣传之前，应先有明确的目标，才能保证做到有的放矢。广告宣传的内容及采用的方式、手段要针对不同市场和商品的特点，要注意效果并体现出我国商品特有的风格。目前外贸企业使用的宣传方式和广告媒体非常多，如报纸、期刊、专业印刷品（商业指南、贸易年鉴、手册）、视听广告（电影、电视、广播）、户外广告（招贴、广告牌、交通车辆广告、电气广告）、直接邮寄广告（样本、实物样品、商品目录、图片说明书、通告函）、商品陈列展览等。

（5）选定客户并建立业务关系

在对交易对象调查的基础上，选定资信情况良好、经营能力强、对我国友好的客户，通过采取主动发函发电和参观访问等方式进行初步联系，并与之建立业务关系。

如果出口商品属国家配额或许可证管理范围者，出口企业在对外磋商交易前，应根据有关规定向国家外经贸管理部门申请并取得出口配额或出口许可证。

2. 出口交易磋商和合同订立

在做好上述准备工作之后，通过函电联系或当面洽谈等方式，同国外客户就出口交易的具体内容进行实质性的谈判，即交易磋商。交易磋商一般要经过询盘、发盘、还盘、接受等环节。当一方的发盘被另一方接受后，交易即告达成，合同就算订立。在实际业务中，为了明确责任、便于履行，当事人双方会签署一份有一定格式的书面合同。

3. 出口合同的履行

出口合同订立后，交易双方就要根据重合同、守信用的原则，履行各自承担的义务。如按 CIF 条件和信用证付款方式达成的交易，就卖方履行出口合同而言，主要包括下列各环节的工作。

（1）准备货物

根据出口合同的规定按时、按质、按量准备好货物，并按照有关法律和行政法规报请主管机构检验检疫，在取得检验检疫合格证书后，方能对外装运货物。

（2）落实信用证

落实信用证包括催证、审证和修改信用证等工作。如国外客户未能按合同规定的时间开立信用证，应向国外客户催开信用证。收到信用证后，要根据合同规定和《跟单信用证统一惯例》审查信用证，如发现有与合同不符又不能接受的或难以做到的条款，应立即要求客户通过银行修改信用证，直至我方可以接受为止。

（3）安排装运

在货物备妥、收到信用证并经审核无误后，即可安排装运货物。外贸企业需要及时租船订舱,办理托运手续。在明确载货工具后,必须及时办理保险,并向海关办理出口报关手续。经海关查验放行后,将货物交承运人接管或装上指定的载货工具,并从承运人处取得由其签发的运输单据。货物装运后,外贸企业应立即将装运情况通知买方,以便买方安排接货和支付货款等事宜。

(4)制单结汇

货物装运后,应缮制和备妥各种单据。所需单据一般包括商业发票、运输单据和保险单等。单据备妥后,即可向有关银行交单,收取货款。最后还应及时办理出口收汇核销和出口退税手续。

(二)进口贸易的基本业务程序

进口贸易的业务程序也分三个阶段,交易前的准备、交易磋商和合同订立及合同的履行。

1. 交易前的准备

在进口交易前的市场调研中,首先要了解清楚拟采购商品的供应国和生产国的供应情况、价格水平,根据商品的不同规格、技术条件,进行分析比较,以便在贯彻别的国家或地区的政策的前提下,选择从产品对路、货源充足、技术水平高、价格较低的市场采购。其次,对客户的调研,不仅要充分了解他们的资信情况、经营能力和经营作风,还要了解他们的购销渠道、本身是贸易商还是生产厂家,以便正确选择供货对象,减少不必要的中间环节,降低进口成本,节约外汇支出。

根据《中华人民共和国货物进出口管理条例》的规定,凡属限制进口的货物,进口经营者应根据不同货物事先向主管部门办理进口配额或进口许可证。

2. 交易磋商和合同订立

进口贸易的交易磋商和合同订立的做法与出口贸易基本相同。但应强调指出的是,如属购买高新技术、成套设备或大宗交易,更应注意选配好洽谈人员,组织一个包括有各种专长的专业人员的精明能干的谈判班子,并切实做好比价工作。

在通过发盘与接受达成交易后,大都还需签署一份有一定格式的书面合同,以利合同的履行。

3. 合同的履行

履行进口合同与履行出口合同的程序相反,工作侧重点也不一样。如按 FOB 条件和信用证付款方式成交,买方履行合同的程序一般包括:向银行申请开立信用证、租船订舱、催促卖方备货装船、办理货运保险、付款赎单、进口报关、接卸货物、进口报检、拨交货物等环节。

以上是进出口贸易的基本业务程序。如果在订立合同后,合同没有履行,或履约过程中一方出现违约情况,致使对方蒙受经济损失,则受损害方有权采取各种必要的救济方法,这就会产生索赔、理赔与处理纠纷的问题。针对合同订立后可能出现的这些问题,当事人在订立买卖合同时,应约定不可抗力、索赔和仲裁条款,以明确处理争议的依据和办法。

五、国际货物贸易适用的法律与惯例

国际货物贸易适用的法律概括起来有国内法、国际贸易惯例和国际条约。

（一）国内法

国际货物贸易合同必须符合双方当事人所在国的国内法。国内法（Domestic Law）是指由国家制定或认可并在本国主权管辖范围内生效的法律。在我国，订立合同，包括涉外合同，必须遵守中华人民共和国的相关法律，即使依照法律规定适用外国法律或者国际惯例的，也不得违反中华人民共和国的社会公共利益。但是，由于国际货物贸易合同的当事人所在的国家不同，他们各自又都要遵守所在国的国内法，而不同的国家往往对同一问题的相关法律规定不相一致，因而一旦发生争议引起诉讼时，就会产生究竟应适用哪国法律，即以哪国法律处理争议的问题。为了解决这种“法律冲突”，以利于正常的国际往来，通常采用在国内法中规定冲突规范的办法。我国《合同法》第 126 条规定：“涉外合同的当事人可以选择处理合同争议所适用的法律，但法律另有规定的除外。涉外合同的当事人没有选择的，适用与合同有密切联系的国家的法律。”

目前，在我国的国内法中，涉及国际贸易的主要法律如下：

1）关于适用于国际货物买卖的国内法——《中华人民共和国民法典》；

2）关于适用于国际货物运输与保险的国内法——《中华人民共和国海商法》；

3）关于适用于国际货款收付的国内法——《中华人民共和国票据法》；

4）关于适用于对外贸易管理的国内法——《中华人民共和国对外贸易法》《中华人民共和国海关法》《中华人民共和国进出口商品检验法》；

5）关于适用于国际商事仲裁的国内法——《中华人民共和国仲裁法》。

（二）国际贸易惯例

国际贸易惯例（International Trade Practice）也是国际货物贸易合同应当遵循的重要法律规范。

国际贸易惯例是在国际贸易长期实践的基础上逐渐形成和发展起来的，并经过国际组织或商业团体加以解释和编纂成文的一些行为规范和习惯做法。它是人们从事国际货物买卖活动的行为规范和应当遵守的准则，也是国际贸易法律的重要渊源之一。

国际贸易惯例不是法律，它对合同当事人不具有强制性，只有买卖双方在合同中约定采用某种惯例，该惯例才具有强制性，对买卖双方都具有约束力。与法律相比，国际贸易惯例具有可选择性、可变更性，能够弥补法律的不足，有利于解决进出口业务各环节可能遇到的问题，起到规范贸易行为、促进贸易正常进行的作用。

当买卖合同中作了与国际贸易惯例相抵触的规定，本着法律优先于惯例的原则，在履行合同和处理争议时，应以买卖合同的规定为准。

目前，在国际贸易领域常见的国际贸易惯例包含如下几个方面。

1. 关于国际贸易术语的惯例

1）国际商会制定的《国际贸易术语解释通则 2020》；

2)国际法协会制定的《1932年华沙—牛津规则》；

3)美国商会、美国进口商协会等制定的《1990年美国对外贸易定义》(修订本)。

2. 关于国际货款收付的惯例

1)国际商会制定的《跟单信用证统一惯例》(2007年修订本)(国际商会第600号出版物，简称《UCP600》)；

2)国际商会制定的《托收统一规则》(1995年修订本)(国际商会第522号出版物)。

3. 关于运输与保险的惯例

英国伦敦保险协会制定的《伦敦保险协会货物保险条款》。

4. 关于国际仲裁的惯例

联合国国际贸易法委员会制定的《联合国国际贸易法委员会仲裁规则》。

5. 关于国际担保的惯例

1)国际商会制定的《国际备用证惯例》(ISP98)；

2)国际商会制定的《见索即付保函统一规则》(2010年修订本)(URDG758)。

(三)国际条约

国际条约是指两个或两个以上主权国家为确定彼此的政治、经济、贸易、文化、军事等方面的权利和义务而缔结的诸如公约、协定、议定书等各种协议的总称。按照缔约方的数目，国际条约分为双边条约和多边条约(又称“公约”)。在国际贸易领域，影响力最大的当属多边国际条约，即由多个国家缔结的国际条约。国际条约依法缔结生效后，对当事各方都具有约束力。

目前，国际商事中常用的国际条约包含如下几个方面。

1. 关于国际货物买卖的条约

《联合国国际货物销售合同公约》(维也纳，1980年)。

2. 关于国际货物运输的条约

1)《统一提单的若干法律规则的国际公约》(又称《海牙规则》)；

2)《修改统一提单的若干法律规则的国际公约的议定书》(又称《维斯比规则》)；

3)《1978年联合国海上货物运输公约》(又称《汉堡规则》)；

4)《联合国全程或部分海上国际货物运输合同公约》(又称《鹿特丹规则》)；

5)《统一国际航空运输某些规则的公约》(又称《华沙公约》)；

6)《修改1929年10月12日在华沙签订的统一国际航空运输某些规则的公约的议定书》(又称《海牙议定书》)；

7)《国际铁路货物联运协定》(简称《国际货协》)；

8)《国际铁路货物运输公约》(简称《国际货约》)；

9)《联合国国际货物多式联运公约》(日内瓦，1980年)。

3. 关于国际支付的条约

1)《汇票和本票统一法公约》(日内瓦，1930年)；

2)《解决汇票及本票若干法律冲突公约》(日内瓦，1930年)；

3)《统一支票法公约》(日内瓦,1931年);

4)《解决支票若干法律冲突的公约》(日内瓦,1931年);

5)《联合国国际汇票和国际本票公约》(纽约,1988年)。

5. 关于贸易争端解决的条约

《承认及执行外国仲裁裁决公约》(纽约,1958年)。

6. 关于知识产权的条约

1)《保护工业产权巴黎公约》(巴黎,1883年;1980年修订):

2)《商标国际注册马德里协定》(马德里,1891年);

3)《商标国际注册马德里协定有关议定书》(马德里,1989年)。

思考题

1. 国际贸易实务与国际贸易理论、政策的关系如何?了解它们之间的关系对从事国际商务活动有什么实际意义?

2. 国际贸易与国内贸易相比有什么特点?

3. 进口贸易和出口贸易的一般业务程序各包括哪些环节和内容?

4. 在我国进出口贸易中为什么要遵循《联合国国际货物销售合同公约》的有关规定?

5. 了解国际货物买卖适用的法律和国际贸易惯例对从事国际贸易有什么作用?

第一部分
国际货物买卖合同

第二章　国际货物买卖合同的标的

本章教学目的及要求

通过本章学习，应掌握国际货物买卖合同中商品的名称、品质的规定方式，计量单位和计重方法，包装及运输包装的含义、种类、标志；理解商品的名称、品质、数量的概念并能拟订品名、品质、数量、包装条款。

第一节　商品的名称

商品的名称（Name of Commodity），或称“品名”，是指能使某种商品区别于其他商品的一种称呼或概念。商品的名称在一定程度上体现了商品的自然属性、用途以及主要的性能特征。在国际货物买卖合同中，由于进入国际贸易领域的商品种类繁多，即使是同一种商品亦可因品种、品质、产地、花色、外形设计、型号等不同而千差万别，因此明确交易的标的物，规定其名称，就成为必不可少的条件。

一、品名条款的内容

通常合同中的品名条款比较简单，一般是在“商品名称”或“品名”的标题下予以限定，列明交易双方成交商品的名称。有时为了省略起见，也可不加标题，只在合同的开头部分，列明交易双方同意买卖某种商品的文句，例如毛绒玩具、移动通信设备等。但由于成交商品的品种、型号、等级和特点不同，为明确起见，亦可把有关品种或品质、产地、型号的概括性描述包括进去，以进一步限定。

二、订立品名条款时应注意的问题

国际货物买卖合同中的品名条款是合同中的要件。因此，在规定此项条款时双方应予以重视，具体来说应注意下列问题。

（一）内容必须具体明确

内容切忌空泛、笼统。例如：品名为大豆，就不够具体，应标明哪个产地的大豆，如东北大豆。

（二）根据商品实际情况实事求是地规定

合同中品名条款规定要恰当，必须是卖方有能力生产或供应的品种、规格或型号，凡是做不到或不必要的描述性词句不要列入，以免造成履约困难。

（三）尽可能使用国际上通用的名称

许多商品在不同国家之间的叫法不统一，为避免误解，应尽可能使用国际通用称呼，例如,“病毒唑”的国际通用名称为“利巴韦林”。对于某些新商品的名称及其译名,应力求准确、易懂,应与《商品名称及编码协调制度》(简称《HS 编码制度》)规定的品名相适应,并注意它的外文翻译是否一致。

(四)必须考虑货物名称、运费与海关税则的规定

品名的选用应尽量方便办理进出口手续,并利于降低运费与关税。国际上为了便于统计征税,对商品有共同的分类标准。例如,联合国经济理事会发布的《国际贸易标准分类》(Standard International Trade Classification, SITC),世界主要贸易国在比利时布鲁塞尔签订的《海关合作理事会税则商品分类目录》(Customs Co-operation Council Nomenclature, CCCN);在这两个规则的基础上,海关合作理事会又主持制定了《商品名称及编码协调制度的国际公约》(International Convention for Harmonized Commodity Description and Coding System)。

链接 2-1 《商品名称及编码协调制度的国际公约》简介

《商品名称及编码协调制度的国际公约》,简称《协调制度》(Harmonized System, HS),是在《海关合作理事会税则商品分类目录》(CCCN)和《国际贸易标准分类》(SITC)的基础上,协调国际上多种商品分类目录而制定的一部多用途的国际贸易商品分类目录。1983 年 6 月,海关合作理事会(现名“世界海关组织”)主持制定了一部供海关、统计、进出口管理及与国际贸易有关各方共同使用的商品分类编码体系。HS 编码“协调”涵盖了《海关合作理事会税则商品分类目录》(CCCN)和联合国的《国际贸易标准分类》(SITC)两大分类编码体系,是系统的、多用途的国际贸易商品分类体系。它除了用于海关税则和贸易统计外,对运输商品的计费、统计、计算机数据传递、国际贸易单证简化以及普遍优惠制税号的利用等方面,都提供了一套可使用的国际贸易商品分类体系。

HS 编码于 1988 年 1 月 1 日正式实施,每 4 年修订 1 次。世界上已有 200 多个国家使用 HS 编码,全球贸易总量 90% 以上的货物都是以 HS 编码分类的。HS 编码的总体结构包括三大部分:归类规则,类、章及子目,按顺序编排的目与子目编码及条文。这三部分是 HS 的法律性条文,具有严格的法律效力和严密的逻辑性。HS 编码首先列明 6 条归类总规则,规定了使用 HS 编码对商品进行分类时必须遵守的分类原则和方法。HS 编码的许多类和章在开头均列有注释(类注、章注或子目注释),严格界定了归入该类或该章中的商品范围,阐述 HS 编码中专用术语的定义或区分某些商品的技术标准及界限。

第二节 商品的质量

商品的质量(Quality of Commodity)是商品的内在质量和外观形态的综合。前者包括商品的物理性能、机械性能、化学成分和生物特征等自然属性;后者包括商品的外形、色泽、款式和透明度等外在属性。质量的优劣是决定商品使用效能和影响商品市场价格的重要因素,也是卖方加强对外竞销的重要手段之一。合同中的质量条件是构成商品说明的重要组成部分，是买卖双方交接货物的依据。《联合国国际货物销售合同公约》第三十五条规定，卖方交付货物必须符合约定的质量，如卖方交货不符合约定的质量条件，买方有权要求损害赔偿，也可以要求修理或交付替代货物，甚至拒收货物和撤销合同。

一、对进出口商品质量的要求

商品质量的高低不仅关系到买卖双方的利益，还关系到商品、企业甚至国家的声誉，因此，必须认真对待。以下分别简述进口和出口业务中对商品质量的基本要求。

（一）对进口商品质量的要求

在进口贸易中，必须严格把好质量关。进口商品的质量应符合国内经济建设、科学研究、国防建设、人民生活、安全卫生以及环境保护等方面的要求。在洽购商品时，应充分了解国外卖家所提供的商品的质量等级，分析该商品与我国同类商品的质量差异，不进口质量低劣的商品。选购进口商品时，还应考虑我国的国情和国内现实的消费水平，不应盲目追求高规格、高档次、高质量而造成不必要的消费损失。在订立合同时，还应注意对商品质量要求的严密性，避免因疏忽而造成损失。在货物到达时，严格检验质量，杜绝不符合合同规定质量的商品进入国门。根据我国有关法规的规定，尤其要防止进口那种危害国家安全或者社会公共利益的商品、破坏生态环境的商品以及对人民生命和健康产生危害的商品。

（二）对出口商品质量的要求

出口货物的质量不仅关系着一个企业或者行业的利益和名誉，同时也影响着国家的声誉和经济发展。因此，对于出口商品质量问题，应严格对待，不能有丝毫马虎。具体而言，必须做到以下几方面的工作。

1. 强化出口商品生产厂商或销售商的质量观念

不断提高商品信誉，严格把守质量检验关，凡质量不过关的商品，绝不轻易出口。商品的质量必须具备该产品应当具备的使用性能，符合在产品或包装上注明的用途、标准，符合以产品说明、实物样品等方式表明的质量状况。

2. 发展适销对路的商品出口

要重视对不同目标市场、不同时期消费者需求的研究，把握不同层次消费需求的特点及其变化方向，发展我国传统优势商品的品种、档次，提高这些商品的质量性能，同时开拓新商品的花式品种，使我国出口商品的质量具有较强的市场适应性、针对性和竞争力。

3. 建立企业质量管理体系（Quality Management System，QMS）和环境管理体系（Environmental Management Systems，EMS），积极开展认证工作

建立行之有效的企业质量管理体系，使商品质量管理贯彻于商品生产的全过程。一般除了企业自身建立的质量管理体系外，有关行业公会、贸易协会或商品交易所也会制定较为统一的质量管理体系。比如，国际标准化组织（International Organization for Standardization，

ISO）推出的 ISO 9000 质量管理和质量保证系列标准和 ISO 14000 环境管理系列标准。

4. 实行出口商品质量许可证制度

对符合产品标准、技术要求的出口商品颁发质量许可证，对生产出口商品的企业进行监督检查，不符合出口标准的企业严禁其产品出口。目前，我国已先后制定并公布了对机电、陶瓷、服装、纺织、畜产、煤炭、玩具等 76 类产品出口的质量许可和监督办法。

5. 出口商品质量应符合进口国的有关法律规定和要求

许多国家对进口商品质量制定有严格的质量、卫生、安全管理办法，不符合其规定的商品一律不得进口。了解和熟悉各国对进口商品的质量规定，使我国出口商品的质量适应并符合这些规定，有利于我国商品的出口。

链接 2-2 ISO 14000 与 ISO 9000 标准的异同

ISO 14000 与 ISO 9000 系列标准都是管理性标准，共同遵守一般的管理体系原则。ISO 14000 部分内容直接采用了 ISO 9000 的管理模式和认证程序。但是环境标准与质量标准不同，二者的主要区别如下。

1. ISO 14000 侧重于活动、产品、服务的环境影响；而 ISO 9000 则侧重于产品的设计、开发、生产、检验、使用和服务过程中的质量要求。

2. 由于 ISO 14000 涉及对整个环境的影响，因此它不仅要考虑顾客的需要，还要考虑更广泛的多方面的利益；而 ISO 9000 的涉及面是企业内部所有员工，它注重的是“质量、现场、成本、效益”这一求实意识。

3. ISO 14000 适用于各种规模的企业，对中小型企业规范行为更加重要；ISO 9000 同样适用于各种规模的企业。

4. ISO 14000 的重点在于营造良好的环境；ISO 9000 注重质量记录。

5. ISO 14000 虽不是强制性标准，但可用于对内和对外的认证、注册等。

综上可以看出，ISO 14000 与 ISO 9000 在形式和内容上有很多差异，是两套相互独立运行的标准体系，不可相互替代。

二、商品质量的规定方法

在国际货物买卖中，商品种类纷繁复杂，商品本身的特点、制造加工情况、市场交易习惯等各不相同，规定商品质量的方法也多种多样。归纳起来主要分为两大类：实物样品表示商品质量；文字说明表示商品质量。

（一）实物样品表示商品质量

以实物表示商品质量通常有凭成交商品的实际质量和凭样品两种表示方法，前者为看货买卖，后者为凭样品买卖。

1. 看货买卖（Sale by Looking at Goods）

看货买卖是指买卖双方根据成交商品的实际质量进行交易。通常是先由买方或其代理人在卖方所在地验看货物，达成交易后，卖方即应按验看过的商品交付货物。只要卖方交付的是验看的商品，买方就不得对质量提出异议。看货买卖适用于既无法用文字概括其质量，也没有质量完全相同的样品可以作为交易的质量依据的商品，如珠宝、首饰、字画、特定工艺制品（牙雕、玉雕、微雕）等，多用于寄售、拍卖和展卖业务中。

2. 凭样品买卖（Sale by Sample）

样品（Sample）通常是指从一批商品中抽取出来的或由生产部门加工、设计出来的，足以反映和代表整批商品质量的少量实物。凭样品买卖，即买卖双方在洽商时，由卖方或买方提供少量足以代表商品质量的实物作为样品，并要求对方确认，样品一经确认便成为买卖双方交接货物的质量依据。

实物样品一般分为以下三种。

（1）标准样品

1）凭卖方样品买卖（Sale by Seller's Sample）。在"凭卖方样品买卖"时，卖方所提供的能够充分代表日后整批交货质量的少量实物称为"标准样品"（Type Sample），也称为"原样"（Original Sample）或代表性样品（Representative Sample）。

卖方在将原样送交买方时，应保留一份或数份与送交样品质量完全一致的样品，即"留样"（Keep Sample）或称为"复样"（Duplicate Sample），以备将来组织生产、交货或处理质量纠纷时作核对之用。卖方应在原样和留样上编制相同的号码，注明样品提交买方的具体日期，以便日后联系、洽谈交易时参考。对留样应妥善保管，以确保其质量的稳定。

2）凭买方样品买卖（Sale by Buyer's Sample）。

为了使订购的商品符合进口国市场需求，买方有时也会提供样品交由卖方依样承制，并以此样品作为日后交货的质量依据。"凭买方样品买卖"在我国也称为"来样成交"或"来样制作"。由于买方对目标市场的需求状况熟悉，买方提供的样品往往更能直接地反映出当地消费者的需求。

在确认按买方提交样品成交前，卖方应考虑该样品所代表的商品在原材料、加工生产技术、设备和生产时间安排等方面的可行性，以防日后交货困难。

在实际操作时，卖方通常按买方的来样仿制或选择质量相近的样品提交给买方，这种样品称为"回样"（Return Sample）或"对等样品"（Counter Sample）。若买方一旦确认以"回样"作为双方交易的质量依据，就等于把"凭买方样品买卖"转化为"凭卖方样品买卖"。

为了防止被卷入侵犯第三方工业产权的纠纷，卖方一般应在合同中明确规定：若发生由买方来样引起的侵犯第三方工业产权问题，与卖方无关，概由买方负责。

（2）局部指标样品

在国际贸易中，有一些样品往往只是被用来反映某些商品的一个或几个方面的部分质量，而不作为全部质量的反映，这种样品即称为"局部指标样品"。例如，只表示商品色彩的"色彩样品"（Colour Sample），表示纺织质量地、花样款式的"花样款式样品"（Pattern Sample）等。而商品的其他质量内容则是通过文字说明来表示的。卖方将上述样品与文字说明的质量内容提交给买方确认，凭此成交，并作为日后制作成品、履行交货义务的质量依据。

(3)参考样品

参考样品(Sample for Reference)是指仅作为对方了解商品时参考,而不作为成交或交货时的质量依据的样品。参考样品适用于一些质量不易稳定的商品以及某些交货质量无法与样品比对的商品,如木材、煤炭等天然品,也适用于某些必须采用凭样而在其制造、加工技术上确有困难,难以做到货样一致或无法保证批量生产时的质量稳定性的商品。

为了避免买卖双方在履约时产生质量争议,必要时还可使用封样(Sealed Sample)。封样是由第三方或公证机关(如商检机构)在一批商品的样品若干份中,每份样品采用铅丸、钢卡、封条、不干胶印纸、封识章与火漆等各种方式加封识别,三方各存一份备案。有时封样也可由出样人自封或买卖双方会同加封。

从严格意义上讲,凭样品买卖仅限于标准样品和局部指标样品。凭样品买卖的基本特点是:样品无论是由买方或卖方提供,都是为了加强卖方的责任。卖方承担所交付的货物质量与确认样品完全一致的责任(Strictly Same as Sample)。否则,买方有权提出索赔甚至拒收货物。因此,在凭样买卖时,如果由于所买卖商品的特性或生产加工技术的原因,卖方难以保证交货质量与样品完全相同,则应在磋商订约时与买方约定交货质量与样品相似或大致相同,并在合同中作出明确规定。

例如:

质量与卖方于……(日期)提供的样品相似

Quality be similar to sample submitted by the seller on...(date)

所交货物须与卖方第 ×× 样品大致相等

The goods to be delivered shall be about equal to seller's sample No....

然而,在采用上述规定时,买卖双方究竟允许交货质量与样品有多大差异,应事先有一致的认识,否则在交货时可能由于不同看法而引起争议。

在国际货物买卖中,实物样品的使用非常广泛,不仅存在于国际货物买卖合同的磋商阶段,而且在市场开发和履约阶段,买卖双方出于不同的商业目的,也会使用实物样品,例如参考样品(Reference Sample)、免费样品(Free Sample)、推销样品(Selling Sample)、装运样品(Shipping Sample; Shipment Sample)、到货样品(Outturn Sample)、检验用样品(Sample for Test)等。这些实物样品的使用目的及意义不同于作为交货质量依据的实物样品,应当注意区分。

(二)文字说明表示商品质量

在国际货物买卖中,大多数商品采用文字说明来规定其质量。用文字说明表示商品质量的方法称为"凭文字说明买卖"(Sale by Description),具体有以下几种方式。

1. 凭商品规格买卖(Sale by Specifications)

商品的规格是指用以反映商品质量的若干主要指标,如成分、含量、纯度、容量、性能、大小、长短、粗细等。商品不同,表示商品质量的指标亦不同;商品用途不同,要求的质量指标也会有所不同。用商品的规格来确定商品质量的方法称为"凭商品规格买卖"。这种表示质量的方法简单方便、准确具体，在国际贸易中使用最为广泛。

例如：

素面缎	门幅	长度	重量	成分
	（英寸）	（码）	（姆米）	
	55	38/42	16.5	100% 真丝
Plain Satin Silk	width	Length	weight	Composition
	（inch）	（yd）	（m/m）	100% Silk

2. 凭商品等级买卖（Sale by Grade）

商品的等级指同一类商品，按其质地的差异，或尺寸、形状、重量、成分、构造、效能等的不同，用文字、数字或符号所作的分类。如特级（Special Grade）、一级（First Grade）、二级（Second Grade）、大号（Large）、中号（Medium）、小号（Small），等等。

例如：

鲜鸡蛋，蛋壳呈浅棕色，干净，新鲜，大小均匀

特级　每枚蛋净重 60~65 克

超级　每枚蛋净重 55~60 克

大级　每枚蛋净重 50~55 克

一级　每枚蛋净重 45~50 克

二级　每枚蛋净重 40~45 克

三级　每枚蛋净重 35~40 克

Fresh Hen Eggs, shell light brown and clean, even in size

Grade AA：60-65 gm per egg

Grade A：55-60 gm per egg

Grade B：50-55 gm per egg

Grade C：45-50 gm per egg

Grade D：40-45 gm per egg

Grade E：35-40 gm per egg

同一类商品不同等级的产生是长期生产与贸易实践的结果。等级不同的商品，规格也不同。因此，买卖双方在对交易商品等级理解一致时，只需要在合同中明确等级即可，但对于双方不熟悉的等级内容，为便于履行合同与避免产生争议，最好在质量条款中列明等级的同时，详细阐明每一等级的具体规格。

3. 凭商品标准买卖（Sale by standard）

用商品标准作为交接货物的质量依据，称为“凭商品标准买卖”（Sale by Standard）。商品标准是指经标准化组织、政府机构、行业团体、商品交易所等统一制定并公布作为标准的商品质量指标。世界各国都有自己的标准，另外还有国际标准和国外先进标准。

国际标准是指国际组织或机构，例如国际标准化组织（ISO）、国际电工委员会（IEC）等制定的标准；国外先进标准是指发达国家的国家标准，如美国国家标准学会（ANSI）、德国标

准化学会(DIN)制定的标准。

我国有国家标准、行业标准、地方标准和企业标准。在我国外贸实践中,除使用国际标准和某些外国的标准外,也有使用我国国家标准的。随着科学技术、生产技术的发展,商品的标准不断被修改或者变动。同一组织颁布的某类商品的标准往往有不同年份的版本,版本不同,质量标准内容也不同。在合同中援引标准时,应注明采用标准的版本名称及其年份,以免引起争议。

在国际贸易中,买卖一些质量容易变化的农产品,以及质量构成条件复杂的某些工业制成品时,买卖双方常以同业公会、交易所、检验局等选定的标准物来表示商品的质量。以标准物表示交易商品质量的方法主要有以下两种。

(1)良好平均品质(Fair Average Quality,FAQ)

良好平均品质指由同业公会或检验机构从一定时期或季节、某地装船的各批货物中分别抽取少量实物加以混合拌制,并由该机构封存保管,以此实物所显示的平均品质水平作为该季节同类商品质量的比较标准。这种表示质量的方法非常笼统,实际上并不代表固定、具体的品质规格。在我国,某些农副产品的交易中也有使用FAQ表示品质的,习惯上我们称其为"大路货",其交货品质一般以我国产区当年生产该项农副产品的平均品质为依据而确定。采用这种方法,除在合同中注明FAQ字样外,一般还订明该商品的主要规格指标。

例如:

中国桐油,良好平均质量,游离脂肪酸不超过4%。

Chinese Tung Oil, FAQ, FFA 4% max.

(2)上好可销质量(Good Merchantable Quality,GMQ)

上好可销质量标准是指卖方交货质量只需要保证为上好的、适合于销售的质量即可。如果卖方所交货物无该类货物通常的使用目的、无市场交易可能,则由卖方承担责任。显然这种标准更为笼统,一般只适用于木材或冷冻鱼类等商品。我国在对外贸易中很少使用该标准。

链接 2-3 部分国际标准化组织简介

英国标准学会(British Standards Institution, BSI)是世界上最早的全国性标准化机构,它不受政府控制,但得到了政府的大力支持。BSI是国际标准化组织(ISO)、国际电工委员会(IEC)、欧洲标准化委员会(CEN)、欧洲电工标准化委员会(CENELEC)、欧洲电信标准学会(ETSI)创始成员之一,并在其中发挥着重要作用。按承担TC/SC技术秘书处数量和资助额计算,BSI在ISO中的贡献率为17%,仅次于DIN(19%),居第二位;在CEN、CENELEC中的贡献率为21%,居第三位(第一位DIN为28%,第二位AFNOR为22%)。

美国国家标准学会(American National Standards Institute, ANSI)是非营利性的民间标准化团体,但它实际上已成为美国国家标准化中心,美国各界标准化活动都围绕它进行。它使有关政府系统和民间系统相互配合,起到了政府和民间标准化系统之间的桥梁作用。ANSI协调并指导美国全国的标准化活动,给标准制定、研究和使用单位以帮助,提供国内外标准化情报，同时又起着行政管理机关的作用。

4. 凭牌名或商标买卖（Sale by Brand or Trade Mark）

商品的牌名（Brand）是厂商或销售商给生产或销售的商品所冠的名称，以便与其他企业的同类产品区别开来。商标（Trade Mark）则是牌名的图案化，是指定商品的标志。它可由字母、数字、图形或文字组成。

在国际贸易中，市场上行销已久、质量稳定、信誉良好的产品，其牌名或商标也往往为买方或消费者所熟悉和喜爱。厂商或销售商便可凭牌名或商标来规定商品的质量，与买方达成交易，该方法即“凭牌名或商标买卖”，如雀巢咖啡、大众轿车、佳洁士牙膏、西门子电器等。凭商标或牌名买卖通常适用于经过长期努力在国际市场已打开销路的名牌产品，因此要确保质量稳定，以维持品牌声誉。

牌名、商标属于工业产权保护范畴，各国都制定了有关商标法对其加以保护。一般要通过法律注册，包括国内注册和国外注册。若不向销售国家登记注册，就得不到应有的保护，无法防止假冒。

5. 凭产地名称或地理标志买卖（Sale by Name of Origin or Geographical Indication）

有些地区的产品，尤其是一些传统农副产品，具有独特的加工工艺，在国际上享有盛誉。对于这类商品的销售，可以采用产地名称或地理标志来表示其独特的品质。如以一个国家为标志的“法国香水”（France Perfume）、“德国啤酒”（German Beer）、“中国梅酒”（China Plum Wine），以某个国家的某一地区为标志的“中国东北大米”（China Northeast Rice）、“贵州茅台酒”（Kweichow Moutai Liquor），等等。

这些标志不仅标注了特定商品的产地，更重要的是无形中对这些商品的特殊质量和品位提供了一定的保障。地理标志在关贸总协定乌拉圭回合最终协议文件中已被正式列入知识产权保护范畴。

6. 凭说明书和图样买卖（Sale by Description and Illustration）

在国际货物买卖中，有些机器、电器、仪表、大型设备、交通工具等技术密集型产品，由于其结构复杂，制作工艺不同，无法用样品或简单的几项指标来反映其质量全貌。对于这类商品，买卖双方除了要规定其名称、商标牌号、型号等外，通常还必须用说明书来介绍该产品的构造、原材料、产品形状、性能、使用方法等，有时还附以图样、图片、设计图纸、性能分析表等来完整说明其具有的质量特征。例如，在合同中规定：质量和技术数据必须与卖方所提供的产品说明书严格相符（Quality and technical data to be strictly in conformity with the description submitted by the seller）。

如前所述，表示商品质量的方法有两种，即用样品表示和用文字说明表示。在销售某一商品时，原则上可用文字说明表示质量的，就不再同时用样品表示，反之亦然。如果有些商品确实需要既用文字说明又用样品表示质量，则一旦成交，卖方必须承担交货质量既符合文字说明又符合样品的责任。

用文字说明表示质量的方法有很多种。在实际业务中，可单独使用某一种方法，如只凭规格，也可将两种或两种以上的方法结合使用，如既凭商标、牌名，又凭规格，甚至再列明等级或产地名称。当然，以任何一种或几种方法表示所买卖的商品质量，卖方必须承担按各个方法所表示的质量履行交货义务的责任。

在用文字说明表示质量时，为了使买方进一步了解商品的实际质量，增加感官认识，也可寄送一些"参考样品"（Reference Sample）。为了防止可能发生的纠纷，一般应标明"仅供参考"（For Reference Only）字样。同时，在对外寄送参考样品时，也必须慎重对待，力求做到日后交货的质量既符合文字说明，又与参考样品相接近。

总之，卖方应根据商品的特点、市场习惯和实际需要，选用适合于有关商品的表示质量的方法，以利销售，并维护其自身利益。

三、国际货物买卖合同中的质量条款

质量条款的内容，一般包括商品的名称及其品质的规定。由于商品品种不同，表示质量的方法不一，故质量条款的内容及繁简，应视商品的特性而定。

（一）国际货物买卖合同中质量条款的内容

1. 凭样品买卖

合同中除了要列明商品的名称外，一般还应列明样品的编号，另外必要时要列出寄送样品的日期。

例如：

样品号 NT045　长毛绒玩具熊　24 英寸

Sample NT045　Plush Toy Bear　24″

2. 凭文字说明买卖

合同中应列明规定商品的名称、规格、等级、标准、品牌或产地名称等内容；在以图样和说明书表示商品质量时，还应在合同中列明图样和说明书的名称与份数等内容。

例如：

柠檬酸钠：规格，符合 1980 年版英国药典标准；纯度，不低于 99%。

Sodium Citrate: Specification, in conformity with B. P. 1980; Purity, not less than 99%.

合同中的质量规定应尽量明确具体，不要笼统含糊。不宜用"大约""左右""合理误差"等用语，以免日后交货时由于双方对这些用语理解不一致而产生质量纠纷。但对某些商品（如农副产品、手工艺品等）的质量规定不宜过于刻板细致，而应切合实际、适当灵活，允许卖方交货的质量有一定范围内的差异。否则，会给交货带来难度，甚至会造成卖方的违约。为此，在订立合同时，可在其质量条款中规定诸如质量机动幅度和质量公差等一些灵活条款。

（二）质量机动幅度与质量公差

在国际贸易中，卖方交货质量必须严格与买卖合同规定的质量条款相符。但是，某些商品由于生产及运输过程存在自然损耗，或受生产工艺、商品本身特点等多方面原因的影响，难以保证交货质量与合同规定完全一致。为此，订立合同时可在品质条款中规定一些灵活条款，以便卖方履行交货义务。

1. 质量机动幅度条款(Quality Latitude)

质量机动幅度是指对特定质量指标在一定幅度内可以机动。某些初级产品(如农副产品等)的质量不是很稳定,为了交易的顺利进行,在规定其质量指标的同时,可另规定一定的质量机动幅度,即允许卖方所交货物的质量指标在一定幅度内有灵活性。卖方所交货物品质只要在允许的幅度内,买方就无权拒收。关于质量机动幅度,有下列几种规定方法。

(1)规定一定的范围

对质量指标的规定允许有一定的差异范围。例如,素面缎,长度为38/42码,卖方交付的素面缎,只要在此范围内,均算合格。

(2)规定一定的极限

对所交货物的质量规格,规定上下极限,即最大、最高、最多为多少,最小、最低、最少为多少。例如,浓缩苹果汁糖度最低为70白利度(Brix),酸度最低为1.0%,浊度最高为3NTU。卖方交货只要没有超出上述极限,买方就无权拒收。

(3)规定上下差异

在规定某一具体质量指标的同时,规定必要的上下变化幅度。比如:白鸭毛,含绒量为90%,允许上下浮动2%(Allowing 2% more or less)。

为了体现按质论价,在使用质量机动幅度时,有些货物也可根据交货质量情况调整价格,即质量增减价条款。根据我国外贸的实践,质量增减价条款有下列几种规定方法。

1)对机动幅度内的质量差异,可按交货实际质量规定予以增价或减价。例如,在我国大豆出口合同中规定:水分每增减1%(±1%),则合同价格减增1%(∓1%);不完善粒每增减1%(±1%),则合同价格减增0.5%(∓0.5%)。

2)只对质量低于合同规定者扣价。在质量机动幅度范围内,交货质量低于合同规定者扣价,而高于合同规定者却不增加价格。为了更有效地约束卖方按规定的质量交货,还可规定不同的扣价办法。例如,在机动幅度范围内,交货质量低于合同规定1%,扣价1%;低于合同规定1%以上者,则加大扣价比例。

采用质量增减价条款,一般应选用对价格有重要影响而又允许有一定机动幅度的主要质量指标,对于次要的质量指标或不允许有机动幅度的重要指标,则不能适用。

2. 质量公差(Quality Tolerance)

质量公差是指允许交付货物的特定质量指标有在公认的一定范围内的差异。在工业制成品生产过程中,产品的质量指标出现一定的误差有时是难以避免的。如手表每天出现误差若干秒,应算行走正常。这种公认的误差,即使合同没有规定,只要卖方交货质量在公差范围内,也不能视作违约。但为了明确起见,还是应在合同质量条款中规定一定幅度的公差。例如,尺码或重量允许有"±(3%~5%)的合理公差"。凡在质量公差范围内的货物,买方不得拒收或要求调整价格。

此外,对于某些难以用数字或科学方法表示的,则采取"合理差异"这种笼统的规定。例如,"质地、颜色允许合理差异"。由于对"合理差异"未作具体规定,容易导致争议,故使用时应慎重。凡能用数字或科学方法表示的,则不宜采用此种规定。

第三节 商品的数量

商品的数量是国际货物买卖合同中不可缺少的主要条件之一。《联合国国际货物销售合同公约》第三十五、五十二条规定，按约定的数量交付货物是卖方的一项基本义务。如卖方交货数量大于约定的数量，买方可以拒收多交的部分，也可以收取多交部分中的一部分或全部，但应按合同价格付款。如卖方交货数量少于约定的数量，卖方应在规定的交货期届满前补交，但不得使买方遭受不合理的不便或承担不合理的开支，即便如此，买方也有保留要求损害赔偿的权利。

由于交易双方约定的数量是交接货物的依据，因此正确掌握成交数量和订好合同中的数量条件，具有十分重要的意义。

一、计量单位及计算方法

（一）计量单位

国际贸易中使用的计量单位很多，究竟采用何种计量单位，除主要取决于商品的种类和特点外，还取决于交易双方的意愿。

1. 重量（Weight）单位

按重量计算是当今国际贸易中使用较为广泛的一种计量方法。农副产品、矿产品和工业制成品等都按重量计算。常用的重量单位有：公吨（metric ton, M/T）、长吨（long ton, L/T）、短吨（shot ton, S/T）、千克（kilogram, kg）、克（gram, g）。例如，金、银、铂等多采用盎司（ounce, oz）为计量单位，钻石采用克拉（carat, ct）为计量单位。

2. 数量（Number）单位

大多数工业制成品，尤其是日用消费品、工业品、机械产品以及少部分土特产品，习惯按数量进行买卖。常用的数量计量单位有：件（piece, pc）、双（pair）、套（set）、打（dozen, doz），令（ream, rm）、罗（gross, gr）、袋（bag）、包（bale）。

3. 长度（Length）单位

长度单位多用于纺织品、金属绳索等商品的交易中。常用的长度计量单位有：米（meter, m）、英尺（foot, ft）、码（yard, yd）。

4. 面积（Area）单位

按面积计算通常在玻璃板、地毯、皮革等商品的交易中使用。常用的面积计量单位有：平方米（square meter）、平方英尺（square foot）、平方码（square yard）。

5. 体积（Volume）单位

体积计量仅用于木材、天然气和化学气体等。常用的体积计量单位有：立方米（cubic meter）、立方英尺（cubic foot）、立方码（cubic yard）。

6. 容积（Capacity）单位

容积计量适用于各种液量和干量货物，常用的液量单位有加仑（gallon, gal），公升

(litre，l)；干量单位有蒲式耳(bushel，bu)，多用于谷物产品。

链接 2-4　度量衡制度

在国际贸易中，由于商品的种类、特性和各国度量衡制度的不同，计量单位的方法也不同，同一计量单位表示的实际数量有时会有很大不同。目前国际贸易中通常使用的度量衡制度有几种。

1)公制(Metric System)。基本单位为千克和米，为欧洲大陆及世界大多数国家所采用。

2)英制(British System)。基本单位是磅、码、英尺、英寸、长吨等，为英联邦国家所采用，而英国曾经因加入欧盟，在一体化进程中已宣布放弃英制，采用公制。

3)美制(U.S.System)。基本单位也是磅、码，与英制相同，但有个别派生单位不一致，如英制中，长吨等于 2 240 磅，而美制中，短吨等于 2 000 磅。此外，容积单位加仑和蒲式耳，虽然英美制名称相同，但大小不同。

4)国际单位制(International System)。这是国际标准化组织在公制基础上制定公布的，其基本单位包括千克、米、秒、摩尔、开尔文、安培和坎德拉七种，我国规定采用国际单位制计量。

1 打(dozen)=12 个(piece)

1 罗(gross)=12 打(dozen)=144 个(piece)

1 令(ream)=500 张(piece)

1 英尺(foot)=12 英寸(inch)

1 米(metre)=1.094 码(yard)

1 磅(pound)=0.454 千克(kilogram)

(UK)1 长吨(long ton)= 1.016 0 公吨(metric ton)

(US)1 短吨(short ton)= 0.907 公吨(metric ton)

(二)重量的计算方法

在国际货物贸易中，按重量计量的商品很多。按重量计量的方法主要有以下几种。

1. 按毛重(Gross Weight)计算

毛重是指商品本身的重量加包装物的重量。有些商品单位价值较低或以净重计量有困难，于是用“以毛作净”(Gross for Net)的方法计算重量，作为计价和交易的依据，例如，中国小麦 50 公吨，单层麻袋装，每袋 100 千克，以毛作净。

2. 按净重(Net Weight)计算

净重是指商品本身的重量，即除去包装物后的商品实际重量。在国际货物买卖中，按重量计算的商品大都采用以净重计量。按照国际惯例，如果合同中没有明确规定采用毛重还是净重计价，应以净重计价。采用净重计算主要有下列几种方法。

(1)按实际皮重(Actual Tare)计算

实际皮重指对包装逐件衡量后所得的总和。

（2）按平均皮重（Average Tare）计算

如果商品所使用的包装比较统一，重量相差不大，可以从整批货物中抽出一定的件数，称出其皮重，然后求平均值，再乘以总件数，就可求出整批货物的皮重。

（3）按习惯皮重（Customary Tare）计算

如果使用的包装材料和规格比较定型，皮重已为市场公认，计算皮重时无需对包装逐件过秤，按习惯上公认的皮重乘以总件数即可。

（4）按约定皮重（Computed Tare）计算

这种计算方法以买卖双方事先约定的包装重量作为计算的基础。

3. 按公量（Conditioned Weight）计算

公量是指用科学的方法抽去商品中的水分，再加上标准水分重量所得的重量。有些商品，如棉花、羊毛、生丝等有较强的吸湿性，其所含水分易受客观环境影响，故其重量不是很稳定，国际上采用按公量计算方法。公量的计算公式：

公量＝商品干净量＋标准含水量

公量＝商品净量 ×（1+ 标准回潮率）÷（1+ 实际回潮率）

4. 按理论重量（Theoretical Weight）计算

理论重量是指一些商品有固定的规格、尺寸。重量大致相等，通过件数计算其重量，如马口铁、钢板等。

5. 按法定重量（Legal Weight）和净净重（Net Net Weight）计算

纯商品的重量加上直接接触商品的包装材料，如内包装等的重量，即为法定重量。法定重量是海关依法征收从量税时，作为征税基础的计量方法；而扣除这部分内包装的重量及其他包含杂物（如水分、尘芥）的重量，则为净净重，净净重的计量方法主要也为海关征税时使用。

在国际货物买卖合同中，如果货物是按重量计量和计价，而未明确规定采用何种方法计算重量和价格时，根据惯例应按净重计量和计价。

二、国际货物买卖合同中的数量条款

（一）基本内容

买卖合同中的数量条款，主要包括成交商品的具体数量和计量单位。有的合同也可规定确定数量的方法。按重量成交的商品，还需要规定计重方法。

《联合国国际货物销售合同公约》把商品数量作为构成发盘内容不可缺少的三大基本要素之一，要求在提出的订约建议中，必须明示或默示地规定货物的数量，或规定计量的方法。这充分表明，数量条款是国际货物买卖合同中一项不可缺少的主要交易条件，按约定数量交货是卖方的一项基本义务。

为避免双方日后产生争议，合同中的数量条款应当完整准确，对计量单位的实际含义双方应理解一致，采用对方习惯使用的计量单位，并注意换算的准确性，以保证实际交货数量与合同数量相一致。

(二)数量的机动幅度条款

在国际贸易中,如粮食、食糖、水果、油类、矿砂、钢材、化肥和一般工业制成品等,由于受商品本身特性或自然条件的影响,或受包装和运输工具的影响与限制,实际交货的数量往往不易符合原定的交货数量。为避免争议,买卖双方通常在合同中规定,允许交货数量有一定机动幅度,并明确溢短装部分由谁选择和作价原则,这种条款称为溢短装条款(More or Less Clause)。凡是作出这类规定的合同,卖方的交货数量只要在增减幅度范围之内,即为按合同规定交货,买方不得以交货数量与合同不符为由提出拒收或索取损失赔偿。

1. 规定机动幅度的方法

(1)合同中明确具体地规定数量的机动幅度

这种做法是在合同中具体规定允许交货数量有一定范围的机动幅度,一般仅适用于矿产品、煤炭、粮谷、化肥等大宗交易。它一般有两种规定方法:第一种只简单地规定机动幅度,例如,1 000 码,5% 伸缩;第二种是在规定上述幅度的同时,还约定由谁行使这种选择权以及溢短装部分如何计价等,例如,1 000 码,卖方可溢装或短装 5%,超过或不足部分按合同价格计算。

(2)"约"数(About/Circa/Approximately)条款

"约"数条款就是在合同数量前加"约"字,可使具体交货数量能有适当机动和灵活的余地,即可多交或少交一定百分比的数量。例如,约 500 公吨。然而,国际上对"约"字的含义解释不一,容易引起争议。为了防止纠纷,在合同中最好不要使用"约"或"大约"的字样,除非买卖双方对"约"字有共同的理解和默认。因此,使用"约"字时,双方应对这种约量作出必要的约定,并在合同中明确规定。值得注意的是,如果合同中采用信用证支付方式,根据《跟单信用证统一惯例》国际商会第 600 号出版物第 30 条 a 款的规定,"约"或"大约"用于信用证金额或信用证规定的数量或单价时,应解释为允许有关金额或数量或单价有不超过 10% 的增减幅度。

(3)合同中未明确规定数量机动幅度

在合同中没有明确规定机动幅度的情况下,卖方交货的数量原则上应与合同规定的数量完全一致。《跟单信用证统一惯例》国际商会第 600 号出版物第 30 条 b 款的规定,在信用证未以包装单位件数或货物自身件数的方式规定货物数量时,货物数量允许有 5% 的增减幅度,只要总支取金额不超过信用证金额。据此,在以信用证支付方式进行散装货物的买卖时,交货的数量可有增减 5% 的机动幅度。

2. 机动幅度的选择权

在合同规定有机动幅度的条件下,一般是由卖方行使多交或少交的选择权,有时也可由买方选择。如果涉及海洋运输,由于交货量与承载货物船只的舱容关系非常密切,交货的机动幅度一般由安排舱容和装载货物的一方根据具体情况作出选择。例如,采用 FOB 条件成交,由买方负责签订运输合同,安排租船订舱,则数量的机动幅度一般就由买方和船方共同协商予以确认;如果采用 CIF 或 CFR 条件成交,由卖方负责安排租船订舱,数量的机动幅度一般由卖方和船方来决定。

3. 溢装、短装数量的计价方法

目前,对在机动幅度范围内超出或低于合同数量的多装或少装部分,一般是按合同价格计价结算。但是,由于数量上的多装或少装,在一定条件下关系到买卖双方的利益,因此,根据《联合国国际货物销售合同公约》规定,卖方多交货物后,买方若收取了超出部分,则要按合同规定支付相应的价款。在国际货物买卖中,尤其是大宗货物,买卖双方从签订合同开始到实际履行合同,需要相当长一段时间。买卖双方所约定的商品价格可能会发生较大的波动,尤其是那些商品价格较敏感或季节性较强的商品更是如此。为了防止有权选择溢短装的当事人利用行市的变化,有意多装或少装,以获取额外的好处,有的合同规定,多装或少装部分不按合同价格计算,而代之以按装船日的行市或目的地的市场价格计算;如果双方未能就装船日或到货日,或是市场价格订立协议,则可交由仲裁机构解决。

三、订立数量条款应注意的问题

在国际贸易中订立数量条款时,应注意以下三个方面的问题。

(一)正确掌握成交数量

双方在洽商交易时,应正确掌握进出口商品成交的数量,防止心中无数、盲目成交。

1. 对出口商品数量的掌握

为了正确掌握出口商品的成交量,在商议具体数量时应当考虑下列因素。

(1)国外市场的供求状况

当确定向某市场出口时,应了解该市场的需求量和各地对该市场的供应量,从而有效利用市场供求变化规律,按国外市场实际需要合理确定成交量,以保证出口商品能够卖得适当的价钱。对出口商品的主销市场和常年稳定供货的地区与客商,应经常保持一定的成交量,防止因成交量过少或供应不及时而导致国外竞争者乘虚而入,失去原有市场和客户。

(2)国内货源供应情况

确定出口商品的成交数量,应当同国内的生产能力、货源供应状况相适应。在生产能力和货源均有保障的情况下,可适当扩大成交量;反之,若货源紧张,则不宜盲目成交,以免给生产企业和履行合同带来困难。

(3)国际市场的价格动态

在确定出口商品成交数量时,还应考虑该项商品的市场价格动态。当价格看跌时,若有货源,则应争取多成交、快抛售;当价格看涨时,不宜急于大量成交,而应争取在有利的时机抛售。

(4)国外客户的资信状况和经营能力

出口商品的成交数量应与国外客户的资信状况、经营能力相适应。对资信情况不了解的客户和资信欠佳的客户,不宜轻易签订成交数量较大的合同;对小客户的成交数量要适当控制；而对大客户的成交数量不宜过小，否则，势必缺少吸引力。总之，要根据客户的具体情况来确定适当的成交量。

2. 对进口商品数量的掌握

为了正确掌握进口商品的成交数量，一般需要考虑下列因素。

（1）国内的实际需要

在洽购进口商品时，应根据国内生产建设和市场的实际需要来确定成交量，避免盲目进口。

（2）国内支付能力

确定进口商品数量，应与国内支付能力相适应。当外汇充裕且国内又有需要时，可适当扩大进口商品数量；反之，若外汇短缺，且国内需求量不大时，则应控制进口成交数量，以免浪费外汇并出现滞销现象。

（3）市场行情变化

在洽购进口商品时，还应根据国际市场行情变化情况确定成交数量，当市场行情发生对我方有利的变化时，应适当扩大成交数量；反之，则应适当控制成交数量。

（二）数量条款应当明确具体

为了便于履行合同和避免争议，进出口合同中的数量条款应当订立得明确具体。比如，在规定成交商品数量时，应一并规定该商品的计量单位。对按重量计算的商品，还应规定计算重量的具体方法，例如，鱼粉 100 公吨，麻袋装，以毛作净。

（三）合理规定数量机动幅度

在粮食、矿砂、化肥和食糖等大宗商品的交易中，由于商品特性、货源变化、船舱容量、装载技术和包装等因素的影响，若要求准确地按约定数量交货有时会存在一定困难。为了使交货数量具有一定范围内的灵活性和便于履行合同，买卖双方可在合同中合理规定数量机动幅度。只要卖方交货数量在约定的增减幅度范围内，就算按合同规定数量交货，在此情况下，买方则不得以交货数量不符为由拒收货物或提出索赔。

第四节 商品的包装

包装条款是国际货物买卖合同中的一项主要条款，按照合同约定的包装要求提交货物，是卖方的主要义务之一。《联合国国际货物销售合同公约》第三十五条（1）款规定：卖方须按照合同规定的方式装箱或包装。如果卖方不按照合同规定的方式装箱或包装，即构成违约。为了明确国际货物买卖合同中当事人的责任，通常应在合同中对商品的包装要求作出明确具体的规定。

一、包装的种类

根据包装在流通中所起作用的不同，可分为运输包装和销售包装两类。

（一）运输包装

运输包装（Transport Packing），又称“外包装”（Outer Packing）或“大包装”，是为了满足货物运输、装卸和储存要求，对货物进行的成件或成箱的包装。其作用在于保护商品，方便运输，防止出现货损货差。

1. 运输包装的分类

由于商品的形状、特点、运输方式的不同，使得运输包装的方式和造型多样化，包装材料也不尽相同。在实际业务中，运输包装可以分为以下两类。

1）按包装方式的不同划分，可将包装分为单件运输包装和集合运输包装。

单件运输包装是指货物在运输过程中作为一个计件单位的包装。其具体形式有：箱（Case）、袋（Bag）、包（Bale）、桶（Drum）、瓶（Bottle）、罐（Can）、坛（Carboy）、篓（Basket）、瓷（Jar）、钢瓶（Cylinder）等。采用单件运输包装时，在合同的包装条款中必须注明使用的包装材料以及单件运输包装的容量。例如，“Ten bottles are put into a box and 100 boxes into a carton”（10 瓶装入一盒，100 盒装入一个纸箱）。

集合运输包装是指将一定数量的单件包装组合成一件大的包装或装入一个大的包装容器内。集合运输包装一方面能更好地保证商品的质量和数量，同时也可以提高港口装卸速度，便利装运，降低运输成本和劳力消耗。集合运输包装的具体形式有托盘（Pallet）和集装袋（Flexible Container）。

2）按包装材料的不同划分，可将包装分为纸包装，金属包装，塑料包装，木制品包装，麻制品包装，竹、柳、草制品包装，玻璃制品包装和陶瓷包装等。

2. 运输包装标志

运输包装标志是为了便于在装卸、运输、仓储、检验、交接中识别货物，防止货物错发或损坏，而在商品包装上刷写的标志。按其作用可分为运输标志、指示性标志和警告性标志三种。

（1）运输标志（Shipping Mark）

在业务中又称为“唛头”或“唛”。它通常是由一个简单的几何图形和一些字母、数字及文字组成。其作用在于：便于在装卸、运输、储存过程中识别和点数，防止错发、错运。

鉴于运输标志的内容差异较大，有的过于繁杂，不适应货运量增加、运输方式变革和电子计算机在运输与单据流转方面应用的需要，因此，联合国欧洲经济委员会简化国际贸易程序工作组，在国际标准化组织和国际货物装卸协调协会的支持下，制定了一套运输标志向各国推荐使用。该套标准运输标志包括：收货人或买方名称的英文缩写字母或简称；参考号，如运单号、订单号或发货票号；目的地；件号。至于根据某种需要而在运输包装上刷写的其他内容，如许可证号等，则不作为运输标志必要的组成部分。

（2）指标性标志（Indicative Mark）

指示性标志是用来提示人们有关商品在装卸、运输和保管过程中需要注意的事项。比如对易碎、易变质或易损害的商品，需要在运输包装上刷上简单、醒目的图形和指示性的文字，如“小心轻放”“怕湿”“向上”“易碎”等，提示人们在装卸、运输等过程中需要加以注意。

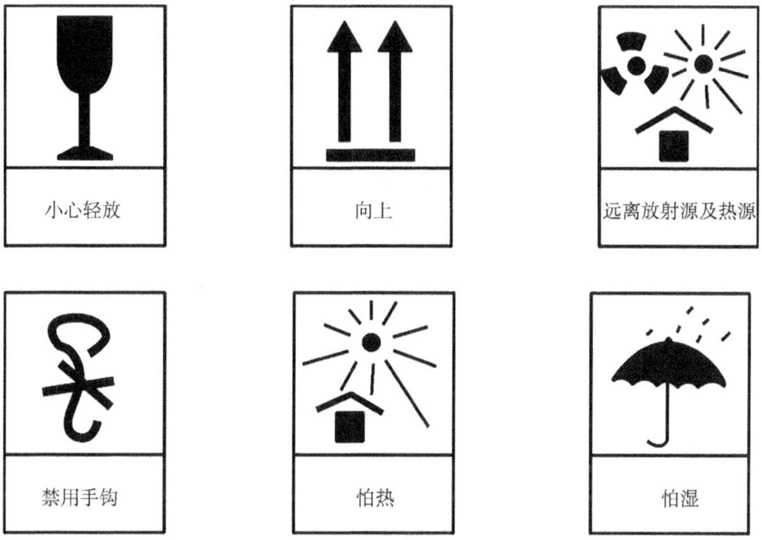

图 2-1　常用的指示性标志

各国对运输包装上刷制的指示性标志的色彩、图形、文字说明以及标志的位置、大小等都有具体的规定。为了统一各国运输包装指示性标志的图形与文字，一些国际组织如国际标准化组织、国际航空运输协会分别制定了包装储运指示性标志，并建议各会员国予以采纳。

（3）警告性标志（Warning Mark）

警告性标志又称“危险品标志”（Dangerous Cargo Mark），它是指在危险货物包装上刷写的表明货物危险性质和级别，让装卸、运输、保管等人员注意并提高警惕的标志。危险货物通常指易燃品、易爆品、有毒物品、腐蚀性物品、放射性物品等。一般由醒目的图案和文字组成，通常为白纸印正红色。

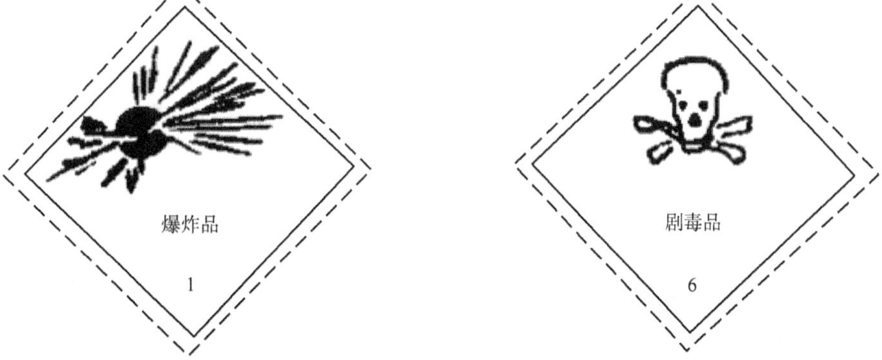

（符号：黑色。底色：白、橙、红色）　（符号：黑色。底色：白色）

图 2-2　部分危险品标志

（二）销售包装

销售包装（Selling Packing），又称“小包装”（Small Packing）“内包装”（Inner Packing）或“直接包装”（Immediate Packing），是在商品制造出来以后以适当的材料或容器所进行的初次包装，是直接接触商品并随商品进入零售网点与消费者直接见面的包装，因此对包装材料和包装外形有严格的要求。这类包装具有保护商品、提供信息以及装潢、促销的功能。

1. 销售包装的种类

根据商品的特征和形状，销售包装可采用不同的包装材料和不同的造型结构与式样。常见的销售包装有以下几种。

（1）挂式包装

挂式包装指带有吊钩、吊带、挂孔等装置的包装。该类包装便于悬挂。

（2）堆叠式包装

堆叠式包装底部和顶部都设有吻合、稳定装置，如听装食品罐头或瓶装、盒装商品。

（3）携带式包装

携带式包装包装上是附有提手装置的，其特点是便于消费者携带。

（4）易开包装

易开包装封口严密但有特定开启部位。这种包装既能有效保护商品的质量，又能方便消费者使用。例如，易拉罐。

（5）喷雾包装

有些液体商品的包装带有压按钮，即压后使得液体自动喷出的装置，这种包装称为“喷雾包装”。例如，香水、空气清新剂、气体杀虫剂等产品的包装。

（6）配套包装

配套包装指把消费者在使用上有关联的商品搭配成套，装在同一包装容器内的销售包装。例如，工具配套袋、成套茶具的包装盒等。

（7）礼品包装

礼品包装指专为送礼设计的外观精美的商品包装。例如，某些糖果、化妆品、工艺品的包装。

（8）一次用量包装

一次用量包装又称“单分包装”“专用包装”或“方便包装”，是以使用一次为目的的较为简单的包装。如一次用量的药品、咖啡、奶粉、调味品等产品的包装。

（9）复用包装

复用包装指当其内的商品消费完之后，还可有其他用途的包装。例如，粒粒橙饮料杯。

2. 标志和文字说明

在销售包装上，一般都附有装潢画面和文字说明，有的还印有条形码标志。

（1）销售包装的装潢画面

装潢画面包括图案和色彩，力求美观大方、富于艺术吸引力，并能突出商品的特征，以利于商品促销。同时，还要适应进口国或销售地区的民族习惯和爱好，以防违反习俗。

（2）文字说明

商品包装上的文字说明通常包括商品名称、商标牌名、数量规格、成分构成与使用说明等内容。文字说明和装潢画面要紧密配合、统一和谐，以达到宣传和促销的目的。

（3）条形码标志

条形码是由一组带有数字的黑白色粗细间隔不等的垂直平行条纹所组成的印在销售包装上的标志。目前，许多国家的超级市场均使用条形码技术。商品包装上没有条形码的就不能进超级市场。有些国家还规定无条形码的商品就不能进口。

国际上通用的条形码的种类主要有两种：一种是美国统一代码委员会编制的 UPC 码（Universal Product Code）；另一种是由国际物品编码协会编制的 EAN 码（European Article Number）。目前使用后者的国家众多，促使 EAN 码成为国际公认的物品编码标志系统。1991 年中国物品编码中心代表中国加入 EAN 成为其正式会员，在国内推行使用的就是 EAN 码。EAN 商品条形码分为 EAN-13（标准版）和 EAN-8（缩短版）两种。

EAN-13 通用商品条形码共由 13 位阿拉伯数字组成，一般分为四个部分，按“3-5-4-1”划分。第一部分（第 1 至 3 位）即其前缀部分，共 3 位数字，是用来标志国家或地区的代码，赋码权在国际物品编码协会；第二部分（第 4 至 8 位）是制造厂商代码，共 5 位数字，赋码权在各个国家或地区的物品编码组织；第三部分（第 9 至 12 位）是商品代码，共 4 位数字，赋码权在商品制造厂商；第四部分（第 13 位）是校验码，共 1 位数字，依据一定的算法，由前面 12 个数字计算而得，来校验商品条形码中左起第 1 至 12 位数字代码的正确性。

目前，EAN-13 条形码前缀部分 690 至 695 代表中国大陆，471 代表中国台湾地区，489 代表中国香港地区。

EAN-8 商品条形码是指用于标志的数字代码为 8 位的商品条形码，由 7 位数字表示的商品项目代码和 1 位数字表示的校验码组成。

二、中性包装和定牌生产

中性包装和定牌生产是国际贸易中商品包装的两种特殊做法，在我国的出口贸易中有一定范围的应用。

（一）中性包装

中性包装（Neutral Packing）是指在商品的内外包装上都不注明生产国别的包装方式，俗称“白袋”。

1. 中性包装的种类

国际市场上常见的中性包装有以下两种。

1）无牌中性包装，是指商品和包装上既无商标、牌号，又无生产国别的包装。

2）定牌中性包装，是指商品和包装上没有生产国别，但有进口方指定的商标或牌号。

2. 中性包装的作用

在国际贸易中，中性包装通常是为了适应国外市场的特殊需要，如转口贸易等。它是加强对外竞销、扩大出口的一种手段，也是反限制、反歧视的一种方式。

中性包装虽然是国际贸易中常用的习惯贸易方法，但近年来却受到种种非议和限制。因此，对出口商品采用中性包装应谨慎从事。我国的出口商品一般都应注明“中华人民共和国制造”或“中国制造”等字样，但有时也采用中性包装。

（二）定牌生产

1. 定牌

卖方按买方的要求在其出售的商品或包装上标明买方指定的商标和牌号，称之为“定牌生产”。一般对于国外大量的长期稳定的订货，可以接受买方指定的商标。在我国的出口业务中，我方同意使用定牌生产，是为了利用买方的经营能力及其企业信誉或名牌信誉，以提高商品售价和扩大销售数量。

“定牌生产”与“定牌中性包装”的共同点是在商品本身和销售包装上均表明买方指定的商标；两者的区别是，“定牌中性包装”在包装上不表明生产制造国别或厂商名称，而“定牌生产”的商品上则要表明生产制造国别或厂商名称。

2. 无牌

对于一些需要经过进一步加工的半制成品和零部件的交易，进出口商之间通常采用无牌包装。无牌包装即商品出口时不使用任何商标和型号的包装方式。这种方式的特点是节省费用，降低最终产品的成本。目前，国外一些大型百货公司、超级市场向我国订购低值易耗的日用消费品时，就要求采用无牌包装方式。

3. 贴牌生产（OEM 原始设备制造商）

贴牌生产（Original Equipment Manufacturer，OEM），即“代工生产”，也称“定点生产”，俗称“代工”。其基本含义是品牌生产者不直接生产产品，而是利用自己掌握的核心技术负责设计和开发新产品，控制销售渠道，具体的加工任务通过合同订购的方式委托同类产品的其他厂家生产。随后，品牌生产者将所订产品低价买断，并直接贴上自己的品牌商标。这种委托他人生产的合作方式简称“OEM 方式”；承接加工任务的制造商被称为“CEM 厂商”，其中生产的产品被称为“OEM 产品”。“OEM 方式”在制造业界，特别是在飞速发展的信息产业的应用是极其广泛的。

三、国际货物买卖合同中的包装条款

包装条款是用来规定货物包装方式、包装材料、包装费用负担和运输标志等方面内容的条款。按照国际贸易习惯和某些国家的法律规定，包装条款是合同的主要条款之一，是货物说明的组成部分。如果货物的包装与合同规定或行业习惯有重大不符，则属于违约，买方有权索赔损失，甚至拒收货物。因此，买卖双方必须在合同中明确规定包装条款。

国际货物买卖合同中的包装条款一般包括包装种类、包装材料和包装方式以及包装费用等内容。

（一）包装材料和包装方式的规定

合同中关于包装材料和包装方式通常有两种规定方法。

1. 具体规定

例如，镀锌桶装，每桶净重 175 千克（Packing: in galvanized iron drums of 175 kgs net each）。

2. 标明“适用海运包装（Seaworthy Packing）、习惯包装（Customary Packing）等”

由于此类规定缺乏统一解释，容易引起纠纷与争议，因此，除非买卖双方对包装方式的具体内容经事先充分交换意见或由于长期的业务交往已取得一致认识，在合同中不宜采用笼统的规定方法。

（二）包装标志的规定

包装标志一般由卖方决定。如果买方要求指定包装标志，应在合同中规定包装标志的式样和内容，或规定买方提出包装标志式样和内容的时限。若进口方对包装标志无特殊要求，可不列入合同，或只订明“出口方标志”；否则，具体明确，列入合同。

（三）包装费用的规定

包装费用一般包括在货价之内，不另计收。但是，如果买方要求特殊包装，则对超出的包装费用应由何方负担，需要在合同中明确规定。在国际贸易中，包装费用的计收主要有三种形式：第一，单价包括包装费用；第二，包装费用另加，该方法很少使用；第三，以毛作净，即包装材料的价格与商品价格相同。

（四）包装的供应

在国际贸易中，包装的供应方式主要有三种。第一，出口方供应包装，包装连同商品一并交付。第二，出口方供应包装，待货物交付并销售后收回原包装。对于原包装返回给卖方的费用由何方负担，应在合同中具体规定。第三，进口方供应包装，在此方式下，商品包装与实物相分离，合同中应明确规定买方提供包装或包装物料的时间，以及在包装或包装物料未及时供应而影响发货时间时，买方应承担的责任。

四、订立包装条款应注意的问题

（一）对包装的规定要明确具体

约定包装时，应明确具体，不宜笼统规定。例如，“习惯包装”（Customary Packing）、“适合海运包装”（Seaworthy Packing）和“卖方惯用包装”（Seller's Usual Packing）之类的术语。此类术语无统一解释易引起纠纷。

（二）要结合货物特点和不同运输方式选择包装

货物的特性、形状和使用的运输方式不同，对包装的要求也不相同。约定包装条款时必须根据货物的特点和运输方式，确定采用何种包装方式、包装材料、包装规格和包装标志等内容。

（三）明确包装材料提供与费用负担的相关事项

包装费用一般包括在货价之内不另计收，但也有不计在货价之内，而规定由买方另外支付的。究竟由哪方负担，应在包装条款中订明。

（四）明确唛头的指定

按照国际贸易惯例，唛头一般由卖方决定，无须在合同中作具体规定。如果买方要求特定唛头，可在合同中列明，以便卖方据以刷制唛头（Marking）。如买方要求合同订立后由其指定唛头，则应明确指定的最后时限，并订明"若到时未收到有关唛头的通知，卖方可自行决定"。

（五）要考虑有关国家的现行法律

有的国家或地区对包装材料、运输标志等有严格的限制和规定，所以要对此十分注意。同时，还要符合各国的风俗习惯。若采用定牌中性商标时，则应在合同中规定：若在国际市场上发生工业侵权行为，一切责任概由买方负责。

链接 2-5　部分国家或地区对于商品包装的一些规定

一、港口对包装的规定

伊朗港口颁布的进口货物包装规定，药品、化工品、食品、茶叶等商品，分别要求以托盘形式，或体积不少于 1 立方米或重量不少于 1 吨的集装箱包装。

沙特阿拉伯港务局规定，所有运往该国港埠的建材类海运包装，凡装集装箱的，必须先组装托盘，以适应堆高机装卸，且每件重量不得超过两吨。

沙特阿拉伯港口规定，凡运往该港的袋装货物，每袋重量不得超过 50 千克，否则不提供便利仓储和卸货的悬吊装置。除非这些袋装货物附有托盘或具有可供机械提货和卸货的悬吊装置。

二、禁用标志图案

阿拉伯国家规定，进口商品的包装禁用六角星图案，因为六角星与以色列国旗中的图案相似，阿拉伯国家对有六角星图案的东西非常反感和忌讳。

德国对进口商品的包装禁用类似纳粹或军团符号标志。

利比亚对进口商品的包装禁止使用猪的图案和女性身体图案。

三、对容器结构的规定

美国食品药物局规定，所有医疗健身及美容药品都要具备能防止掺假、掺毒等防污能力的包装。

美国环境保护局规定，为了防止儿童误服药品、化工品，凡属于防毒包装条例和消费者安全委员会管辖的产品，必须使用儿童保护安全盖。

美国加利福尼亚、弗吉尼亚等 11 个州以及欧盟负责环境和消费的部门规定，可拉离的拉环式易拉罐不能在市场上销售，目前已趋于研制不能拉离的旋钮式、胶带式易拉罐。

欧盟规定，接触食物的氯乙烯容器及材料，氯乙烯单体的最高含量为每千克 1 毫克成品含量，转移到食品中的最大值是每千克 0.01 毫克。

四、使用文种的规定

加拿大政府规定进口商品必须英文、法文对照，销往中国香港的食品标签，必须用中文，但食品名称及成分，须同时用中文、英文注明。

希腊政府正式公布，凡出口到希腊的产品，包装上必须要用希腊文字写明公司名称，代理商名称及产品质量、数量等项目。

销往法国的产品，装箱单及商业发票需用法文（包括标志说明），不以法文书写的应附法文译文。

销往阿拉伯的食品、饮料，必须用阿拉伯文说明。

五、禁用的包装材料

稻草：美国严禁稻草类包装物进口；英国、澳大利亚、新西兰、菲律宾、塞浦路斯等国也有相应规定。

棉花：埃及等产棉国禁止棉花类包装进入本国境内。

竹片、木材：日本拒绝竹片类包装入境；美国、加拿大、澳大利亚要求木制包装必须经过熏蒸、防腐等处理才能入境，否则按要求进行销毁处理。

纸箱：德国要求纸箱表面不能上蜡、上油，也不能涂塑料，纸箱上的印刷必须用水溶性颜料，不能用油溶性油墨。

二手袋、麻袋：澳大利亚、新西兰禁止二手袋入境，菲律宾要求麻袋入境前必须经过熏蒸处理。

案例分析

1. 我方向西欧某国出口布匹一批，货到目的港后，买方因购销旺季，未对货物进行检验就将布匹投入批量生产。数月后，买方寄来几套不同款式的服装，声称用我方出口的布匹制成的服装缩水严重，难以投入市场销售，因而向我方提出索赔。

问：我方是否应该理赔？为什么？

2. 日本 A 商在我沿海某地采取定牌来料加工某电器产品。成品返销日本市场后，日本另一 B 电器生产厂商控告 A 冒用其牌子。事后查明 B 厂商的上述牌子在日本和我国均已办妥商标注册。

问：在上述情况下，A 商应承担什么责任？我国厂家应吸收什么教训？

3. 某出口公司对中东出口电风扇 1 000 台，信用证规定不允许分批装运。但在装船时，发现有 40 台严重损坏，临时更换又来不及。为保证质量，发货人员认为根据《跟单信用证统一惯例》规定，即使合同未规定溢短装条款，数量上仍允许有 5% 的增减，故决定少交 40 台风扇，即少交 4%。结果，遭银行拒付。

问：银行为什么拒付？

4. 某公司与国外某客商达成一笔交易，合同中规定：数量为 100 吨，可有 5% 的增减量，多交部分按合同价格计价。商品的价格为 1 500 美元 / 吨 FOB 广州。现在商品的市场行情上涨。

问:①卖方根据合同的规定最多和最少可交多少吨货物?

②在此案例中,卖方应多交还是少交?为什么?

5. 我方某出口公司以 CIF 条件与意大利客商签订了一份出口 500 公吨大豆的合同,合同规定:双线新麻袋包装,每袋 50 千克,外销价格为每公吨 200 美元 CIF 悉尼。货到目的地后买方来电称:我方所交货物扣除皮重后不足 500 公吨,要求我方退回因短量而多收的货款。

问:对方的要求是否合理?为什么?

思考题

1. 简述商品质量在国际贸易中的重要性,并说明对进出口商品质量的基本要求。

2. 请阐述品质规定方法的种类、内容与运用。

第三章　贸易术语

本章教学目的及要求

通过本章学习，掌握贸易术语的概念；理解贸易术语的作用及相关的国际贸易惯例；掌握《国际贸易术语解释通则 2020》中主要贸易术语的特点和风险、费用、责任的划分以及适用的运输方式；了解《国际贸易术语解释通则 2020》与《国际贸易术语解释通则 2010》的区别；了解在选用国际贸易术语时应考虑的因素。

在国际货物买卖中，交易双方通过磋商，确定各自应承担的义务。作为卖方，其基本义务是提交合格的货物和单据；买方的对等义务则是接受货物和支付货款。在货物交接过程中，有关风险、责任和费用的划分问题，也是交易双方在谈判和签约时需要明确的重要内容，因为它们直接关系到商品的价格。在实际业务中，对于上述问题，往往通过使用贸易术语加以确定。学习和掌握国际贸易中现行的各种贸易术语及有关的国际惯例，对于正确运用这些术语来明确当事人的基本义务和合理规定价格，具有十分重要的意义。

第一节　贸易术语概述

一、贸易术语的概念和作用

（一）贸易术语的概念

国际贸易中的买卖双方分处两个不同的国家，双方在交易磋商、订立合同时往往要涉及以下问题。

1）谁负责办理进出口手续，如租船订舱、订立运输合同、装卸货物、办理货运保险、申领进出口许可证或其他核准书、办理进出口清关等。

2）谁承担货物的检验费、包装费、装卸费、运费、保险费、进出口关税和其他费用？

3）卖方在什么地点、以什么方式办理交货？货物发生损坏或灭失的风险何时、何地向买方转移？

4）双方应交接哪些单据？

在具体交易中，以上这些问题双方都必须明确，因为它们直接关系到买卖双方在交接货物时各自承担的风险、责任、费用及成交货物价格的高低。

贸易术语正是为了解决这些问题，在长期的国际贸易实践中逐渐产生和发展起来的。贸易术语（Trade Term）也称贸易条件、价格术语（Price Term），是在国际贸易的长期实践中逐渐形成的用一个简短的概念或外文缩写来说明货物的价格构成、买卖双方在货物交接过程中有关手续、费用、风险和责任的划分等应尽义务的专门用语。

贸易术语是国际贸易发展过程中的产物,随着国际商品交换的发展,18 世纪末 19 世纪初,出现了装运港船上交货的术语,即“Free on Board”(FOB)。虽然当时的 FOB 术语有别于今天使用的凭单交货的 FOB 术语,但可以说它是现在 FOB 术语的雏形。随着科学技术的进步、运输和通信工具的发展,国际贸易的条件发生了巨大的变化,轮船公司、保险公司、银行等逐渐参与到国际贸易业务中。到 19 世纪中叶,以 CIF 为代表的单据买卖方式逐渐成为国际贸易中最常用的贸易做法。

(二)贸易术语的作用

1. 明确和简化交易洽商的内容,节省时间、费用,加速交易进程

从事国际货物买卖的交易双方,分别在不同的国家或地区,而且国际货物买卖涉及业务环节繁多,如办理出口手续,包括领取出口许可证、安排运输工具、明确交货地点和方式、办理货物运输保险、装运货物等。每项业务中将买卖双方各自承担的责任、费用和风险商定清楚,既浪费时间,又耗费很多费用。而贸易术语就是说明货物的价格构成,买卖双方在货物交接过程中有关手续、费用、风险和责任的划分等应尽义务的专门用语。因此买卖双方只要商定按何种贸易术语成交,即可明确彼此在交接货物方面所应承担的责任、费用和风险,从而简化了交易手续,加快贸易进程。

2. 买卖双方处理贸易纠纷的依据

每种贸易术语都有其特定含义,国际贸易惯例对各种贸易术语都作了统一解释和规定,这些解释和规定在国际上被广泛承认和接受,成为从事国际货物买卖的行为准则。买卖双方在商订合同时,如对合同条款考虑欠周,使某些事项规定不明确或不完备,致使履约当中产生的争议不能依据合同的规定解决,在此情况下,法院或仲裁机构可以依据这种贸易术语的国际贸易惯例来处理 。

3. 买卖双方核算价格和成本的依据

在国际贸易中,价格由计量单位、计价金额、计价货币和贸易术语等四部分组成。贸易术语是构成货物价格的重要因素。因此,买卖双方在确定货物价格时,必须要考虑所采用的贸易术语中所包含的费用,如运费、保险费、进出口关税、装卸费和其他费用等,作为买卖双方核算价格和成本的依据。

4. 贸易术语也是其他相关当事人开展业务活动的依据

国际贸易离不开运输公司、银行和保险公司等机构,而贸易术语及有关解释贸易术语的国际惯例的相继出现,为这些机构开展业务活动和处理实际业务中的问题提供了客观依据和便利条件。

二、有关贸易术语的国际惯例

国际贸易惯例是指在长期国际贸易实践中逐渐形成的,具有普遍意义的一些习惯做法和规则。一方面,这些惯例不是一些国家的共同立法,也不是一个国家的法律,它对买卖双方都没有强制性。如果买卖双方在合同中作出与惯例完全相反的约定,只要这些约定是合

法的，就将得到有关国家法律的承认和保护。另一方面，如买卖双方在合同中明确表示采用某项惯例时，则这项惯例对双方都有约束力，有关双方当事人的责任划分，应遵循该项惯例。在处理国际贸易争议时，各国法院或仲裁机构往往会引用某些公认的或影响较大的惯例作为判决或裁决案件的依据。

尽管早在 19 世纪初，国际贸易中已开始使用贸易术语。但是，最初对各种贸易术语并无统一的解释。后来，一些国际组织、商业团体、学术机构等为了消除分歧，促进国际贸易发展，试图对贸易术语作统一的解释，于是陆续出现了一些有关贸易术语的解释和规则。这些解释和规则为较多国家的法律界和工商界承认和接受，逐渐成为有关贸易术语的国际贸易惯例。

目前，在国际上有较大影响的有关贸易术语的惯例有 3 种，现分述如下。

（一）《1932 年华沙—牛津规则》（Warsaw-Oxford Rules 1932）

19 世纪中叶，CIF 贸易术语在国际贸易中得到广泛采用，然而对使用这一术语时买卖双方各自承担的具体义务没有统一的规定和解释，导致合同履行不畅。对此，国际法协会于 1928 年在波兰首都华沙开会，制定了关于 CIF 买卖合同的统一规则，称之为《1928 年华沙规则》，共包括 22 条。其后，在 1930 年的纽约会议、1931 年的巴黎会议和 1932 年的牛津会议上，将此规则修订为 21 条，并更名为《1932 年华沙—牛津规则》。该规则对 CIF 买卖合同的性质，买卖双方所承担的风险、责任和费用及货物所有权转移的方式等问题都作了比较详细的解释。此项规则在一定程度上反映了各国对 CIF 合同的一般解释，有利于买卖双方 CIF 合同的订立及争议的解决。此外其中某些规定还可适用于其他合同。

（二）《1990 年美国对外贸易定义修订本》（Revised American Foreign Trade Definitions 1990）

《美国对外贸易定义》是由美国几个商业团体最早于 1919 年在纽约制定的，原名为《美国出口报价及其缩写条例》。后来于 1941 年在美国第 27 届全国对外贸易会议上对该条例作了修订，命名为《1941 年美国对外贸易定义修订本》。该修订本经美国商会、美国进口商协会和全国对外贸易协会所组成的联合委员会通过，由全国对外贸易协会予以公布。1990 年，该定义被再次修订，命名为《1990 年美国对外贸易定义修订本》。

《1990 年美国对外贸易定义修订本》中所解释的贸易术语共有 6 种，分别为：

1）EXW（Ex Works）（产地交货）；

2）FOB（Free on Board）（在运输工具上交货）；

3）FAS（Free Along Side）（在运输工具旁边交货）；

4）CFR（Cost and Freight）（成本加运费）；

5）CIF（Cost, Insurance and Freight）（成本加保险费、运费）；

6）DEQ（Delivered Ex Quay）（目的港码头交货）。

《美国对外贸易定义》主要在美洲地区应用较为广泛，有较大影响，由于它对贸易术语的解释，特别是对第 2）和第 3）种术语的解释与国际商会制定的《国际贸易术语解释通则》有明显的差异，所以，在同美洲国家进行交易时应加以注意。近年来，在美洲用国际商会的解释通则逐渐取代《1990年美国对外贸易定义修订本》的趋势也越来越明显。

（三）《国际贸易术语解释通则2020》（Incoterms® 2020）

《国际贸易术语解释通则》（简称《通则》）的英文全称为"International Rules for the Interpretation of Trade Terms"，英文简称为"Incoterms"。它是国际商会（The International Chamber of Commerce，ICC）为了统一对各种贸易术语的解释而制定的。最早的《通则》产生于1936年，后来为适应国际贸易业务发展的需要，国际商会分别于1953年、1967年、1976年、1980年、1990年、2000年、2010年对其进行修订。《2020通则》于2019年10月完成修订，并于2020年1月1日起生效。根据《2020通则》的引言，这次修订的背景重点聚焦在如何优化贸易术语的呈现方式，以便更好引导使用者对其销售合同正确选择合适的贸易术语，从而帮助国际贸易参与者顺利地进行出口或进口交易等方面上。

《2020通则》是在《2010通则》的基础上修正和补充而成的，其主要变化有如下几个方面。

1. 引言内容的变化

《2020通则》对引言进行了重新编排，将其内容分为10个部分，即《2020通则》规定什么和不规定什么，如何将《2020通则》最佳地用于拟定合同，术语中的交货、风险与费用，术语与承运人的关系，术语的正确选用，术语的排序以及术语的变形提示等。每一部分项下包括若干条具体说明。引言为《2020通则》的使用者提供了原则性指南。

2. 买卖双方义务的表述方式的变化

每个术语对于买卖双方义务的规定方法在《2020通则》中得到进一步的明确与条理化。由过去的在同一标题下的罗列式变成了现在的分为两个标题的镜像对照式，即将各个术语中当事人的相关义务编列为10个标题，卖方义务的每个标题下对应着有关同一事项的买方义务，一目了然，便于比较和对照。《2020通则》中买卖双方相关义务如表3-1所示。

表3-1 《2020通则》中买卖双方相关义务

A. 卖方义务（The Seller's Obligation）	B. 买方义务（The Buyer's Obligation）
A1 一般义务	B1 一般义务
A2 交货	B2 提货
A3 风险转移	B3 风险转移
A4 运输	B4 运输
A5 保险	B5 保险
A6 交货 / 运输单据	B6 交货 / 运输单据
A7 出口 / 进口清关	B7 出口 / 进口清关
A8 查验 / 包装 / 标记	B8 查验 / 包装 / 标记
A9 费用划分	B9 费用划分
A10 通知	B10 通知

3. 将贸易术语 DAT 修改为 DPU 并作顺序调整

《2020 通则》维持了《2010 通则》中按照适用的运输方式不同分为两类的 11 种贸易术语，但《2020 通则》对 DAT 和 DAP 进行了两处修订。首先，将二者的顺序颠倒过来，将卖方无须卸货交付的 DAP 排在卖方需要卸货交付的 DAT 之前；其次，将 DAT 术语修改为 DPU，强调目的地可以是任何地方，不仅仅是“运输终端”。《2020 通则》中 11 种贸易术语分类如表 3-2 所示。

表 3-2 《2020 通则》中 11 种贸易术语分类

适用于各种运输方式的贸易术语	适用于水上运输方式的贸易术语
EXW（Ex Works）：工厂交货 FCA（Free Carrier）：货交承运人 CPT（Carriage Paid to）：运费付至目的地 CIP（Carriage and Insurance Paid to）：运费和保险费付至目的地 DAP（Delivered at Place）：目的地交货 DPU（Delivered at Place Unloaded）：目的地卸货后交货 DDP（Delivered Duty Paid）：完税后交货	FAS（Free Alongside Ship）：船边交货 FOB（Free on Broad）：船上交货 CFR（Cost and Freight）：成本加运费 CIF（Cost, Insurance and Freight）：成本加保险费、运费

4. 运输安排

按照《2010 通则》的规定，货物从卖方运输到买方通常由第三方承运人负责运输。但在当今的实际业务中，货物可以在完全不需要任何第三方承运人参与的情况下进行运输。因此，《2020 通则》规定，在 FCA、DAP、DPU、DDP 四个术语下进行进出口业务时，买卖双方不仅可以自行订立运输合同，而且允许自行安排必要的运输。

在有关贸易术语的国际贸易惯例中，《通则》包括的内容最多、使用范围最广、影响也最大。因此，国际商会在最近修订时力图保持它的相对稳定性。另外，《2020 通则》实施之后并非前版《通则》自动废止，当事人在订立合同时仍可使用《2010 通则》或《2000 通则》，只是需要表明所使用《通则》的具体修订年版即可。

以上关于贸易术语的规则、定义和解释通则，作为国际惯例，并不具有普遍的约束力。国际货物买卖双方有权自愿选择采用某种惯例，并在合同中作明确的规定，这样该惯例将确定他们之间有关货物交接方面的义务。买卖双方也可在合同中作出与某种解释或规则不同的规定，这种合同中不同规定的效力将超越惯例的任何规定。如果买卖双方在合同中既不排除，也不明确规定采用何种惯例，一旦事后双方在交接货物的义务方面发生争议而提交仲裁或诉讼时，仲裁机构或法院往往会引用某种公认的或影响较大的有关贸易术语的国际惯例作为判决或裁决案件的依据。

链接 3-1　国内贸易与国际贸易术语

国际贸易术语传统上用于跨越国界的国际货物买卖合同。但是在许多地区，像欧盟一样的贸易同盟已使不同成员国间的边界形式显得不再重要了。因此，《国际贸易术语解释通则 2010》的副标题正式确认这些术语对国际和国内货物买卖合同均可适用。《国际贸易术语解释通则 2010》在多处明确说明，只有在适用时，才产生遵守进/出口手续的规定。《国际贸易术语解释通则 2020》更将副标题《国际商会国内与国际贸易术语使用规则》在封面上体现出来，以表明《国际贸易术语解释通则 2020》是国际商会针对国内与国际贸易术语的使用而制定的一套规则。

两种发展让国际商会认识到应及时向此方向演进。第一，贸易方常在国内买卖合同中使用国际贸易术语；第二，美国国内贸易中出现了更愿意以国际贸易术语取代传统使用的《美国统一法典》中规定的运输和交货术语的现象。

第二节 适用于各种运输方式的贸易术语

根据国际商会的《国际贸易术语解释通则 2020》，在 11 种贸易术语中，适用于各种运输方式的术语有 7 种，分别是 EXW、FCA、CPT、CIP、DAP、DPU 和 DDP。这些术语在风险、责任和费用划分方面，各有不同特点。

一、EXW 术语

（一）EXW 术语的概念

EXW 的英文全称是 Ex Works（named place of delivery）Incoterms® 2020，即工厂交货（指定交货地点）。

例：EXW No.1 warehouse CBC factory Incoterms® 2020

EXW 术语是指卖方于其营业处所或其他指定地点（工场、工厂、仓库等）将合同规定的货物交由买方处置，即完成交货。如果在指定交货地点未约定确切的交付点，且在该地有多个交付点可用，则卖方可从中选定最适合其目的的交付点。在交单方面，卖方须提供商业发票以及合同要求的其他单证。卖方提供的单证根据双方约定可以是纸质的或者是电子形式的。

（二）买卖双方的义务

1. 卖方义务

1）在合同规定的时间、地点，将合同要求的货物置于买方的处置之下。

2）承担将货物交给买方处置之前的一切费用和风险。

3）提交商业发票或具有同等作用的电子信息。卖方应买方请求并由买方承担风险和费用的前提下，卖方必须协助买方取得出口国/过境国/进口国要求的与所有出口/过境/进口清关手续有关的任何单据及/或信息。

2. 买方义务

1）在合同规定的时间、地点，受领卖方提交的货物，并按合同规定支付货款。

2）承担受领货物之后的一切费用和风险。

3）自负费用和风险，取得出口和进口许可证或其他官方批准证件，并办理货物出口和进口的一切海关手续。

4）自付费用订立运输合同或安排自交货地起的货物运输。

卖方对于买方无订立运输合同的义务。在应买方要求并由其承担风险和费用的情况下，卖方必须向买方提供卖方拥有的买方为了安排运输所需要的任何信息，包括与运输有关的安全要求。

（三）使用 EXW 术语应注意的问题

1. 交货地点的规定

卖方在货物备妥后，应就货物将双方交接货物的具体时间和地点通知买方。如果双方约定，买方有权确定在一个规定的时间和 / 或地点受领货物时，买方应及时通知卖方，以免延误交货或出现其他差错。如果买方没有能够在规定的时间和 / 或地点受领货物，或者在买方有权确定受领货物的时间和 / 或地点时，没能及时给予卖方适当通知，那么只要货物已被特定化为合同项下的货物，买方就要承担由此产生的费用和风险。

2. 关于办理出口手续的问题

在 EXW 术语下，办理货物出口手续的责任在买方，尽管有时可要求卖方代办，但货物被禁止出口的风险还是由买方承担的。因此，在成交之前，买方应了解出口国政府的有关规定，例如是否允许在该国无常驻机构的当事人在该国办理出口结关手续。当买方无法做到直接或间接办理货物的出境手续时，则不应采用这一贸易术语成交。这种情况下，按照《2020 通则》的解释，最好采用 FCA 术语。

二、FCA 术语

（一）FCA 术语的概念

FCA 的英文全称是 Free Carrier（named place of delivery）Incoterms® 2020，即货交承运人（指定交货地点）。

例：FCA Xi'an East Railway Station Incoterms® 2020

FCA 术语是指卖方将合同约定的货物在合同约定的时间或期限内，在其营业处所或其他指定地点，将货物交给买方指定的承运人，即完成其交货义务。卖方还须提供商业发票以及合同要求的其他单证。卖方提供的单证根据双方约定可以是纸质的或者是电子形式的。

（二）买卖双方的义务

1. 卖方义务

1）在合同规定的时间、地点，将合同规定的货物置于买方指定的承运人控制下，并及时通知买方。

2）承担将货物交给承运人控制之前的一切费用和风险。

3）自负风险和费用，取得出口许可证或其他官方批准证件，并办理货物出口所需的一切海关手续。

4）自付费用订立运输合同或安排自交货地起的货物运输。

卖方对于买方无订立运输合同的义务。在应买方要求并由其承担风险和费用的情况下，卖方必须向买方提供卖方拥有的买方为了安排运输所需要的任何信息，包括与运输有关的安全要求。

2. 买方义务

1)签订从指定地点承运货物的合同,支付有关的运费,并将承运人名称及有关情况及时通知卖方。

2)根据买卖合同的规定受领货物并支付货款。

3)承担受领货物之后所发生的一切费用和风险。

4)自负风险和费用,取得进口许可证或其他官方证件,并且办理货物进口所需的海关手续。

(三)使用 FCA 术语应注意的问题

1. 向承运人交货的地点问题

在 FCA 条件下,通常是由买方指定承运人并与其订立运输合同,将承运人的情况及时通知卖方。该承运人可以是拥有运输工具的实际承运人,也可以是运输代理人或其他人。按照《2010 通则》的解释,交货地点的选择直接影响到装卸货物的责任划分问题。如果双方约定的交货地点是卖方所在地,卖方负责把货物装到买方安排的承运人所提供的运输工具上即可;如果交货地点是其他地方,卖方就要将货物运交给承运人,在自己所提供的运输工具上完成交货义务,而无须负责卸货。但在《2020 通则》中对此并无规定。《2020 通则》特别建议交易双方应尽可能清楚地写明指定交货地内的交付点。如果在约定交货地没有明确具体的交付点,或者有几个交付点可供选择卖方选择,卖方可以从中选择为完成交付义务最适宜的交付点。

2. FCA 条件下风险的转移问题

在采用 FCA 术语成交时,买卖双方的风险划分是以货交承运人为界。在 FCA 术语下,买方负责订立运输契约,并将承运人名称及有关事项及时通知卖方,卖方才能如约完成交货义务,并实现风险的转移。《2020 通则》规定,如果买方未能及时给予卖方上述通知,或者他所指定的承运人在约定的时间未能接受货物,自规定的交付货物的约定日期或期限届满之日起,由买方承担货物灭失或损坏的一切风险,但以货物已被划归本合同项下为前提条件。

3. 有关责任和费用的划分问题

FCA 适用于包括多式联运在内的各种运输方式,卖方交货的地点也因采用的运输方式不同而异。有时,卖方须在出口国的内陆,如车站、机场或内河港口,办理交货。不论在何处交货,根据《2020 通则》的解释,卖方都要自负风险和费用,取得出口许可证或其他官方批准证件,并办理货物出口所需的一切海关手续。这一规定对一些在出口国的内地口岸就地交货和交单结汇的做法是十分适宜的。

按照 FCA 术语成交,一般是由买方自行订立从指定地点承运货物的合同,但是如果在买方有要求并由买方承担风险和费用的情况下,卖方也可以代替买方指定承运人并订立运输合同。当然,卖方也可以拒绝订立运输合同,如果拒绝,应立即通知买方,以便买方另行安排。

三、CPT 术语

（一）CPT 术语的概念

CPT 的英文全称是 Carriage Paid to(named place of destination) Incoterms® 2020，即运费付至（指定目的地）。

例：CPT Chicago Incoterms® 2020

CPT 术语是卖方在合同中约定的日期或期限内，将合同中约定的货物交给卖方指定的承运人或第一承运人，即完成其交货义务。卖方还须提供商业发票以及合同要求的其他单证。卖方提供的单证根据双方约定可以是纸质的或者是电子形式的。

（二）买卖双方的义务

1. 卖方义务

1）订立将货物运往指定目的地的运输合同，并支付有关运费。

2）在合同规定的时间、地点，将合同规定的货物置于承运人控制之下，并及时通知买方。

3）承担将货物交给承运人控制之前的风险。

4）自负风险和费用，取得出口许可证或其他官方批准证件，并办理货物出口所需的一切海关手续，支付关税及其他有关费用。

5）自付费用订立运输合同或安排自交货地起的货物运输。

2. 买方义务

1）接受卖方提供的有关单据，受领货物，并按合同规定支付货款。

2）承担自货物在约定交货地点交给承运人控制之后的风险。

3）自负风险和费用，取得进口许可证或其他官方证件，并办理货物进口所需的海关手续，支付关税及其他有关费用。

（三）使用 CPT 术语应注意的问题

1. 风险的划分问题

按照 CPT 术语成交，虽然卖方要负责订立从启运地到指定目的地的运输契约，并支付运费，但是卖方承担的风险并没有延伸至目的地。按照《2020 通则》的解释，货物自交货地点至目的地的运输途中的风险由买方而不是卖方承担，卖方只承担货物交给承运人控制之前的风险。在多式联运情况下，卖方承担的风险自货物交给第一承运人控制时即转移给买方。因此，在 CPT 术语下，风险转移点与费用转移点不同步，风险转移在先，费用转移在后。

2. 责任和费用的划分问题

采用 CPT 术语时，买卖双方要在合同中规定装运期和目的地，以便于卖方选定承运人，自费订立运输合同，将货物运往指定的目的地。卖方将货物交给承运人之后，应向买方发出货已交付的通知，便于买方在目的地办理相关保险和受领货物。

按 CPT 术语成交，卖方只是承担从交货地点到指定目的地的正常运费。正常运费之外的其他有关费用，一般由买方负担。货物的装卸费可以包括在运费中，统一由卖方负担，也可以由双方在合同中另行规定。

四、CIP 术语

(一)CIP 术语的概念

CIP 的英文全称是 Carriage and Insurance Paid to(named place of destination)Incoterms® 2020,即运费和保险费付至(指定目的地)。

例:CIP Chicago Incoterms® 2020

CIP 术语是指卖方在合同中约定的日期或期限内,将合同中约定的货物交给卖方指定的承运人或第一承运人,即完成其交货义务。卖方还须提供商业发票以及合同要求的其他单证。卖方提供的单证根据双方约定可以是纸质的或者是电子形式的。

(二)双方买卖的义务

1. 卖方义务

1)订立将货物运往指定目的地的运输合同,并支付有关运费。

2)在合同规定的时间、地点,将合同规定的货物置于承运人的控制之下,并及时通知买方。

3)承担将货物交给承运人控制之前的风险。

4)有义务按照通常条件订立运输合同。

5)自负风险和费用,取得出口许可证或其他官方批准证件,并办理货物出口所需的一切海关手续,支付关税及其他有关费用。

6)有义务为买方订立有关货物运输的保险合同。

2. 买方义务

1)接受卖方提供的有关单据,受领货物,并按合同规定支付货款。

2)承担自货物在约定地点交给承运人控制之后的风险。

3)自负风险和费用,取得进口许可证或其他官方证件,并且办理货物进口所需的海关手续,支付关税及其他有关费用。

(三)使用 CIP 术语应注意的问题

1. 关于保险的问题

按 CIP 术语成交的合同,卖方要负责办理货运保险,并支付保险费,但货物从交货地运往目的地的运输途中的风险由买方承担。所以,卖方的投保仍属于代办性质。根据《2020 通则》的解释,除非另有约定或特定贸易惯例,卖方须自付费用取得货物保险。该保险需符合《伦敦保险协会货物保险条款》(LMA/IUA)(A)款或任何适用于货物运输方式的类似保险条款。该保险应与信誉良好的保险人或保险公司订立,并赋予买方或任何其他享有货物保险利益者,直接向保险人索赔的权力。当买方要求且能够提供给卖方所需的信息时,如果能够投保的话,卖方必须提供任何额外的保险,由买方负担费用,例如与《伦敦保险协会战争险条款》和/或《伦敦保险协会罢工险条款》或其他类似条款相符合的险别。

最低保险金额应是合同规定价格另加 10%(即 110%),并采用合同货币。

2. 合理确定价格

与 FCA 相比，在 CIP 条件下卖方要承担较多的责任和费用，包括负责办理从交货地至目的地的运输并承担有关运费、办理货运保险并支付保险费。这些都应体现在货价之中。因此，卖方在对外报价时，要认真核算成本和价格，应考虑运输距离、保险险别、各种运输方式和各类保险的收费情况，并要预计运价和保险费的变动趋势等。买方也要对卖方的报价进行认真分析，做好比价工作，以免接受不合理的报价。

五、DAP 术语

（一）DAP 术语的概念

DAP 的英文全称是 Delivered at Place（named place of destination）Incoterms® 2020，即目的地交货（指定目的地）。

例：DAP Don Street, New York City Incoterms® 2020

DAP 术语是指卖方在合同中约定的日期或期限内，将货物运到合同规定的目的地的约定地点，并将货物置于买方的控制之下，在卸货（货物在抵达的运输工具上）之前即完成交货。卖方还须提供商业发票以及合同要求的其他单证。卖方提供的单证根据双方约定可以是纸质的或者电子形式的。

（二）买卖双方的义务

1. 卖方义务

1）自负费用订立运输合同，将货物运至指定目的地或指定目的地的约定地点（如有）并支付有关运费。

2）在约定日期或期限内，在指定的目的地，在运输工具上将准备卸货的货物交由买方处置，不承担卸货的责任和费用。

3）承担在指定的目的地运输工具上将货物置于买方的处置下之前的风险和费用。

4）自负风险和费用，取得出口许可证或其他官方批准证件，并办理货物出口及其在交货前通过任何国家运送时所需的一切通关手续并支付关税及其他有关费用。

2. 买方义务

1）接受卖方提供的有关单据，受领货物，并按合同规定支付货款。

2）承担在指定的目的地受领货物之后的风险和费用。

3）自负风险和费用，取得进口许可证或其他官方证件，并且办理货物进口所需的海关手续，支付关税及其他有关费用。

4）承担从到达的运输工具上为接收货物所需的一切卸货费用。

（三）使用 DAP 术语应注意的问题

1. 卸货地点

DAP 是《2010 通则》新增的术语，旨在替代原《2000 通则》中的 DAF、DES、DDU 三个术语。DAP 的交货地点既可以是在两国的边境指定地点，也可以是在目的港的船上，还可以是在进口国国内的某一地点。DAP 的应用范围很广，需要注意的是，即使是在进口国的目的港或最终目的地交货，若没有相反的规定，卖方也不承担卸货费用和进口通关的费用及关税。为了避免纠纷，《2020 通则》建议，在采用 DAP 术语成交时，如果卖方按照运输合同在交货地 / 目的地发生了卸货相关的费用，除非双方另有约定，卖方无权另行向买方追偿该费用。

2. 卖方风险控制

在 DAP 术语下，卖方承担的风险和费用较大，卖方不仅需要承担将货物运输到指定目的地的费用，还需承担货物运输到指定目的地的途中货物灭失的风险，因此卖方应根据实际情况办理运输保险。

六、DPU 术语

（一）DPU 术语的概念

DPU 的英文全称是 Delivered at Place Unloaded（named place of destination）Incoterms® 2020，即目的地卸货后交货（指定目的地）。

例：DPU John St. London Incoterms® 2020

DPU 术语是《2020 通则》新推出的贸易术语，旨在替代《2010 通则》中的 DAT 术语。在《2010 通则》中，DAT 术语的英文全称是 Delivered at Terminal，即运输终端交货。国际商会认为 DAT 的含义不够明确，遂将之改为 DPU。

DPU 是指卖方在合同约定的日期或期限内，将货物运到合同规定的港口或目的地的约定地点，并将货物从抵达的载货运输工具上卸下交给买方处置，即完成交货。卖方还须提供商业发票以及合同要求的其他单证。卖方提供的单证根据双方约定可以是纸质的或者电子形式的。

（二）买卖双方的义务

1. 卖方义务

1）自负费用订立运输合同，将货物运至位于约定港口或目的地的指定地点，如对该地点未做具体规定，卖方可选择在约定港口或目的地最合适的交货点。

2）在约定日期或约定期限内，在约定目的港或目的地的运输终端将货物从运输工具上卸下，承担卸货的责任和费用，并将货物置于买方的处置之下。

3）承担在约定目的港或目的地的运输终端将货物置于买方的处置下之前的风险和费用。

4）自负风险和费用，取得出口许可证或其他官方批准证件，并办理货物出口及其在交货前通过任何国家运送时所需的一切通关手续并支付关税及其他有关费用。

2. 买方义务

1）接受卖方提供的有关单据，受领货物，并按合同规定支付货款。

2）承担在约定目的港或目的地的运输终端受领货物之后的风险和费用。

3）自负风险和费用，取得进口许可证或其他官方证件，并且办理货物进口所需的海关手续，支付关税及其他有关费用。

（三）使用 DPU 术语应注意的问题

1. 卸货问题

在 DPU 术语下，卖方要承担将货物运到合同规定的地点，并将货物从抵达的载货运输工具上卸下之前的风险责任和费用，因此卖方应当确保其可以在指定地点安排卸货。如有困难或双方不希望由卖方承担卸货的风险和费用，则不宜使用 DPU 术语，而应使用 DAP 术语成交。

2. 交货地点

在 DPU 术语下，卖方承担的责任只是将货物交到合同规定的运输终端卸货后，完成交货。如果双方希望由卖方再将货物从卸货地点搬运到进口国内的另外的地点，并承担期间的风险和费用，则应当使用 DDP 术语。

七、DDP 术语

（一）DDP 术语的概念

DDP 的英文全称是 Delivered Duty Paid（named place of destination）Incoterms® 2020，即完税后交货（指定目的地）。

例：DDP No. 2 Tulip Ave, Rotterdam Incoterms® 2020

DDP 术语是指卖方在合同中约定的日期或期限内，将货物运到合同指定的目的地的约定地点，并且完成进口清关手续后，在运输工具上做好卸货准备的货物，置于买方的控制之下，即完成交货。卖方还须提供商业发票以及合同要求的其他单证。卖方提供的单证根据双方约定可以是纸质的或者电子形式的。

（二）买卖双方的义务

1. 卖方义务

1）订立将货物按惯常路线和习惯方式运往指定目的地的运输合同，并支付有关运费。

2）在合同规定的时间、地点，将合同规定的货物置于买方的处置之下。

3）承担在指定目的地的约定地点将货物置于买方的处置下之前的风险和费用。

4）自负风险和费用，取得出口和进口许可证及其他官方批准证件，并且办理货物出口和进口所需的海关手续，支付关税及其他有关费用。

2. 买方义务

1）接受卖方提供的有关单据，在目的地约定地点受领货物，并按合同规定支付货款。

2）承担在目的地约定地点受领货物之后的风险和费用。

3）根据卖方的请求，并由卖方负担风险和费用的情况下，给予卖方一切协助，使其取得货物进口所需的进口许可证或其他官方批准证件。

（三）使用 DDP 术语应注意的问题

DDP 是《2020 通则》中的 11 种贸易术语中卖方承担风险、责任和费用最大的术语。按照这一术语成交，卖方要负责将货物从启运地运到合同规定的进口国内的指定目的地，把货物实际交到买方手中，才算完成交货。卖方要承担交货前的一切风险、责任和费用，其中包括办理货物出口和进口的清关手续以及支付关税、捐税和其他费用。

1. 妥善办理投保事项

在DDP术语下，卖方要承担很大的风险，为了能在货物受损或灭失时及时得到经济补偿，卖方应办理货运保险。选择投保的险别时，根据货物的性质、运输方式及运输路线来灵活决定。

2. 进口通关事项

在DDP交货条件下，卖方是在办理了进口结关手续后在指定目的地交货的，若卖方不能直接或间接地取得进口许可证或办理进口通关手续，或卖方希望买方承担进口的风险和费用，则不宜使用该术语，而应选择使用DAP或DPU术语。

第三节 适用于水上运输方式的贸易术语

在《2020通则》中，FAS、FOB、CFR和CIF贸易术语仅适用于海运和内河运输方式。其中的FOB、CFR和CIF是国际贸易中使用最为普遍的贸易术语。

一、FAS术语

（一）FAS术语的概念

FAS的英文全称是Free Alongside Ship（named port of shipment）Incoterms® 2020，即船边交货（指定装运港）。

例：FAS Pier 17 San Francisco Incoterms® 2020

FAS术语是指卖方应在约定的日期或期限内，将合同规定的货物运到指定的装运港，即买方所指派的船只的旁边（例如，置于码头或驳船上），即完成其交货义务。卖方还须提供商业发票以及合同要求的其他单证。卖方提供的单证根据双方约定可以是纸质的或者电子形式的。

（二）买卖双方的义务

1. 卖方义务

1）在合同规定的时间和装运港口，将合同规定的货物交到买方所派船只的旁边，并及时通知买方。

2）承担货物交至装运港船边的一切费用和风险。

3）自负费用和风险，取得出口许可证或其他官方批准证件，并且办理货物出口的一切海关手续。

2. 买方义务

1）订立从指定装运港口运输货物的合同，支付运费，并将船名、装货地点和要求交货的时间及时通知卖方。

2）在合同规定的时间、地点，受领卖方所交的货物，并按合同规定支付货款。

3）承担受领货物之后所发生的一切费用和风险。

4）自负费用和风险，取得进口许可证或其他官方批准证件，并且办理货物进口的一切海关手续。

（三）使用 FAS 术语应注意的问题

1. 对 FAS 的不同解释

根据《2020 通则》的解释，FAS 术语只适合于包括海运在内的水上运输方式，交货地点只能是装运港。按照《1990 年美国对外贸易定义修订本》的解释，FAS 是 Free Along Side 的缩写，即指交到运输工具的旁边，并不特指装运港的船边。因此，在同北美国家的交易中使用 FAS 术语时，应在 FAS 后面加上“Vessel”字样，以明确表示“船边交货”。

2. 应考虑运输包装方式

按照《2020 通则》的解释，FAS 仅适用于海运或内河水运运输方式下买卖双方意在将货物交到船边即完成交货的情形。而在集装箱运输方式下，通常是由卖方将货物运到集装箱货运站，交给买方指定的承运人，而不是将货物运到装运港船边。因此，在采用集装箱运输方式情况下，双方不宜选用 FAS 术语，可以考虑使用 FCA 术语。

3. 注意船货衔接问题

因为在 FAS 条件下，从装运港至目的港的运输合同要由买方负责订立，买方要及时将船名和要求装货的具体时间、地点通知卖方，以便卖方按时做好备货出运工作。卖方也应将货物交至船边的情况及时通知买方，以利于买方办理装船事项。如果买方指派的船只未按时到港接收货物，或者比规定的时间提前停止装货，或者买方未能及时发出派船通知，只要货物已被清楚地划出或以其他方式确定为本合同项下的货物，由此而产生的风险和损失均由买方承担。

二、FOB 术语

（一）FOB 术语的概念

FOB 的英文全称是 Free on Board(named port of shipment)Incoterms® 2020，即船上交货（指定装运港），习惯称为“装运港船上交货”。

例：FOB Qingdao Incoterms® 2020

FOB 术语是国际贸易中常用的贸易术语之一。FOB 术语是指卖方应在约定的日期或期限内，将货物运到合同规定的装运港口，并交到买方指派的船上，即完成其交货义务。卖方还须提供商业发票以及合同要求的其他单证。卖方提供的单证根据双方约定可以是纸质的或者电子形式的。

（二）买卖双方的义务

1. 卖方义务

1）在合同规定的时间和装运港口，将合同规定的货物交到买方指派的船上，并及时通知买方。

2）承担货物交至装运港船上之前的一切费用和风险。

3）自负风险和费用，取得出口许可证或其他官方批准证件，并且办理货物出口所需的一切海关手续。

2. 买方义务

1）订立从指定装运港口运输货物的合同，支付运费，并将船名、装货地点和要求交货的时间及时通知卖方。

2）根据买卖合同的规定受领货物并支付货款。

3）承担受领货物之后所发生的一切费用和风险。

4）自负风险和费用，取得进口许可证或其他官方证件，并办理货物进口所需的海关手续。

（三）使用 FOB 术语应注意的问题

1. 风险划分界限的变更

《2000 通则》及以前版本的《通则》均规定 FOB 术语是以装运港船舷作为划分风险的界限。"船舷为界"表明货物在装上船之前的风险，包括在装船时货物跌落码头或海中所造成的损失，均由卖方承担。货物越过船舷装上船之后，包括在起航前和在运输过程中所发生的损坏或灭失，则由买方承担。随着集装箱运输和滚装船的迅速发展，这种以"船舷为界"划分风险的方式对于买卖双方已经没有实际意义，加上"链式销售"（String Sales）——如卖方出售的是业已装上船或在途运输的货物的情况不断增加，因此《2010 通则》中关于 FOB 术语下风险划分的界限，不再规定以"船舷为界"，而是规定以货物装到船上，风险才由卖方转移给买方。《2020 通则》继续沿用了这一规定。

2. 关于船货衔接问题

按照 FOB 术语成交的合同属于装运合同，这类合同中卖方的一项基本义务是按照规定的时间和地点完成装运。然而由于 FOB 条件下是由买方负责安排运输工具，即租船定舱，所以这就存在一个船货衔接的问题。如果处理不当，自然会影响到合同的顺利执行。根据有关法律和惯例，如果买方未能按时派船，这包括未经对方同意提前将船派到或延迟派到装运港，卖方都有权拒绝交货，而且由此产生的各种损失，如空舱费（Dead Freight）、滞期费（Demurrage）及卖方增加的仓储费等，均由买方负担。如果买方指派的船只按时到达装运港，而卖方却未能备妥货物，那么由此产生的上述费用则由卖方承担。有时双方按 FOB 价格成交，而后来买方又委托卖方办理租船定舱，卖方也可酌情接受。但这属于代办性质，其风险和费用仍由买方承担，就是说运费和手续费由买方支付，而且如果卖方租不到船，也不承担责任，买方无权撤销合同或索赔。总之，按 FOB 术语成交，对于装运期和装运港要慎重规定，签约之后，有关备货和派船事宜，双方要加强联系，密切配合，保证船货衔接。

3. 对 FOB 的不同解释

不同的国家和不同的惯例对 FOB 的解释并不完全统一。它们之间的差异在交货的地点、风险划分界限以及卖方承担的责任、义务等方面的规定上都可体现出来。如在北美国家采用的《1990 年美国对外贸易定义修订本》中，将 FOB 分为 6 种情形。

1）"在内陆指定发货地点的指定内陆运输工具上交货"：FOB（named inland carrier at named inland point of departure）。

2）"在内陆指定的发货地点的指定内陆运输工具上交货，运费预付到指定的出口地点"：FOB（named inland carrier at named inland point of departure）Freight Prepaid to（named point of exportation）。

3）"在指定的内陆发货地点的指定内陆运输工具上交货，减除至指定出口地点的运费"：FOB（named inland carrier at named inland point of departure）Freight Allowed to（named point）。

4）"在内陆指定出口地点的指定内陆运输工具上交货"：FOB（named inland carrier at named inland point of exportation）。

5）"指定装运港船上交货"：FOB Vessel（named port of shipment）。

6）"进口国指定内陆地点交货"：FOB（named inland point in country of importation）。

上述前三种 FOB 术语的交货地点为出口国内陆发货地点的运输工具上，第四种和第五种 FOB 术语在使用时应加以注意。因为这两种术语在交货地点上有可能相同，如都是在旧金山交货，如果买方要求在装运港口的船上交货，则应在 FOB 和港名之间加上"Vessel"字样，变成"FOB Vessel San Francisco Incoterms® 2020"，否则卖方有可能按第四种情况在旧金山的内陆运输工具上交货。

另外，关于办理出口手续问题上也存在分歧。按照《2020 通则》的解释，在 FOB 条件下，卖方义务是"自负风险及费用，取得出口许可证或其他官方批准证件，并办理货物出口所必需的一切海关手续"。但是，按照《1990 年美国对外贸易定义修订本》的解释，卖方只是"在买方请求并由其负担费用的情况下，协助买方取得由原产地和 / 或装运地国家签发的，为货物出口或在目的地进口所需的各种证件"。

鉴于上述情况，在我国同美国、加拿大等国家进行的进出口业务中，采用 FOB 成交时，应对有关问题在合同中具体订明，以免因解释上的分歧而引起争议。

三、CFR 术语

（一）CFR 术语的概念

CFR 的英文全称是 Cost and Freight（named port of destination）Incoterms® 2020，即成本加运费（指定目的港），又称"运费在内价"。

例：CFR Rotterdam Incoterms® 2020

CFR 术语也是国际贸易中常用的贸易术语之一。CFR 术语是指卖方应在约定的日期或期限内，将货物运到合同规定的装运港口，并交到自己安排的船只上，或者以取得货物已装船证明的方式完成其交货义务。卖方还须提供商业发票以及合同要求的其他单证。卖方提供的单证根据双方约定可以是纸质的或者电子形式的。

（二）买卖双方的义务

1. 卖方义务

1）签订从指定装运港将货物运往约定目的港的合同；在合同规定的时间和港口，将合同要求的货物装上船，并支付至目的港的运费；装船后及时通知买方。

2)承担货物在装运港装上船之前的一切费用和风险。

3)自负风险和费用,取得出口许可证或其他官方证件,并且办理货物出口所需的一切海关手续。

2. 买方义务

1)接受卖方提供的有关单据,受领货物,并按合同规定支付货款。

2)承担货物在装运港装上船以后的一切风险。

3)自负风险和费用,取得进口许可证或其他官方证件,并且办理货物进口所需的海关手续,支付关税及其他有关费用。

(三)使用 CFR 术语应注意的问题

1. 卖方的装运义务

在采用 CFR 贸易术语成交时,卖方要承担将货物由装运港运往目的港的义务。为了保证能按时完成在装运港交货的义务,卖方应根据货源和船源的实际情况合理地规定装运期。装运期一经确定,卖方就应及时租船订舱和备货,并按规定的期限发运货物。按照《联合国国际货物销售合同公约》的规定,卖方延迟装运或者提前装运都是违反合同的行为,并要承担违约的责任。买方有权根据具体情况拒收货物或提出索赔。

2. 装船通知的重要作用

按照 CFR 条件达成的交易,卖方需要特别注意的问题是,货物装船后必须及时向买方发出装船通知,以便买方办理投保手续。因为一般的国际贸易惯例以及有些国家的法律,如英国《1893 年货物买卖法》(1979 年修订)中规定:“如果卖方未向买方发出装船通知,致使买方未能办理货物保险,那么货物在海运途中的风险被视为卖方负担。”这就是说,如果货物在运输途中遭受损失或灭失,由于卖方未发出通知而使买方漏保,那么卖方就不能以风险在装运港船上转移为由免除责任。由此可见,尽管在 FOB 和 CIF 条件下,卖方装船后也应向买方发出通知,但在 CFR 条件下,装船通知具有更为重要的意义。

四、CIF 术语

(一)CIF 术语的概念

CIF 的英文全称是 Cost, Insurance and Freight(named port of destination)Incoterms® 2020,即成本加保险费、运费(指定目的港),又称“运费、保险费在内价”。

例:CIF Hamburg Incoterms® 2020

CIF 也是国际贸易中常用的贸易术语之一。CIF 术语是指卖方应在约定的日期或期限内,将货物运到合同规定的装运港口,并交到自己安排的船只上,或者以取得货物已装船证明的方式完成其交货义务。卖方需要为买方办理海运货物保险。卖方还须提供商业发票以及合同要求的其他单证。卖方提供的单证根据双方约定可以是纸质的或者电子形式的。

(二)买卖双方的义务

1. 卖方义务

1)签订从指定装运港承运货物的合同;在合同规定的时间和港口,将合同要求的货物装上船并支付至目的港的运费；装船后须及时通知买方。

2）承担货物在装运港装上船之前的一切费用和风险。

3）按照买卖合同的约定，自负费用办理水上运输保险。

4）自负风险和费用，取得出口许可证或其他官方批准证件，并办理货物出口所需的一切海关手续。

2. 买方义务

1）接受卖方提供的有关单据，受领货物，并按合同规定支付货款。

2）承担货物在装运港装上船之后的一切风险。

3）自负风险和费用，取得进口许可证或其他官方证件，并且办理货物进口所需的海关手续。

（三）使用 CIF 术语应注意的问题

1. 保险险别问题

若按 CIF 术语成交，在合同的保险条款中，要明确规定保险险别、保险金额等内容，这样卖方就应按照合同的规定办理投保。如果合同中未能就保险险别等问题作出具体规定，可以根据有关惯例来处理。按照《2020 通则》对 CIF 的解释，卖方需要投保符合《伦敦保险协会货物保险条款》（C）款或其他类似条款的险别，但在买方要求并由买方承担费用的情况下，可加保任何附加险。

最低保险金额应是合同规定价格另加 10%（即 110%），并应采用合同货币。

2. 租船订舱问题

若采用 CIF 术语成交，卖方的基本义务之一是租船订舱，办理从装运港至目的港的运输事宜。关于运输问题，各个惯例的规定也不尽相同。《2020 通则》对此的解释是，卖方“按照通常条件自行负担费用订立运输合同，将货物按惯常路线用通常类型可供装载该合同货物的海上航行船只（或适当的内河运输船只）装运至指定目的港”。《1990 年美国对外贸易定义修订本》中只是笼统地规定卖方“负责安排货物运至指定目的地的运输事宜，并支付其费用”。《华沙—牛津规则》对于这一问题的规定较为详细，在其第 8 条中规定：“①在买卖合同规定由特定船只装运，或者一般地应由卖方租赁全部或部分船只，并承担将货物装船的情况下，非经买方同意，卖方不得随意改用其他船只代替。买方也不应不合理地拒绝。②如果买卖合同规定用蒸汽船装运（未指定船名），卖方在其他条件相同的情况下，可用蒸汽船或内燃机船运给买方。③如果买卖合同未规定运输船只的种类，或者合同内使用‘船只’这样的笼统名词，除依照特定行业惯例外，卖方有权使用通常在此路线上装运类似货物的船只来装运。”

以上规定有详有略，其基本点是相同的，即如果没有相反的约定，卖方只是负责按通常条件和惯驶航线，租用适当船舶将货物运往目的港。因此，对于在业务中有时买方提出的关于限制船舶的国籍、船型、船龄、船级以及指定装载某班轮公司的船只等要求，卖方均有权拒绝接受。但卖方也可放弃这一权利，可根据具体情况给予通融。就是说，对于买方提出的上述要求，如果卖方能办到又不会增加额外开支，也可以接受。一旦在合同中作出明确规定，就必须严格照办。

3. 象征性交货问题

从交货方式来看，CIF 是一种典型的象征性交货(Symbolic Delivery)。象征性交货是针对实际交货(Physical Delivery)而言的。前者指卖方只要按期在约定地点完成装运,并向买方提交合同规定的包括物权凭证在内的有关单证,就算完成了交货义务,而无须保证到货。后者则是指卖方要在规定的时间和地点,将符合合同规定的货物提交给买方或其指定人,而不能以交单代替交货。在象征性交货方式下,卖方是凭单交货,买方是凭单付款。只要卖方如期向买方提交了合同规定的全套合格单据(名称、内容和份数相符的单据),即使货物在运输途中损坏或灭失,买方也必须履行付款义务。反之,如果卖方提交的单据不符合要求,即使货物完好无损地运达目的地,买方仍有权拒绝付款。但是,按 CIF 术语成交,卖方履行其交单义务,只是得到买方付款的前提条件,除此之外,卖方还必须履行交货义务。如果卖方提交的货物不符合要求,买方即使已经付款,仍然可以根据合同的规定向卖方提出索赔。

4. 注意 CIP 与 CIF 的区别

CIP 与 CIF 有相似之处,它们的价格构成中都包括了通常的运费和约定的保险费,而且按这两种术语成交的合同均属于装运合同。但 CIP 和 CIF 术语又有明显的区别,这在交货地点、风险划分界限以及卖方承担的责任和费用方面都表现出来。产生这些差别的主要原因是,二者适用的运输方式不同。CIF 适用于水上运输,交货地点是装运港,风险划分以货装船上为界,卖方负责租船订舱,支付从装运港到目的港的运费,并且负责办理水上运输险,支付保险费。而 CIP 术语则适用于各种运输方式,交货地点要根据运输方式的不同由双方约定,风险是在承运人控制货物时转移。卖方要负责办理从交货地点到指定目的地的全程运输,而不仅仅是水上运输。卖方办理的保险,也不仅是水上运输险,而且包括各种运输险。

综上所述,在《2020 通则》的 11 个贸易术语中，EXW 术语代表了在货物的产地和所在地交货的条件,卖方承担的风险、责任和费用最小,而 DDP 术语是卖方承担风险、责任和费用最大的一种术语。表 3-3 将 11 个贸易术语列表进行了对比。

表 3-3 《2020 通则》11 个贸易术语对比

术语	交货地点	风险转移	运输合同	保险合同	出口清关	进口清关	运输方式
EXW	商品产地、所在地	买方处置货物后	买方	买方	买方	买方	任何方式
FCA	出口国内地、港口	承运人处置货物后	买方	买方	卖方	买方	任何方式
CPT	出口国内地、港口	承运人处置货物后	卖方	买方	卖方	买方	任何方式
CIP	出口国内地、港口	承运人处置货物后	卖方	卖方	卖方	买方	任何方式
DAP	目的地(进口国港口或目的地)	目的地(港)货交买方处置起(买方卸货)	卖方	卖方	卖方	买方	任何方式
DPU	目的地(进口国港口或目的地)	目的地(港)货交买方处置起(卖方卸货)	卖方	卖方	卖方	买方	任何方式
DDP	进口国国内	买方在指定地点收货后	卖方	卖方	卖方	卖方	任何方式

续表

术语	交货地点	风险转移	运输合同	保险合同	出口清关	进口清关	运输方式
FAS	装运港口	货交船边后	买方	买方	卖方	买方	水上运输
FOB	装运港口	货物装上船上	买方	买方	卖方	买方	水上运输
CFR	装运港口	货物装上船上	卖方	买方	卖方	买方	水上运输
CIF	装运港口	货物装上船上	卖方	卖方	卖方	买方	水上运输

链接 3-2　常用贸易术语的变形

贸易术语的变形是为了解决装卸费用的负担问题而产生的。国际贸易中常用的贸易术语是装运港交货的 FOB、CFR 和 CIF 术语。以 FOB 术语成交时,谁承担装船费用? 以 CFR、CIF 术语成交时,哪一方承担卸货费用? 关于这些问题各国的惯例或习惯做法各不相同。在班轮运输方式下,装卸费用通常包含在运费中,由负责租船订舱的一方承担。在大宗货物的买卖中,通常采用租船运输,船方不负责装卸费用,买卖双方就必须明确装卸费用由谁负担。在实际业务中,通常采用贸易术语的变形,即在常用贸易术语后加列装卸费用由谁承担的附加条件来解决此类问题。至于这些变形会不会影响到风险划分的问题,传统的说法是,贸易术语的变形只是用以解决装卸费用的负担问题,并不改变交货地点和风险划分的界限。但在实际业务中,由于一些当事人理解和掌握上的偏差,往往为此引起争执,因此,《2020 通则》表示不禁止此类改变,但认为这样做是有危险的。建议当事人需要在合同中非常清晰地明确此类修改意欲达到的效果。例如,如果合同修改了《2020 通则》的费用分摊,那么各当事人也应清楚地表明他们是否同时希望改变交货和风险转移至买方的地点。

1.FOB 术语的变形

FOB 术语的变形是为了解决装船费用由谁负担的问题而产生的,主要包括以下几种。

(1)FOB Liner Terms(FOB 班轮条件)

装船费用按照班轮的做法处理,即由船方或买方承担。卖方不负担装船的有关费用。

(2)FOB Under Tackle(FOB 吊钩下交货)

卖方负担费用将货物交到买方指定船只的吊钩所及之处,而吊装入舱以及其他各项费用由买方负担。

(3)FOB Stowed(FOB 理舱费在内)

卖方负责将货物装入船舱并承担包括理舱费在内的装船费用。理舱费是指货物入舱后进行安置和整理的费用。

(4)FOB Trimmed(FOB 平舱费在内)

卖方负责将货物装入船舱并承担包括平舱费在内的装船费用。平舱费是指对装入船舱的散装货物进行平整所需的费用。

2.CFR 术语的变形

为解决大宗货物的租船运输中的卸货费用负担问题，产生了 CFR 术语的变形。业务中常见的 CFR 术语的变形有以下几种。

（1）CFR Liner Terms（CFR 班轮条件）

卸货费按班轮做法办理，即买方不负担卸货费。

（2）CFR Landed（CFR 卸至码头）

卖方承担卸货费，包括可能涉及的驳船费在内。

（3）CFR Ex Tackle（CFR 吊钩下交接）

卖方负责将货物从船舱吊起一直卸到吊钩所及之处（码头上或驳船上）的费用，船舶不能靠岸时，驳船费用由买方负担。

（4）CFR Ex Ship's Hold（CFR 舱底交接）

船到目的港在船上办理交接后，由买方自行启舱，并负担货物由舱底卸至码头的费用。

注：CIF 术语的变形同 CFR 术语。

第四节　贸易术语的选用

贸易术语是确定合同性质的重要因素，选定适当的贸易术语，对促进合同的订立和履行，提高企业的经济效益具有重要的意义。

一、运输条件

如果自身有足够运输能力或安排运输无困难，而且经济上又划算的情况下，可争取按有自身安排运输的条件成交。进口可按 FCA 或 FOB 术语成交，出口可按 CFR、CIF 或 CPT、CIP 术语成交。

二、货源情况

不同类别的货物对运输的要求不同，安排运输的难易不同，运费开支大小也有差异。在选用贸易术语时，货物的成交数量也应予以考虑。当成交数量大，有利于发挥规模效应，可考虑选用由自己安排运输的贸易术语。

三、运费因素

运费是货价构成因素之一，在选用贸易术语时，应考虑货物运价变动趋势。如果运价看涨，为了避免承担运价上涨的风险，可选用由对方安排运输的贸易术语成交。如果不得不采用按由自身安排运输的贸易术语，则应将运价上涨的风险考虑到货价中去，以免遭受运价变动的损失。

四、运输途中的风险

在国际货物买卖中，货物通常需要较远距离的运输，在运输过程中可能遇到各种自然灾害、意外事故等风险，因此，应选用由己方办理保险的贸易术语。

五、进出口货物结关手续

在国际贸易中，涉及进出口货物的结关手续，在选用贸易术语时，应考虑办理进出口货物的结关手续是否有困难。如果买方不能直接或间接办理出口结关手续，则不宜选用 EXW 术语成交。如果卖方不能直接或间接办理进口结关手续，则不宜采用 DDP 术语，而应选用其他贸易术语成交。

案例分析

1. 某公司向外商出售一级大米 500 吨，成交条件 FOB 天津《国际贸易术语解释通则 2020》。装船时货物经检验符合合同规定的品质条件；卖方在装船后及时向买方发出装船通知。但是在航运途中，因海浪过大，大米被海水浸泡，品质受到影响。货物到达目的港后，只能按三级大米价格出售，于是买方要求卖方赔偿差价损失。

问：①FOB 术语下，买卖双方各承担什么样的责任和义务？

②买卖双方对货物所承担的风险界限是什么？

2. 我国某商品对某国出口的 CFR 单价是 110 美元，如外商要求我们改报 CIF 价，在不影响我方外汇净收入的前提下，我方应报何价？（注：按发票金额的 110% 投保，保险费率为 0.5%）

3. 2009 年 5 月，美国某贸易公司（以下简称“进口方”）与我国西北地区某进出口公司（以下简称“出口方”）签订合同购买一批日用瓷具，价格条件为 CIF NEW YORK，支付条件为不可撤销的跟单信用证，出口方需要提供已装船提单等有效单证。出口方随后与宁波某运输公司（以下简称“承运人”）签订运输合同。8 月初出口方将货物备妥，装上承运人派来的货车。途中由于驾驶员的过失发生了车祸，耽误了时间，错过了信用证规定的装船日期。收到发生车祸的通知后，出口方即刻与进口方洽商要求将信用证的有效期和装船期延展半个月，并本着诚信原则告知进口方两箱瓷具可能受损。进口方回电称同意延期，但要求货价应降 5%。出口方回电据理力争，同意受震荡的两箱瓷具降价 1%，但认为其余货物并未损坏，不能降价。但进口方坚持要求全部降价。最终出口方还是作出让步，受震荡的两箱降价 2.5%，其余降价 1.5%，为此受到货价、利息等有关损失共计达 15 万美元。

试分析出口方在贸易术语的选择上有什么不当之处？

思考题

1. 简述 EXW 术语的含义及卖方完成交货的条件。

2. 对 FCA 条件下卖方交货的地点、风险划分的界限及买卖双方各自承担的责任和费用问题是如何规定的?

3. FAS 术语与 FCA 术语的异同点是什么?

4. CFR 术语与 FOB 术语的异同点是什么?

5. 将 CIF 术语称作到岸价有何不妥?理由是什么?

6. 请指出 CPT、CIP 和 FCA 三种术语之间的联系与区别?

7.《2020 通则》与《2010 通则》的区别是什么?

第四章　国际货物运输

本章教学目的及要求

通过本章学习，应了解国际货物运输的主要形式；熟悉海洋运输的相关知识；掌握不同运输方式运费计算的方法；掌握合同装运条款的内容，特别是分批装运和转运条款；了解主要运输单据的含义和作用，尤其是海运提单的种类和作用。

第一节　主要运输方式

在国际货物运输中，使用的运输方式很多，其中包括海、陆、空、江、邮等运输方式，每种运输方式都有各自的优缺点及独特之处。随着国际贸易的发展，国际贸易货物运输的方式和组织形式也在不断发生变化。根据具体的运输任务，从经济学和实务的角度所应选择的运输方式也应有所不同。为了合理地选择运输方式，必须对各种运输方式的特点及其营运的有关知识有所了解。

一、海洋运输

海洋运输（Sea Transport；Ocean Transport）是国际贸易中最主要的运输方式，它具有运量大、运费低廉、不受道路和轨道限制和对货物适应性强等优点，因此也是我国国际货物运输中最主要的运输方式。

（一）海洋运输船舶的经营方式

按照海洋运输船舶经营方式的不同，可分为班轮运输（Liner Transport）和租船运输（Charter Transport）。

1. 班轮运输

班轮运输又称"定期船运输"，它具有下列特点。

1）船舶按照固定的船期表（Sailing Schedule）、沿着固定的航线和固定的港口来往运输，并按相对固定的运费率收取运费，因此它具有"四固定"的基本特点。

2）由船方负责配载装卸及中途转运，装卸费包括在运费中，货方不再另付装卸费，船货双方也不计算滞期费和速遣费。

3）船货双方的权利、义务与责任豁免，以船方签发的提单条款为依据。

4）班轮承运货物的品种、数量比较灵活，特别有利于一般杂货和小额贸易货物的运输，班轮航线上运行的船舶一般都是技术性能好、设备齐全、质量较好的船舶，货运质量较有保证，且一般采取在码头仓库交接货物，故为货主提供了较便利的条件。

由于班轮运输的这些特点，为买卖双方洽谈运输条件提供了必要的依据，使买卖双方有可能事先根据班轮船期表，商定交货期、装运期以及装运港口，并且根据班轮运费表事先核算运费和附加费用，从而比较准确地进行比价和核算货物价格，进而促进了国际贸易的发展。

2. 租船运输

租船运输又称"不定期船(Tramp)运输"，它与班轮运输有很大差别。在租船运输业务中，没有预定的船期表，船舶经由航线和停靠的港口也不固定，须按船租双方签订的租船合同来安排，有关船舶的航线和停靠的港口、运输货物的种类以及航行时间等，都按承租人的要求，由船舶所有人确认而定，运费或租金也由双方根据租船市场行市在租船合同中加以约定。

在国际海运业务中租船方式有以下几种。

(1)定程租船(Voyage Charter)

定程租船又称"航次租船"，是指由船舶所有人负责提供船舶，在指定港口之间进行一个航次或数个航次，承运指定货物的租船运输。在这种租船方式下，依照租船合同的规定，船舶出租人向租船人提供船舶或者船舶的部分舱位，装运约定的货物，从一个港口运至另一个港口，由租船人支付约定的运费。定程租船又分单程航次租船(Single Trip Charter)、来回程航次租船(Return Trip Charter)、连续航次程租船(Consecutive Voyages)等。程租船由出租人负责营运，其责任与义务以租船合同为准。

(2)定期租船(Time Charter)

定期租船是指由船舶所有人将船舶出租给承租人，供其使用一定时期的租船运输。租期短的几个月，长的可达几年或十几年甚至一直到船舶报废时为止。除租船合同另有规定外，承租人也可将此期租船充作班轮或程租船使用或将其转租给第三者。

(3)光船租船(Bare Boat Charter)

光船租船是船舶所有人将船舶出租给承租人使用一个时期，但船舶所有人所提供的船舶是一艘空船，既无船长，又未配备船员，承租人自己要任命船长、船员，负责船员的给养和船舶营运管理所需的一切费用。这种光船租船，实际上属于单纯的财产租赁，与上述定期租船有所不同。

(4)航次期租(Time Charter on Trip Basis, TCT)

航次期租是一种介于航次租船和定期租船之间的租船方式，以完成一个航次运输为目的，按完成航次所花的时间，按约定的租金率计算租金的方式。

租船运输通常适用于大宗货物的运输，因此我国大宗货物如粮食、油料、矿产品和工业原料等进出口通常采用租船运输方式。就外贸企业来说，使用较多的租船方式是定程租船。

(二)海上货物运输费用

海上货物运输费用简称"海运运费"，依海运船舶的不同营运方式，主要分为班轮运费、定程租船运费和定期租船运费(租金)三种。

1. 班轮运费

班轮公司运输货物所收取的运费，是按照班轮运价表(Liner's Freight Tariff)的规定计收的，根据运价表制定人不同分为班轮公会运价表、班轮公司自定运价表、双边运价表、货方运价表、协议运价表等。运价表的结构包括说明及有关规定、货物分级表、航线费率表、附加费率表、冷藏货及活牲畜费率表等。在现实业务中，等级运价表使用得最多。该表前部列有常用商品等级表（中英文对照），不同商品有不同等级，每一等级有一基本费率，一般分为二十个等级，一级运费最低，二十级运费最高。在等级表后列有各航线的杂货与集装箱货的费率（等级费率和包箱费率），同时附有计收标准以及各种附加费的收取。

班轮运费包括基本运费和附加费两部分。前者是指货物从装运港到卸货港所应收取的基本运费，它是构成全程运费的主要部分；后者是指对一些需要特殊处理的货物，或者由于突然事件的发生或客观情况变化等原因而需另外加收的费用。

基本运费按班轮运价表规定的计收标准计收。在班轮运价表中，根据不同的商品，对运费的计收标准，通常采用下列几种。

1）按货物毛重，又称“重量吨”（Weight Ton）计收运费，运价表内用“W”表示。

2）按货物的体积/容积，又称“尺码吨”（Measurement Ton）计收，运价表中用“M”表示。

3）按毛重或体积计收，由船公司选择其中收费较高的作为计费吨，运价表中以“W/M”表示。

4）按商品价格计收，又称“从价运费”，运价表内用“AV”或“Ad.Val.”表示。从价运费一般按货物的 FOB 价格的百分之几收取。

5）在货物重量、尺码或价值三者中选择最高的一种计收，运价表中用“W/M or Ad. Val.”表示。

6）按货物重量或尺码选择其高者，再加上从价运费计算，运价表中以“W/M plus Ad. Val.”表示。

7）按每件货物作为一个计费单位收费，如活牲畜按“每头”（Per Head）、车辆按“每辆”（Per Unit）收费。

8）临时议定价格，即由货主和船公司临时协商议定。通常适用于承运粮食、豆类、矿石、煤炭等运量较大、货值较低、装卸容易、装卸速度快的农副产品和矿产品。议价货物的运费率一般较低。

在实际业务中，基本运费的计算标准以按货物的毛重（W）和按货物的体积（M）或按重量、体积选择（W/M）的方式为多。贵重物品较多的是按货物的 FOB 总值（AV）计收。

上述计算运费的重量吨和尺码吨统称为“运费吨”（Freight Ton），又称“计费吨”，现在国际上一般都采用公制（米制），其重量单位为公吨（Metric Ton，M/T）尺码单位为立方米（Cubic Metre，m^3）。计算运费时 1 立方米作为 1 尺码吨。

附加费是指除基本运费外，另外加收的各种费用。附加费的计算办法，有的是在基本运费的基础上，加收一定百分比；有的是按每运费吨加收一个绝对数计算。附加费名目繁多，而且会随着航运情况的变化而变动。在班轮运输中常见的附加费有下列几种：超重附加费（Extra Charges on Heavy Lifts）、超长附加费（Extra Charges on Overlengths）、选卸附加费（Additional on Optional Discharging Port）、直航附加费（Additional on Direct）、转船附加费

(Transhipment Additional)、港口附加费(Port Additional)、燃油附加费(Bunker Adjustment Factor, BAF)、港口拥挤费(Port Congestion Surcharge)、绕航附加费(Deviation Surcharge)和货币贬值附加费(Devaluation Surcharge;Currency Adjustment Factor, CAF)。

凡采用临时议定运价的班轮运费需由货方和船方协商确定,采用单项费率运价表的班轮运输货物按表列费率计算基本费率。班轮运费的具体计算方法是:先根据货物的英文名称从货物分级表中查出有关货物的计费等级和其计算标准;然后再从航线费率表中查出有关货物的基本费率;最后加上各项须支付的附加费率,所得的总和就是有关货物的单位运费(每重量吨或每尺码吨的运费),再乘以计费重量吨或尺码吨,即得该批货物的运费总额。如果是从价运费,则按规定的百分率乘 FOB 货值即可。

具体公式:

总运费=基本运费率 ×(1 +附加费率之和)× 货物数量

实例:A 公司采用班轮运输出口商品 100 箱,每箱体积 30 × 60 × 50 cm,毛重 40 kg,查运费表知该货为 9 级,计费标准为 W/M,基本运费为每运费吨 109 美元,另加收燃油附加费 20%,货币贬值附加费 10%。请计算该批货物的总运费。

①确定计费标准。

该货为 9 级,计费标准为 W/M 。

每箱体积 =30 × 60 × 50=0.09 立方米 >0.04 吨

所以以体积 0.09 立方米计算

②计算运费。

总运费=基本运费 ×(1 +附加费率)× 计费数量

=109 ×(1+20%+10%)× 0.09 × 100=1 275.3(美元)

2. 定程租船运费

定程租船运费主要包括运费和装卸费,此外还有速遣费、滞期费等。

(1)运费

运费的计算方式与支付时间,需由租船人与船东在所签订的程租船合同中明确规定。其计算方式主要有两种:一种是按运费率(Rate Freight),即规定每单位重量或单位体积的运费额,同时规定按装船时的货物重量(Intaken Quantity)或按卸船时的货物重量(Delivered Quantity)来计算总运费;另一种是整船包价(Lump Sum Freight),即规定一笔整船运费,船东保证船舶能提供的载货重量和容积,不管租方实际装货多少,一律照整船包价付费。

影响运费率高低的有众多因素:租船市场运费水平、承运的货物价格和装卸货物所需设备和劳动力、运费的支付时间、装卸费的负担方法、港口费用高低及船舶经纪人的佣金高低等。定程租船运费有预付或到付之分。预付有全部预付,也有部分预付;到付有船到目的港开始卸货前付、边卸边付或者货物卸完后支付。

(2)装卸费

在定程租船运输情况下,有关货物的装卸费用由租船人和船东协商确定后在定程租船合同中作出具体规定。具体做法主要有以下几种。

1）船方负担装货费和卸货费，又可称为“班轮条件”（Gross Terms；Liner Terms；Berth Terms）。在此条件下，船货双方一般以船边划分费用。多用于木材和包装货物的运输。

2）船方管装不管卸（Free Out，FO），即船方负担装货费，但不负担卸货费。

3）船方管卸不管装（Free In，FI），即船方负担卸货费，而不负担装货费。

4）船方装和卸均不管（Free In and Out，F.I.O.），即船方既不负担装货费，也不负担卸货费。这种条件一般适用于散装货。采用这一规定方法时，必要时还需明确规定理舱费和平舱费由谁负担，如规定由租方负担，则称为“船方不管装卸、理舱和平舱”（Free In and Out，Stowed and Trimmed，FIOST）条款。

（3）装卸时间、滞期费和速遣费

在定程租船运输情况下，装卸货时间的长短影响到船舶的使用周期和在港费用，直接关系到船方利益。因而，在定程租船合同中，除需规定装卸货时间外，还需规定一种奖励、处罚措施，以督促租船人快装快卸。

装卸时间，或称“装卸期限”，是指租船人承诺在一定期限内完成装卸作业，因为装卸时间直接关系到船舶的周转与出租人的营运成本。因此，它是程租船合同的一项重要内容。装卸期限可用若干日表示；也可用装卸率表示，即平均每天装卸若干吨。此外，还要规定哪些时间应算为工作日，哪些时间除外。装卸时间的计算，通常有以下几种。

1）按日（Days）、连续日或时（Running or Consecutive Days/Hours）。这是指时间连续满24小时就算一日或连续日。

2）按工作日（Working Days）。这是指按港口习惯，属于正常工作的日子。

3）按晴天工作日（Weather Working Days）。这是指既是工作日，又是适宜装卸的天气才计算为装卸时间。“适宜装卸”应视货物的性质以及在不良天气下装卸是否对货物质量有影响而定。

4）连续24小时晴天工作日（Weather Working Days of Consecutive 24 Hours）。这种条款和晴天工作日相同，但明确了在天气适宜装卸工作日内时钟连续走24小时算一个工作日。

5）工作日通常要订明星期日、例假日除外（Sundays and Holidays Excepted）。为明确起见，还要说明星期日、例假日进行作业，算不算装卸时间，即星期日、例假日除外，即使已使用了也不算（Sundays and Holidays Excepted Even if Used）或星期日、例假日除已使用者不算（Sundays and Holidays Excepted Unless Used）。

在规定的装卸期限内，如果租船人未能完成装卸作业，为了弥补船方的损失，对超过的时间租船人应向船方支付一定的罚款。这种罚款称为“滞期费”或“延滞费”（Demurrage）。反之，如果租船人在规定的装卸期限内，提前完成装卸工作，则所谓节省的时间船方要向租船人支付一定的奖金。这种奖金称为“速遣费”（Despatch Money）。后者一般为前者的二分之一。

为了使程租船合同有关条款符合实际并能保证兑现，必须根据货物的种类、船舶舱口数、港口的装卸能力、港口习惯、航运市场的运费水平等因素，在充分了解掌握的基础上慎重确定。除此之外还应在买卖合同中对装卸时间和滞期费、速遣费条款作相应规定，防止进出口合同条款与租船合同不一致而造成损失。

3. 定期租船运费（租金）

在定期租船情况下，租船人为使用船舶而付给船舶所有人的费用称为“租金”（rent）。租金率取决于船舶的装载能力和租期的长短，通常规定为按月每载重吨若干金额或整船每天若干金额，船、租双方不规定装卸率和滞期、速遣费。租船人必须按时、按规定的金额支付租金，一般说来，如租金未在到期之日付到船舶所有人指定的收款银行，则船舶所有人有权撤回船舶。

二、铁路运输

在国际货物运输中，铁路运输（Rail Transport）是一种仅次于海洋运输的主要运输方式，海洋运输的进出口货物，也大多是靠铁路运输进行货物的集中和分散的。

铁路运输有许多优点，一般不受气候条件的影响，可保障全年的正常运输，而且运量较大，速度较快，有高度的连续性，运输过程中可能遭受的风险也较小。办理铁路货运手续比海洋运输简单，而且发货人和收货人可以在就近的始发站（装运站）和目的站办理托运和提货手续。

在我国的对外贸易中，铁路运输可分为对港澳铁路运输和国际铁路货物联运两种。

（一）对港澳铁路运输

对香港的铁路运输是由内地段和港九段两部分铁路运输组成，其特点为“两票运输，租车过轨”，也就是出口单位在发送地车站将货物托运至深圳北站，收货人为深圳外运公司。货车到达深圳北站后，由深圳外运公司作为内地各地出口单位的代理向铁路租车过轨，交付租车费（租金从车到深圳之日起至车从香港返回深圳之日止，按车上标定的吨位，每天每吨若干元人民币）并办理出口报关等手续。经海关放行过轨后，由香港的“中国旅行社有限公司”（简称“中旅”）作为深圳外运在港代理。由其在港段罗湖车站向港九铁路另行起票托运至九龙，货到九龙站后由中旅负责卸货并交收货人。对澳门地区运输方式对澳门地区的铁路运输，先将货物运至广州南站再转船运至澳门。

（二）国际铁路货物联运

凡是使用一份统一的国际联运票据，由铁路当局负责经过两国或两国以上铁路的全程运送，并由一国铁路向另一国铁路移交货物时，不需发货人和收货人参加，这种运输称为“国际铁路货物联运”。

1. 国际铁路货物联运规则

国际铁路货物联运适用的国际公约有以下三种。

（1）《国际货约》

1890 年，欧洲各国在伯尔尼制定《国际铁路运送规则》，1938 年修改为《国际铁路货物运送公约》，简称《国际货约》，又称《伯尔尼货运公约》，于 1938 年 10 月 1 日开始施行。当时参加国铁路主要以欧洲国家为主，共有 24 个成员。1970 年 2 月 7 日，西欧有关国家又在伯尔尼重新制定了《国际铁路货物运输公约》,仍然简称《国际货约》。修订后的《国际货约》于1975年1月1日生效,当时签字国29个,还是以欧洲国家铁路为主,但已有部分中亚和北非国家铁路参加。1980年5月9日再次对该公约又进行了较大修订,修订后的公约英文全称是"Convention Concerning International Carriage of Goods by Rail",英文简称是"COTIF",中文依旧是《国际铁路货物运输公约》(简称《国际货约》)。当时成员有39个国家。最近一次修订是1999年6月3日,修订后的《国际铁路货物运输公约》于2006年7月1日生效。至2016年,参加国际货约的国家有50个(欧盟作为缔约方参加),主要是欧洲国家,但近年来,伊朗、巴基斯坦、俄罗斯等国也加入了该公约。一些国际货约成员国同时参加了国际货协,以使国际货约成员国的货物能够通过铁路直接转运到国际货协成员国,从而为国际铁路货物的运输提供了便利条件。

(2)《国际货协》

1951年11月,苏联与东欧前社会主义国家签订《国际铁路货物联运协定》,简称《国际货协》。它规定了货物运送条件、运送组织、运送费用计算核收办法,以及发、收货人之间的权利与义务等事项。参加《国际货协》的国家主要为前苏联与其周边的一些东欧前社会主义国家以及蒙古、朝鲜和越南等国,我国在1954年1月正式加入《国际货协》。现实施的是2018年7月1日版《国际铁路货物联运协定》和《国际铁路货物联运协定办事细则》及其相关文件,主要缔约国有25个国家:阿塞拜疆共和国、阿尔巴尼亚共和国、阿富汗伊斯兰共和国、白俄罗斯共和国、保加利亚共和国、匈牙利、越南社会主义共和国、格鲁吉亚、伊朗伊斯兰共和国、哈萨克斯坦共和国、中华人民共和国、朝鲜民主主义人民共和国、吉尔吉斯共和国、拉脱维亚共和国、立陶宛共和国、摩尔多瓦共和国、蒙古国、波兰共和国、俄罗斯联邦、斯洛伐克共和国、塔吉克斯坦共和国、土库曼斯坦、乌兹别克斯坦共和国、乌克兰、爱沙尼亚共和国。

(3)《统一货价》

铁路合作组织在1993年制定的《统一过境运价规程》,简称《统一货价》。它规定了国际铁路运输过境时办理货物运送手续、过境运送费用和杂费的计算,以及过境铁路里程表、货物品名分等表和货物运费计算表等。对于我国而言,过境运输是指从境外起运过境中国铁路继续运往境外的国际铁路联运。可以有三种情况:一是从铁路国境站接入,从另一铁路国境站出境,比如从阿拉山口站到凭祥站;二是从铁路国境站接入,然后经港口运往其他国家,比如从阿拉山口站到连云港;三是从港口接入,过境中国经铁路国境站运往其他国家,比如连云港到阿拉山口站。

目前,我国对朝鲜、俄罗斯的大部分进出口货物以及东欧一些国家的小部分进出口货物,都是采用国际铁路联运的方式运送的。按照《国际货协》有关规定,从参加《国际货协》的国家向未参加《国际货协》的国家或相反方向运送货物,亦可办理联运。具体做法是:从参加《国际货协》的国家发货,使用国际铁路货协的联运运单,当货物运到离开《国际货协》参加国的最终出口国国境站时,由铁路边境站负责改换适当的联运票据继续转运至最终到站。从未参加《国际货协》的国家向参加《国际货协》国家铁路发货,其继续转运发送事宜,则由参加《国际货协》的第一过境铁路的进口国国境站负责办理。

2. 国际铁路货物联运的运输费用

联运货物的运输费用有如下规定:发送国铁路的运送费用,按发送国铁路的国内运价计算;到达国铁路的运送费用,按到达国铁路的国内运价计算;过境国铁路的运送费用,按国际铁路联运协定《统一货价》的规定计算,中国铁路过境运费的主管部门是中国铁路总公司对外合作部。在实践操作中,我国国内货物的进出口铁路运费是按照《铁路运价规程》核收,过境运费是按照《统一货价》核算出瑞士法郎,再换算成人民币核收的,由于两者的计算方法不同,还有汇率的影响,所以同样的发到站,运费会产生较大的差异。比如从连云港到阿拉山口,从韩国过境中国到中亚的过境货物,和连云港本地出口到中亚的货物相比,一个 40 英尺集装箱的运费能够便宜 3 000 元左右。由于铁路发站很难判断货物到底是过境的还是本地的,所以就有部分发货人瞒报单证,把出口货物当作过境货物托运,从而偷逃铁路运费。

三、航空运输

航空运输(Air Transport)是一种现代化的运输方式,它与海洋运输、铁路运输相比,具有运输速度快、货运质量高,且不受地面条件的限制等优点。因此,它最适宜运送急需物资、鲜活商品、精密仪器和贵重物品。近年来,随着国际贸易的迅速发展以及国际货物运输技术的不断现代化,采用空运方式也日趋普遍。

(一)国际空运货物的运输方式

目前,我国的进出口商品中,进口采用空运的有电脑、成套设备中的精密部件、电子产品等;出口商品中主要有丝绸、纺织品、海产品、水果和蔬菜等。这些进出口商品,按不同需要,主要采用以下几种运输方式:

1. 班机运输(Scheduled Airline)

班机是指在固定时间、固定航线、固定始发站和目的站运输的飞机,通常班机是使用客货混合型飞机,一些大的航空公司也有开辟定期全货机航班的。班机因有定时、定航线、定站等特点,因此适用于运送急需物品、鲜活商品以及节令性商品。

2. 包机运输(Chartered Carrier)

包机是指包租整架飞机或由几个发货人(或航空货运代理公司)联合包租一架飞机来运送货物。因此,包机又分为整包机和部分包机两种形式,前者适用于运送数量较大的商品,后者适用于多个发货人,但货物到达站又是同一地点的货物运输。

3. 集中托运(Consolidation)

集中托运集中托运可以采用班机或包机运输方式,是指航空货运代理公司将若干批单独发运的货物集中成一批向航空公司办理托运,填写一份总运单送至同一目的地,然后由其委托当地的代理人负责分发给各个实际收货人。这种托运方式,可降低运费,是航空货运代理的主要业务之一。

4. 航空快递(Air Express Service)

航空快递业务是由快递公司与航空公司合作,向货主提供的快递服务。其业务过程是:由快递公司派专人从发货人处提取货物后,以最快航班将货物出运,飞抵目的地后,由专人接机提货,办妥进关手续后直接送达收货人,称为“桌到桌运输”(Desk to Desk Service)。这是一种较为快捷的运输方式,特别适合于各种急需物品和文件资料的运送。

(二)航空运输的承运人

1. 航空运输公司

航空运输公司是航空货物运输业务中的实际承运人,负责办理从启运机场至到达机场的运输,并对全程运输负责。

2. 航空货运代理公司

航空公司只是负责将货物从一个机场运至另一个机场。对于揽货、接货、报关、订舱以及在目的地提货和将货物交付收货人等方面的业务,全由航空货运代理公司(简称“空代”)办理。通常空代既是货主的代理又是航空公司的代理。它可代表航空公司接受货主的货物并出具航空分运单,当货物在航空公司责任范围内丢失、损坏,它可以代表货主向航空公司索赔。从事空代需要有丰富的商品知识,要了解相关的法律制度,要会制作相关单证,要熟悉货物拼装的尺码、比重、超限的数据和不同飞机型号的舱容,要精通货运管理费用、保险和进出口许可证等方面的规章制度。此外还要能为货主提供下述各项服务。

1)提供运输设备,将货物从发货人处按时运往机场,或将若干托运去同一到站的货物集中成一整批运往机场并向航空公司办理订舱。

2)检查出口单证是否齐全、完善,并填航空运单,正确计算运单上列明的各项费用。

3)向航空公司交货前要制作交接清单,以便接货人员按交接单逐票点收,然后由双方签字,各执一份。

4)为货主办理保险、报关、报检、交付运费等有关事宜。根据国际航空运输协会的规定,空代可从航空公司收取5%的订舱佣金和一些暗扣,并向货主收取代付的运费及有关的服务费用。

(三)国际航空货物运输国际公约

目前,国际航空货物运输有影响力的公约有:《华沙公约》(1929年)、《海牙议定书》(1955年)、《瓜达拉哈拉公约》(1961年)、《危地马拉议定书》(1971年)、《蒙特利尔第一号附加议定书》(1975年)等。其中,以《华沙公约》(Warsaw Convention),即《关于统一国际航空运输某些规则的公约》,的使用范围最为广泛,已为世界大多数国家所认可。

(四)航空运输的运价

空运货物一般按托运货物的重量或体积计收运费。实际重量(Actual Weight)按每千克毛重作为计费单位;若按体积重量(Measurement Weight)计费,国际上按每7 000 cm^3(0.007 m^3)折合1千克重量,我国按每6 000 cm^3(0.006 m^3)折合1千克重量计收;不足500 g按500 g、超过500 g按1 000 g加收。

四、集装箱运输

集装箱运输(Container Transport)是以集装箱作为运输单位进行货物运输的一种现代化运输方式,它可适用于海洋运输、铁路运输及国际多式联运等。从20世纪70年代以来,国际海上集装箱运输发展尤为迅速，迄今已形成了一个世界性的集装箱运输体系。目前，集装箱海运已经成为国际主要班轮航线上占有支配地位的运输方式。在我国集装箱运输尤其是集装箱海运已经成为普遍采用的一种重要的运输方式。

集装箱海运之所以发展如此迅速，是因为同传统海运相比，集装箱运输提高装卸率，加速运输工具的周转；运输质量高，货损货差少；手续简单，便于货物运输；节省费用，成本低。国际货物运输中使用集装箱运输方式使货物运输十分便利。

国际标准化组织为统一集装箱的规格，推荐了三个系列 13 种规格的集装箱，而在国际航运上运用的主要为 20 英尺和 40 英尺两种。即 1C 型 $8' \times 8' \times 20'$（可装货物重量约 17 公吨，可装货物体积约 25 立方米）和 1A 型 $8' \times 8' \times 40'$（可装货物重量约 25 公吨，可装货物体积约 55 立方米）和 1AA 型 $8' \times 8' \times 40'$。为适应运输各类货物的需要，集装箱除通用的干货集装箱外，还有罐式集装箱、冷藏集装箱、框架集装箱、平台集装箱、通风集装箱、牲畜集装箱、散装集装箱、挂式集装箱等种类。

为了便于统计集装箱运输的货运量，目前国际上都以 20 尺集装箱作为计算衡量单位，以 TEU（Twenty-foot Equivalent Unit）表示，意即"相当于 20 尺单位"。在统计不同型号的集装箱时，按集装箱的长度换算成 20 尺单位（TEU）加以计算。

（一）集装箱运输货物的交接

集装箱运输有整箱货（Full Container Load，FCL）和拼箱货（Less Than Container Load，LCL）之分。整箱货由货方在工厂或仓库进行装箱。货物装箱后直接运交集装箱堆场（Container Yard，CY）等待装运，货到目的地（港）后，收货人可直接从目的地（港）集装箱堆场提走。拼箱货是指货量不足一整箱，需由承运人在集装箱货运站（Container Freight Station，CFS）负责将不同发货人的少量货物拼在一个集装箱内，货到目的地（港）后，由承运人拆箱分拨给各收货人。

通用的集装箱货物交接方式有两种：堆场到堆场，即发货人整箱交货，收货人整箱接货；由货运站到货运站，即发货人拼箱交货，收货人拼箱接货。此外，集装箱运输亦可实现"门到门"（Door to Door）的运输服务，即由承运人在发货人工厂或仓库接货，在收货人工厂或仓库交货。

（二）集装箱运输的费用

集装箱运输的费用构成和计算方法与传统的运输方式不同。它包括内陆或装运港市内运输费、拼箱服务费、堆场服务费、海运运费、集装箱及其设备使用费等。

集装箱运输的费用一般包括基本运费和杂费两个部分。具体运费的计收办法有以下两种。

1. 按包箱费率计算以每个集装箱为计费单位计收

这种方法适用于整箱货物的运输。包箱费率主要有以下三种规定方法。

1）FAK（Freight for All Kinds）：指不分货物等级或类别，一律按集装箱的个数计收运费。

2）FCS（Freight for Class）：指区分货物等级，以确定包箱费率。普通杂货一般按照 1~7

级、8~13 级和 14~20 级重新划分为三个等级，按“W/M”计收运费。

3）FCB（Freight for Class or Basis）：指按不同货物的等级或类别计收运费。货物的类别有干杂货、冷藏货、危险品等。

2. 按运费吨计算

按运费吨计算适用于拼箱货物的运输。

影响集装箱运费费率的主要因素包括：船公司、航线、装运港（地）价、目的港（地）、货物类别、油价、季节等。经营集装箱运输的船公司为了保证营运收入不低于成本，通常还有最低运费的规定。所谓最低运费，即指起码运费。在拼箱货的情况下，最低运费的规定与班轮运输中的规定基本相同。即在费率表中都订有最低运费，任何一批货运其运费金额低于规定的最低运费额时，则按最低运费金额计收。在整箱货的情况下，由货主自行装箱，如箱内所装货物没有达到规定的最低计费标准时，则亏舱损失由货主负担。各船公司都分别按重量吨和尺码吨给不同类型与用途的集装箱规定了最低的装箱吨数，并以两者中高者作为装箱货物的最低运费吨。

五、国际多式联运

国际多式联运（International Multimodal Transport; Intenational Combined Transport；美国称为“International Intermodal Transport”）是指按照多式联运合同，以至少两种不同的运输方式，由多式联运经营人把货物从一国境内接运货物的地点运至另一国境内指定交付货物的地点。

国际多式联运应具备下列条件。

1）必须有一个多式联运合同。多式联运合同（Multimodal Transport Contract）是指多式联运经营人与托运人之间订立的凭以收取运费、负责完成或组织完成国际多式联运的合同。它明确规定了多式联运经营人和托运人之间的权利、义务、责任和豁免。

2）必须是国际间两种或两种以上不同运输方式的连贯运输。

3）必须使用一份包括全程的多式联运单据，并由多式联运经营人对全程运输负总的责任。

4）必须由一个多式联运经营人对全程运输负总的责任。多式联运经营人（Multimodal Transport Operator）是指本人或通过其代表订立多式联运合同的任何人，他是事主，而不是发货人的代理人或代表或参加多式联运的承运人的代理人或代表，并且负有履行合同的责任。他可以充任实际承运人，办理全程或部分运输业务，也可以是无船承运人（Non-vessel Operating Common Carrier，NVOCC），即将全程运输交由各段实际承运人来履行。

5）必须是全程单一运费费率，其中包括全程各段运费的总和、经营管理费用和合理利润。

开展国际多式联运是实现“门到门”运输的有效途径，它简化了手续、减少了中间环节、加快了货运速度、降低了运输成本，并提高了货运质量。货物的交接地点也可以做到门到门、门到港站、港站到港站、港站到门等。

六、大陆桥运输

大陆桥运输(Land Bridge Transport)是指使用横贯大陆的铁路(公路)运输系统,作为中间桥梁,把大陆两端的海洋连接起来的集装箱连贯运输方式。海陆联运中的大陆运输部分就称为"大陆桥运输"。大陆桥运输一般是以集装箱为运输单位,所以也叫"大陆桥集装箱运输",国际货物集装箱联运简称"大陆桥联运"。国际贸易货物使用大陆桥运输具有运费低廉、运输时间短、货损货差率小、手续简便等特点,大陆桥运输是一种经济、迅速、高效的现代化的运输方式。

大陆桥运输是集装箱运输开展以后的产物,始于1967年,发展到现在已形成西伯利亚大陆桥、美加大陆桥和新欧亚大陆桥三条大陆桥运输路线。

(一)西伯利亚大陆桥

西伯利亚大陆桥(Siberian Land Bridge Transport)地跨欧亚两洲,所以又称"欧亚大陆桥路线"(Europe-Asia Land Transport Line)。它是利用独联体西伯利亚铁路作为陆地桥梁,把太平洋远东地区与独联体波罗的海和黑海沿岸,以及西欧大西洋口岸连接起来。西伯利亚大陆桥东起海参崴的纳霍特卡港口,横贯欧亚大陆,至莫斯科,然后分三路。一路自莫斯科至波罗的海沿岸的圣彼得堡港,转船往西欧、北欧港口。一路自莫斯科至俄罗斯西部国境站,转欧洲其他国家铁路或公路直达欧洲各国。一路自莫斯科至黑海沿岸,转船往中东、地中海沿岸。从远东地区运往欧洲的货物通过西伯利亚大陆桥要远比经苏伊士运河缩短路程约8 000千米,时间可节省20天左右。西伯利亚大陆桥分东行和西行运货,运送货物主要是汽车零件和其他配件、电器设备和纺织品,去向主要是北欧、德国、奥地利、瑞士和东欧。多年来,西行货运一直占据主导地位,主要是日本将货物运往欧洲、中东等地。

西伯利亚大陆桥存在的问题是:运输时间不稳定;铁路运输中,货物位置难确认;往返货源不平衡。我国利用西伯利亚大陆桥的进出口贸易运输包括以下几种方式。

1)铁/铁方式。由国内各火车站至满洲里或二连浩特,通过独联体后贝加尔或通过蒙古闸门乌德站至独联体乌什基站,利用西伯利亚铁路转至亚洲伊朗、阿富汗或东欧、西欧铁路再运至欧洲等地或相反方向的运输。

2)铁/海方式。由国内各火车站至满洲里、后贝加尔站或二连、蒙古扎门乌德站、俄罗斯—蒙古边境纳乌什基站,利用西伯利亚铁路运至原苏联波罗的海和黑海港口,再装船转运至西欧、北欧和巴尔干地区主要港口及相反方向的运输。

3)铁/卡方式。由国内各火车站经满洲里或二连浩特,通过蒙古、俄罗斯铁路再转运至俄罗斯布列斯特转公路运至欧洲各地及相反方向的运输。

(二)美加大陆桥

北美的加拿大和美国都有一条横贯东西的铁路(公路)大陆桥。其中美国大陆桥的作用更为突出。它有两条运输路线,一条是从西部太平洋口岸至东部大西洋口岸的铁路(公路)运输系统,另一条是西部太平洋口岸至南部墨西哥湾口岸的铁路(公路)运输系统。美加大陆桥运输的具体做法是远东货物海运至美国西部太平洋口岸。转装火车运至东部大西洋口岸或南部墨西哥口岸，以陆上铁路作为桥梁，再用卡车转运货物直到市内卸货。全程使用一张海洋运输提单，由海运承运人支付铁路运费。

（三）新欧亚大陆桥

新欧亚大陆桥横贯欧亚大陆中部，在中国境内长 4 134 千米，途经中国的一些省份，1992 年 9 月正式通车。东起中国连云港，沿陇海铁路、兰新铁路、北疆铁路到阿拉山口，与哈萨克斯坦境内的德鲁日巴站接轨，经哈萨克斯坦、俄罗斯、白俄罗斯、波兰、德国，西至荷兰鹿特丹，横跨亚洲、欧洲，与太平洋、大西洋相连，全长 10 800 千米。新欧亚大陆桥运输距离短，辐射面广，地理位置和气候条件优越；整个陆桥避开了高寒地区，港口无封冻期，自然条件好，吞吐能力大，可以常年作业；对亚太地区吸引力大。

目前，我国利用新亚欧大陆桥开展过境运输，即日本、韩国及东南亚等国和中亚、欧洲等国之间的进出口货物通过连云港至阿拉山口新亚欧大陆桥实现海铁联运。

七、其他运输方式

国际贸易货物的运输，除海运、铁路运输、航空运输、集装箱运输、多式联运等运输方式外，还有公路、内河、邮政、管道等运输方式。

（一）公路运输

公路运输（Road Transportation）是一种现代化的运输方式，它不仅可以直接运进或运出对外贸易货物，而且也是车站、港口和机场集散进出口货物的重要手段。

公路运输具有机动灵活、速度快和方便等特点，尤其是在实现“门到门”运输中，更离不开公路运输。但公路运输也有一定的不足之处，如载货量有限，运输成本高，容易造成货损事故。

公路运输在我国对外贸易中占有重要地位。我国同许多周边国家有公路相通，我国同这些国家的进出口货物，可以经由国境公路运输。此外，我国内地同港、澳地区的部分进出口货物，也是通过公路运输的。随着我国公路建设的扩展，特别是高速公路的修建，公路运输在对外贸易中将发挥更重要的作用。

（二）内河运输

内河运输（Inland Water Transportation）是水上运输的重要组成部分，它是连接内陆腹地与沿海地区的纽带，在运输和集散进出口货物中起着重要的作用。

我国拥有四通八达的内河航运网，长江、珠江等主要河流中的一些港口已对外开放，同一些邻国还有国际河流相通，这就为我国进出口货物通过河流运输和集散提供了十分有利的条件。

（三）邮政运输

邮政运输（Parcel Post Transport）是国际上使用非常广泛的一种运输方式。国际邮政是在国与国之间进行的，在多数情况下，国际邮件需要经过一个或几个国家经转。各国相互经转对方的国际邮件，遵照国际邮政公约和协定的规定进行。我国和很多国家签订了邮政协定，并加入了“万国邮政同盟”。

国际邮政运输具有国际多式联运和“门到门”运输的性质，托运人只需按邮局章程一次托运、一次付清足额邮资，取得邮政包裹收据（Parcel Post Receipt），交货手续即告完成。邮件在国际上的传递由各国的邮政部门负责办理，邮件到达目的地后，收件人可凭邮局到件通知向邮局提取。所以，邮政运输适用于重量轻、体积小的货物的传递。此种运输，手续简便，费用也不高，故其成为国际贸易中普遍采用的运输方式之一。

近年来，特快专递业务迅速发展。目前快递业务主要有以下几种。

1. 国际特快专递（International Express Mail Service，EMS）

国际特快专递是我国邮政部门办理的特快专递业务。

2. DHL 信使专递（DHL Courier Service）

这是由“Dalsey”“Hilbolom”和“Lind”组建的敦豪国际有限公司信使专递和民航快递服务（Air Express Service，AE）。DHL 是国际信使专递行业中具有代表性的专递公司，总部设在美国纽约，在世界 140 多个国家和地区设有分支公司和代理机构，传递范围遍及世界各地。

（四）管道运输

管道运输（Pipeline Transportation）是一种特殊的运输方式。它是货物在管道内借助于高压气泵的压力输往目的地的一种运输方式，主要适用于运输液体和气体货物。它具有固定投资大、建成后运输成本低的特点。

美国、俄罗斯以及石油输出国组织（OPEC）成员国的管道运输最发达。我国管道运输起步较晚，1974 年我国长输管道才走出国门，铺设中—朝石油管道，但是近年来随着经济的发展，我国管道运输发展非常迅速。

第二节 国际货物买卖合同中的装运条款

在国际货物买卖合同中，买卖双方必须对交货时间、装运地、目的地、分批装运、转运等内容作出具体的规定。

一、装运时间

装运时间，又称“装运期”，是指卖方将合同规定的货物装上运输工具或交给承运人的期限。装运时间是国际货物买卖合同的主要交易条款，卖方必须严格按规定时间交付货物，不得任意提前和延迟。否则，如造成违约，则买方有权拒收货物，解除合同，并要求损害赔偿。

在国际贸易中，交货时间（Time of Delivery）和装运时间（Time of Shipment）是两种不同的概念。在使用 FOB、CIF、CFR 以及 FCA、CIP、CPT 等贸易术语签订的买卖合同中，卖方在装运港或装运地，将货物装上船只或交付给承运人监管，就算已完成交货义务。因此，按照上述贸易术语订立的合同，交货和装运的概念是一致的，可以把二者当成同义语。至于 DAP、DPU 和 DDP 这些适用于“到货合同”的术语，卖方必须于目的地实际交货，因此，“装运”和“交货”的概念完全不同，不能相互替代使用。

在国际贸易中，有关装运日期，过去一般是从狭义上理解。随着国际贸易和运输方式的发展，国际惯例的最新解释是：装船（Loading on Board Vessel）、发运（Despatch）、收妥待运（Accepted for Carriage）、邮局收据日期（Date of Post Receipt）、收货日期（Date of Pick-up）等，以及在多式联运方式下承运人的“接受监管”（Taking in Charge），均可理解为装运日期。

（一）装运时间的规定方法

1. 规定明确、具体的装运时间

这又可分为规定一段时间和规定最迟期限两种。例如“7月份装运”（Shipment during July）、“7/8/9”月份装运（Shipment during July/Aug./Sep.）；又如“装运期不迟于7月31日”（Shipment not later than July 3lst）、“9月底或以前装运”（Shipment at or before the end of Sep.）。此种规定方法明确、具体，使用较为广泛。

2. 规定收到信用证后若干天装运

如规定：“收到信用证后30天内装运”（Shipment within 30 days after receipt of L/C）。为防止买方不按时开证，一般还规定：“买方必须不迟于某月某日将信用证开到卖方”（The relevant L/C must reach the seller not later than...）的限制性条款。

对某些进口管制较严的国家或地区，或专为买方制造的特定商品，或对买方资信不够了解，为防止买方不履行合同而造成损失，可采用此种规定方法。

3. 规定近期装运术语

如规定“立即装运”（Immediate Shipment）、“即期装运”（Prompt Shipment）、“尽快装运”（Shipment as Soon as Possible）等。由于这些术语在各国、各行业中解释不一，不宜使用。国际商会制订的《跟单信用证统一惯例》（国际商会第600号出版物，简称《UCP600》）也明确规定不宜使用此类词，如果使用，银行将不予置理。

（二）规定装运时间应注意的问题

1. 买卖合同中的装运时间的规定，要明确、具体，装运期限应当适度

海运装运期限的长短，应视不同商品和租船订舱的实际情况而定，装运期限过短，势必给船货安排带来困难；装运期过长也不合适，特别是采用在收到信用证后多少天内装运的条件下，装运期过长，会造成买方积压资金，影响资金周转，从而反过来影响卖方的售价。

2. 应注意货源情况、商品的性质和特点以及交货的季节性等

如雨季一般不宜装运烟叶，夏季一般不宜装运沥青、易腐性肉类及橡胶等。

3. 应结合考虑交货港、目的港的特殊季节因素

如北欧、加拿大东海沿岸港口冬季易封冻结冰，故装运时间不宜订在冰冻时期。反之，热带某些地区，则不宜订在雨季装运等。

4. 在规定装运期的同时，应考虑开证日期的规定是否明确合理

装运期与开证日期是互相关联的，为保证按期装运，装运期和开证日期，应该互相衔接起来。

总之，装运时间的规定应根据市场需要，商品性质和当时的运输条件、生产供应的可能

和买卖双方的特定情况和要求等进行全面考虑。值得注意的是,在出口业务中,有时国外客户对销售季节性强的商品,不仅要求在合同中规定装运时间,还要求规定保证货物到达的时间,这种既规定装运时间又规定到达时间的做法,往往会引起对合同性质的疑问。在实践中,除非确有必要或我方也确实有把握,一般不能接受。

二、装运港和目的港

装运港(Port of Shipment)是指货物起始装运的港口。目的港(Port of Destination)是指最终卸货的港口。在国际贸易中,装运港(地)一般由卖方提出,经买方同意后确认;目的港(地)一般由买方提出,经卖方同意后确认。

(一)装运港和目的港的规定方法

在买卖合同中,装运港和目的港的规定方法有以下几种。

1)在一般情况下,装运港和目的港分别规定各为一个,如"装运港:上海(Port of Shipment:Shanghai)。目的港:伦敦(Port of Destination:London)"。

2)有时按实际业务的需要,也可分别规定两个或两个以上的装运港或目的港,如"装运港:新港/上海(Xingang/Shanghai);大连/青岛/上海(Dalian/Qingdao/Shanghai)。目的港:伦敦/利物浦(London/Liverpool)"。

3)在磋商交易时,如明确规定装运港或目的港有困难,可以采用选择港(Optional Ports)办法。规定选择港有两种方式:一种是在两个或两个以上港口中选择一个,如CIF伦敦选择港汉堡或鹿特丹(CIF London, Optional Hamburg/Rotterdam),或者CIF伦敦/汉堡/鹿特丹(CIF London/Hamburg/Rotterdam);另一种是笼统规定某一航区为装运港或目的港,如"地中海主要港口",即最后交货则选择地中海的一个主要港口为目的港。

(二)确定国内外装运港和目的港的注意事项

1.规定国外装运港和目的港应注意的问题

1)对国外装运港或目的港的规定,应力求具体明确。在磋商交易时,如国外商人笼统地提出以"欧洲主要港口"或"非欧洲主要港口"为装运港或目的港时,不宜轻易接受。因为,欧洲或非欧洲港口众多,究竟哪些港口为主要港口,并无统一解释,而且各港口距离远近不一,港口条件也有区别,运费和附加费相差很大,所以,我们应避免采用此种规定方法。

2)不能接受内陆城市为装运港或目的港的条件。因为,一旦接受这一条件,我方就要承担从港口到内陆城市这段路程的运费和风险。

3)必须注意装卸港的具体条件,主要有有无直达班轮航线、港口和装卸条件以及运费和附加费水平等。如果租船运输,还应进一步考虑码头泊位的深度,有无冰封期,冰封的具体时间以及对船舶国籍有无限制等港口制度。

4)应注意国外港口有无重名问题。世界各国港口重名的很多,例如,维多利亚(Victoria)港,世界上有12个之多,波特兰(Portland)等也有数个。为防止发生差错,引起纠纷,在买卖合同中应明确注明装运港或目的港所在国家或地区的名称。

5)如采用选择港口规定,要注意各选择港口不宜太多,一般不超过3个,而且必须在同一航区、同一航线上；在核定价格和计算运费时，应按备选港口中最高的费率加上选港附加费计算。如成交的价格是按一般条件商定的，则在买卖合同中应明确规定因选择港而增加的运费、附加费均由买方负担，同时要规定买方宣布最后目的港的时间。

2. 规定国内装运港或目的港应注意的问题

在出口业务中，对国内装运港的规定，一般以接近货源地的对外贸易港口为宜，同时考虑港口和国内运输的条件和费用水平。在进口业务中，对国内目的港的规定，原则上应选择以接近用货单位或消费地区的对外贸易港口为最合理。但根据我国目前港口的条件，为避免港口到船集中而造成堵塞现象或签约时目的港尚难确定，在进口合同中，也可酌情规定为"中国口岸"。

总之，买卖双方在确定装运港时，通常都是从本身利益和实际需要出发，根据产、销和运输等因素考虑的。为了使装运港和目的港条款订得合理，我们必须从多方面加以考虑，特别是国外港口很多、情况复杂，在确定国外装运港和目的港时，更应格外谨慎。

三、分批装运和转运

分批装运和转运都直接关系到买卖双方的利益，因此，买卖双方应根据需要和可能在合同中作出具体的规定。一般来说，合同中如订明允许分批装运和转运，对卖方交货比较主动。

（一）分批装运

分批装运（Partial Shipment），又称"分期装运"（Shipment by Installment），是指一个合同项下的货物分若干批或若干期装运。在大宗货物或成交数量较大的交易中，买卖双方根据交货数量、运输条件和市场销售等因素，可在合同中规定分批装运条款。

国际上对分批装运的解释和运用有所不同。按有些国家的合同法规定，如合同对分批装运不作规定，买卖双方事先对此也没有特别约定或习惯做法，则卖方交货不得分批装运；国际商会制定的《跟单信用证统一惯例》（国际商会第600号出版物，简称《UCP600》）规定，除非信用证另有规定，允许分批装运。因此，为了避免不必要的争议，争取早出口、早收汇，防止交货时发生困难，除非买方坚持不允许分批装运，原则上应明确在出口合同中订入"允许分批装运"（Partial shipment to be allowed）。

根据《UCP600》规定："运输单据表面上注明货物是使用同一运输工具装运并经同一路线运输的，即使每套运输单据注明的装运日期不同及/或装运港、接受监管地不同，只要运输单据注明的目的地相同，也不视为分批装运。"该惯例对定期、定量分批装运还规定："信用证规定在指定时期内分期支款及/或装运，其中任何一期未按期支款及/或装运，除非信用证另有规定，则信用证对该期及以后各期均告失效。"如合同和信用证中明确规定了分批数量，例如"3至6月分4批每月平均装运"（Shipment during March/June in four equal monthly lots）以及类似的限批、限时、限量的条件，则卖方应严格履行约定的分批装运条款，只要其中任何一批没有按时、按量装运，则本批及以后各批均告失效。据此，在买卖合同和信用证中规定分批、定期、定量装运时，卖方必须重合同、守信用，严格按照合同和信用证的有关规定办理。

（二）转运（Transhipment）

卖方在交货时，如驶往目的港没有直达船或船期不定或航次间隔太长，为了便于装运，则应在合同中订明"允许转船"（Transhipment to be allowed）。

《UCP600》规定，"转运"一词在不同运输方式下有不同的含义：在海运情况下，是指在装货港和卸货港之间的海运过程中，货物从一艘船卸下再装上另一艘船的运输；在航空运输的情况下，是指从起运机场至目的地机场的运输过程中，货物从一架飞机上卸下再装上另一架飞机的运输；在公路、铁路或内河运输情况下，则是指在装运地到目的地之间用不同的运输方式的运输过程中，货物从一种运输工具上卸下，再装上另一种运输工具的行为。

《UCP600》还规定，银行将接受表明货物将被或可能被转运的运输单据。如果同一单据包括全程运输，即使信用证禁止转运，注明发生以下有关转运内容的运输单据也可被银行接受。

1）注明将发生或可能发生转运，只要提单（或不可转让海运单）证明有关货物是由集装箱、拖车或拉希型驳船装运的。

2）注明将发生或可能发生转运的空运单据。

3）注明将发生或可能发生转运的公路、铁路或内河运输的运输单据。

总而言之，《UCP600》的所谓"禁止转运"，实际上仅是指禁止海运港至港除集装箱以外的货物（即散货）运输的转运。

为了明确责任和便于安排装运，买卖双方是否同意转运以及有关转运的办法和转运费的负担等问题，应在买卖合同中订明。

（三）合同中的分批、转运条款

国际货物买卖合同中的分批、转运条款通常是与装运时间条款结合起来规定的。合同中分批、转运条款举例如下。

1）5/6/7 月份装运，允许分批和转运（Shipment during May/June/July, with partial shipments and transhipment allowed）。

2）6/7 月份分两批装运，禁止转运（During June/July in two shipments, transhipment is prohibited）。

3）11/12 月份分两次平均装运，由香港转运（During Nov./Dec. in two equal monthly shipments, to be transhipped at Hong Kong）。

四、装运通知

买卖双方为了互相配合，共同搞好车、船、货的衔接和办理货运保险，不论采用何种贸易术语成交，交易双方都要承担互相通知的义务。因此，装运通知（Shipping Advice）也是装运条款的一项重要内容。

按照国际贸易的一般做法，在按 FOB 条件成交时，卖方应在约定的装运期开始以前，一般是 30 天或 45 天，向买方发出货物备妥通知，以便买方及时派船接货。买方接到卖方发出的备货通知后，应按约定的时间，将船名、船舶到港受载日期等通知卖方，以便卖方及时安排货物出运和准备装船。

如按 FOB、CFR 和 CIF 贸易术语签订的合同，卖方应在货物装船后，按约定时间，将合同、货物的品名、件数、重量、发票金额、船名及装船日期等项内容电告买方；如按 FCA、CPT 和 CIP 贸易术语签订的合同，卖方应在把货物交付承运人接管后，将交付货物的具体情况及交付日期电告买方，以便买方办理保险并做好接卸货物的准备，及时办理进口报关手续。

应当特别强调的是，买卖双方按 CFR 或 CPT 条件成交时，卖方交货后，及时向买方发出装运通知，具有更为重要的意义。

链接 4-1 装船通知样本

ABC CO., LTD.

Room 20703, No. 67 Keji Road, Xi'an, China

Shipping Advice

Date: Aug. 17, 2016

To whom it may concern

We are glad to inform you that 3FCL of frozen reduced acid apple juice concentrate under your purchase order No. CA21103 have been shipped on Aug. 17, 2016. The details are as follows:

Commodity:	Frozen Reduced Acid Apple Juice Concentrate
Invoice No.	UP1615INV10
Quantity:	3FCLX17.6MT=52.80MT IN NET WEIGHT
Price:	USD1197.82/MT CFR LOS ANGELES
B/L No.	COSU40905080
Name of Vessel:	JIN HE V.131E
Port of Loading:	QINGDAO (China)
Time of Shipment:	AUG. 17, 2016
Port of Destination:	LOS ANGELES (USA)
ETA:	AUG. 31, 2016

Best Regards/Stephen Wang

五、OCP 条款

装运条款涉及的面很广，除上述条款，有时根据需要还订有其他与装运有关的条款，常见的就是 OCP 条款。

“OCP”是“Overland Common Points”的缩写，意为“内陆地区”，即可享受优惠费率通过陆上运输可抵达的区域。所谓“内陆地区”，根据美国费率规定，以美国西部九个州为界，也就是落基山脉以东地区，均为内陆地区，面积约占全美国的 2/3。凡是通过美国西海岸港口转往上述内陆地区的货物，如按 OCP 条款运输，就可享受比一般直达西海岸港口优惠内陆运输费率，一般约为 3%～5%，这种优惠费率即 OCP 费率。

采用OCP条款必须满足的条件如下：

1）货物最终目的地必须属于内陆地区范围；

2）货物必须经由美国西海岸港口中转；

3）提单备注栏内及货物唛头上应注明最终目的地OCP ×× 城市。

第三节 运输单据

运输单据是承运人收到承运货物后签发给托运人的证明文件，它是交接货物、处理索赔与理赔以及向银行结算货款或进行议付的重要单据。在国际货物运输中，运输单据的种类很多，其中包括海运提单、海运单、铁路提单、承运货物收据、航空运单、多式联运单据和邮政收据等，现将主要运输单据简述如下。

一、海运提单

海运提单（Ocean Bill of Lading，B/L），简称"提单"，是指证明海上运输合同和货物由承运人接管或装船，以及承运人据以保证交付货物的凭证。

（一）海运提单的性质和作用

1. 货物收据

提单是承运人（或其代理人）出具的货物收据，证明承运人已收到或接管提单上所列的货物。

2. 物权凭证

提单是货物所有权的凭证，提单在法律上具有物权证书的作用，船货抵达目的港后，承运人应向提单的合法持有人交付货物。提单可以通过背书转让，从而转让货物的所有权。

3. 运输契约的证明

提单是承运人与托运人之间订立的运输契约的证明。提单条款明确规定了承、托双方之间的权利和义务、责任与豁免，是处理承运人与托运人间的争议的法律依据。

（二）海运提单的格式和内容

提单的格式很多，每个船公司都有自己的提单格式，但基本内容大致相同，一般包括提单正面的记载事项和提单背面印就的运输条款。

1. 提单正面的内容

提单正面的记载事项，分别由托运人和承运人或其代理人填写，通常包括下列事项：

1）托运人（Shipper）；

2）收货人（Consignee）；

3）被通知人（Notify Party）；

4）提单号码（B/L No.）；

5）收货地或装货港（Place of Receipt/Port of Loading）；

6）目的地或卸货港（Place of Destination/Port of Discharge）；

7）船名及航次（Ocean Vessel/Voyage No.）;

8）唛头及件号（Marks & Nos.）;

9）件数和包装（Number & Kinds of Package）;

10）货名（Description of Goods）;

11）毛重和尺码（Gross Weight & Measurement）;

12）运费和费用（Freight & Charges）;

13）正本提单份数（Number of Original Bs/L）;

14）船公司或其代理人的签章（Signed for or on behalf of the Carrier）;

15）签发提单的地点及日期（Place and Date of Issue）。

2. 提单背面的条款

在班轮提单背面，通常都有印就的运输条款，这些条款是作为确定承运人与托运人之间以及承运人与收货人及提单持有人之间的权利和义务的主要依据。提单中的运输条款，起初是由船方自行规定的，后来由于船方在提单中加列越来越多的免责条款，使货方的利益失去保障，并降低了提单作为物权凭证的作用。为了缓解船、货双方的矛盾并照顾到船、货双方的利益，国际上为了统一提单背面条款的内容，曾先后签署了有关提单的国际公约，其中包括以下几种。

1）1924 年签署的《关于统一提单的若干法律规则的国际公约》，简称《海牙规则》（The Hague Rules）。

2）1968 年签署的《布鲁塞尔议定书》，简称《维斯比规则》（The Visby Rules）。

3）1978 年签署的《联合国海上货物运输公约》，简称《汉堡规则》（The Hamburg Rules）。

上述三个公约签署的时代背景不同，故其内容有别，加之参加公约的国家和地区不一，因此各国船公司签发的提单背面的条款内容也就互有差异，但以《海牙规则》的内容为依据的居多。

4）2008 年 12 月联合国大会审议通过的《联合国全程或部分海上国际货物运输合同公约》（UN Convention on Contract for the International Carriage of Goods Wholly or Partly by Sea），并将该公约命名为《鹿特丹规则》（The Rotterdam Rules），目前，该公约签约国达到 24 个，但尚未正式生效。联合国贸法会制定该公约的目的主要是取代现行的三个国际海上货物运输公约，即 1924 年《海牙规则》、1968 年《维斯比规则》和 1978 年《汉堡规则》，以实现海上货物运输和包括海运区段的国际货物多式联运法律制度的国际统一。

链接 4-2 海运提单示例

海运提单(正面)

<table>
<tr><td colspan="2">托运人
Shipper</td><td colspan="2" rowspan="5">SINOTRANS　B/L No.
中 国 对 外 贸 易 运 输 总 公 司
北京BEIJING
联 运 提 单
COMBINED TRANSPORT
BILL OF LADING
RECEIVED the foods in apparent good order and condition as specified below unless otherwise stated herein. The Canier, in accordance with the provisions contained in this document:
1）undertakes to perform or to procure the performance of the entire transport form the place at which the goods are taken in charge to the place designated for delivery in this document, and 2）assumes liability as prescribed in this document for such transport.One of the bills of lading must be surrendered duty indorsed in exchange for the goods or delivery order.</td></tr>
<tr><td colspan="2">收货人或指示
Consignee or Order</td></tr>
<tr><td colspan="2">通知地址
Notify Address</td></tr>
<tr><td>前段运输
Pre-carniage by</td><td>收货地点
Place of Receipt</td></tr>
<tr><td>海运船只
Ocean Vessel</td><td>装货港
Port of Loading</td></tr>
<tr><td>卸货港
Port of Discharge</td><td>交货地点
Place of Delivery</td><td>运费支付地
Freight Payable at</td><td>正本提单份数
Number of Original Bs/L</td></tr>
<tr><td colspan="4">标志和号码　件数和包装种类　货名　毛重（公斤）　尺码（立方米）
Marks and Nos.　Number and kind of packages　Description of goods　Gross weight（kgs.）　Measurement（m³）

以上细目由托运人提供
ABOVE PARTICULARS FURNISHED BY SHIPPER</td></tr>
<tr><td colspan="2" rowspan="4">运费和费用
Freight and Charges</td><td colspan="2">IN WITNESS where of the number of original bills of Lading stated above have been signed, one of which being accomplished, the other（s）to be void.</td></tr>
<tr><td colspan="2">签单地点和日期
Place and date of issue</td></tr>
<tr><td>代表承运人签字
Signed for or on behalf of the carrier</td><td></td></tr>
<tr><td></td><td>代理
as Agents</td></tr>
</table>

海运提单(背面)

1. DEFINITION Wherever the term "Shipper" occurs hereinafter. It shall be deemed to include also Receiver, Consignee, Holder of this Bill of Lading and Owner of the goods.

2. JURISDICTION All disputes arising under and in connection with this Bill of Lading shall be determined by the court in the People's Republic of China.

3. DEMISE CLAUSE If the ship is not owned by or chartered by demise to the corporation by whom this Bill of Lading is issued(as may be the case notwithstanding anything that appears to the contrary), this Bill of Lading shall take effect only as a contract with the Owner or demise charterer as the case may be as principal made through the agency of the said corporation who act as agents only and shall be under no personal liability whatsoever in respect thereof.

4. HAGUE RULES This Bill of Lading shall have effect in respect of Carrier's liabilities, responsibilities, rights and immunities subject to the Hague Rules contained in the International Convention for the Unification of Certain Rules Relating to Bills of Lading 1924.

5. PACKING AND MARKS The Shipper shall have the goods properly packed accurately and clearly marked before shipment. The port of destination of the goods should be marked in letters of 5 cm high, in such a way as will remain legible until their delivery.

6. OPTIONAL STOWAGE (1)The goods may be stowed by the Carrier in containers or similar articles of transport used to consolidate goods. (2)Goods stowed in containers other than flats, pallets, trailers, transportable tanks or similar articles of transport whether by the Carrier or the Shipper, may be carried on or under deck without notice to the Shipper. Such goods whether carried on or under deck shall participate in general average.

7. DECK CARGO, PLANTS AND LIVE ANIMALS Cargo on deck, plants and live animal are received, handled, carried, kept and discharged at Shipper's or Receiver's risk and the Carrier shall not be liable for loss thereof or damage thereto.

8. FREIGHT (1)Freight and charges shall be deemed earned on receipt of the goods by the Carrier and shall be paid by the Shipper and non-returnable and non-deductable in any event. Freight payable at destination together with other charges is due on arrival of the goods at the place of destination and shall be paid before delivery of the goods. (2)For the purpose of verifying the freight basis, the Carrier reserves the right to have the goods and the contents of containers, trailers or similar articles of transport inspected in order to ascertain the weight, measurement, value or nature of the goods. In case the particulars of the goods furnished by the Shipper are incorrect, the Shipper shall be liable and bound to pay to the Carrier a sum either five times the difference between the correct freight and the freight charged or to double the correct less the freight charged, whichever sum is the smaller, as liquidated damages to the Carrier.

9. LIEN The Carrier shall have a lien on the goods and any documents relating thereto for all sums payable to the Carrier under this Bill of Lading and for general average contributions to whomsoever due and for the cost of recovering the same, and for that purpose shall have the right to sell the goods by public auction or private treaty without notice to the Shipper. If on sale of the goods, the proceeds fail to cover the amount due and the cost incurred, the Carrier shall be entitled to recover the deficit from the Shipper.

10. TIME BAR, NOTICE OF LOSS In any event the Carrier shall be discharged from all liabilities under this Bill of Lading unless suit is brought within one year after the delivery of the goods or the date when the goods should have been delivered. Unless notice of loss of or damage to the goods and the general nature of it be given in writing to the Carrier at the place of delivery before or at the time of the removal of the goods into the custody of the person entitled to delivery thereof under this Bill of Lading, or, if the loss or damage such removal shall be prima facie evidence of the delivery by the Carrier of the goods as described in this Bill of Lading. In the case of any actual or apprehended loss or damage the Carrier and the Shipper shall give all reasonable facilities to each other for inspecting and tallying the goods.

11. THE AMOUNT OF COMPENSATION (1)When the Carrier is liable for compensation in respect of loss of or damage to the goods, such compensation shall be calculated by reference to the invoice value of the goods plus freight and insurance premium of paid.(2)Notwithstanding clause 4 of this Bill of Lading the limitation of liability under the Hague Rules shall be deemed to be RMB. ¥700 per package or unit.(3)Higher compensation may be claimed only when, with the consent of the Carrier, the value for the goods declared by the Shipper which exceeds the limits laid down in this clause has been stated in this Bill of Lading and extra freight has been paid as required. In that case the amount of the declared value shall be substituted for that limit. Any partial loss or damage shall be adjusted pro rata on the basis of such declared value.

12. LOADING, DISCHARGING AND DELIVERY The goods shall be supplied and taken delivery of by the owner of the goods as fast as the ship can take and discharge them, without interruption, by day and night. Sundays and Holidays included, notwithstanding any custom of the port to the contrary and the owner of the goods shall be liable for all losses or damages incurred in default thereof. Discharge may commence without previous notice. If the goods are not taken delivery of by the Receiver in due time from alongside the vessel, or if the Receiver refuses to take delivery of the goods, or in case there are unclaimed goods, the Carrier shall be at liberty to land such goods on shore or any other proper places at the sole risk and expense of the Shipper or Receiver, and the Carrier's responsibility of delivery of goods shall be deemed to have been fulfilled. If the goods are unclaimed during a reasonable time, or wherever the goods will become deteriorated, decayed or worthless, the Carrier may, at his discretion and subject to his lien and without any responsibility attaching to him, sell, abandon or otherwise dispose of such goods solely at the risk and expense of the Shipper.

13. LIGHTERAGE Any lighterage in or off ports of loading or ports of discharge shall be for the account of the Shipper or Receiver.

14. FORWARDING, SUBSTITUTE OF VESSEL, THROUGH CARGO AND TRANSHIPMENT If necessary, the Carrier may carry the goods to their port of destination by other persons or by rail or other means of transport proceeding either directly or indirectly to such port, and to carry the goods or part of them beyond their port of destination, and to tranship and forward same at Carrier's expense but at Shipper's or Receiver's risk. The responsibility of the Carrier shall be limited to the part of the transport performed by him on the vessel under his management.

15. DANGEROUS GOODS, CONTRABAND (1)The Shipper undertakes not to tender for transportation any goods which are of a dangerous, inflammable, radio-active, and/or any harmful mature without previously giving written notice of their nature to the Carrier and marking the goods and the container or other covering on the outside as required by any laws or regulations which may be applicable during the carriage.(2)Whenever the goods are discovered to have been shipped without complying with the subclause(1)above or the goods are found to be contraband or prohibited by any laws or regulations of the port of loading, discharge or call or any place or waters during the carriage, the Carrier shall be entitled to have such goods rendered innocuous, thrown overboard or discharged or otherwise disposed of at the carrier's discretion without compensation and the Shipper shall be liable for and indemnify the Carrier against any kind of loss, damage or liability including loss of freight, and any expenses directly or indirectly arising out of or resulting from such shipment.(3)If any goods shipped complying with the subclause(1)above become a danger to the ship or cargo, they may in like manner be rendered innocuous, thrown overboard or discharged or otherwise disposed of at the Carrier's discretion without compensation except to general average, of any.

16. REFRIGERATED CARGO (1)The Shipper undertakes not to tender for transportation any goods which require refrigeration without previously giving written notice of their nature and particular temperature range to be maintained. If the above requirements are not complied with, the Carrier shall not be liable for any loss of or damage to the goods howsoever arising. (2)Before loading goods in any insulated space, the Carrier shall, in addition to the Class Certificate, obtain the certificate of the Classification Society's Surveyor or other competent person, stating that such insulated space surveyor or other competent person fit and safe for the carriage and preservation of refrigerated goods. The aforesaid certificate shall be conclusive evidence against the Shipper, Receiver and/or any Holder of Bill of Lading.(3)Receivers have to take delivery of refrigerated goods as soon as the ship is ready to deliver, otherwise the Carrier shall land the goods at the wharf at Receiver's or Shipper's risk and expense.

17. TIMBER Any statement in this Bill of Lading to the effect that timber has been shipped "in apparent good order and condition" does not involve any admission by the Carrier as to the absence of stains, shakes, splits, holes or broken pieces, for which the Carrier accepts no responsibility.

18. BULK CARGO As the Carrier has no reasonable means of checking the weight of bulk cargo, any reference to such weight in this Bill of Lading shall be deemed to be for reference only, but shall constitute in no way evidence against the Carrier.

19. COTTON Description of the apparent condition of cotton or cotton products does not relate to the insufficiency of or torn condition of the covering, nor to any damage resulting therefrom, and Carrier shall not be responsible for damage of such nature.

20. OPTIONAL CARGE The port of discharge for optional cargo must be declared to the vessel's agents at the first of the optional ports not late than 48 hours before the vessel's arrival there. In the absence of such declaration the Carrier may elect to discharge at the contract of carriage shall then be considered as having been fulfilled, Any option must be for the total quantity of goods under this Bill of Lading.

21. GOODS TO MORE THAN ONE CONSIGNEE Where bulk goods or goods without marks or goods with the same marks are shipped to more than one Consignee, the Consignees or Owners of the goods shall jointly and severally bear any expense or loss in dividing the goods or parcels into pro rata quantities and any deficiency shall fall upon them in such proportion as the Carriers, his servants or agents shall decide.

22. HEAVY LIFTS AND OVER LENGTH CARGO Any one piece or package of cargo which exceeding 2000 kilos or 9 meters must be declared by the Shipper in writing before receipt by the Carrier and/or length clearly and durably on the outside of the piece or package in letters and figures not less than 2 inches high by the Shipper. In case of the Shipper's failure in his obligations aforesaid, the Shipper shall be liable for loss of or damage to any property or for personal injury arising as a result of the Shipper's said failure and shall indemnify the Carrier against any kind of loss or liability suffered or incurred by the Carrier as a result of such failure.

23. SHIPPER-PACKED CONTAINERS.ETC. (1)If a container has not been filled, packed or stowed by the Carrier, the Carrier shall not be liable for any loss of or damage to its contents and the Shipper shall cover any loss or expense incurred by the Carrier, of such loss, damage or expense has been caused by negligent filling, packing or stowing of the container; or the contents being unsuitable for carriage in container; or the unsuitability or defective condition of the container unless the container has been supplied by the Carrier and the unsuitability or defective condition would not have been apparent upon reasonable inspection at or prior to the time when the container was filled, packed or stowed.(2)The provisions of the sub-clause(1)above also apply with respect to trailers, transportable tanks, flats and pallets which have not been filled, packed or stowed by the Carrier.

24. WAR, QUARANTINE, ICE, STRIKES, CONGESTION, ETC. Should it appear that war, blockade, pirate, epidemics, quarantine, ice, strikes, congestion and other causes beyond the Carrier' s control would prevent the vessel from safely reaching the port of destination and discharging the goods thereat, the Carrier is entitled to discharge the goods at the port and the contract of carriage shall be deemed to have been fulfilled. Any extra expenses incurred under the aforesaid circumstances shall be borne by the Shipper or Receiver.

25. GENERAL AVERAGE General average shall be adjusted in Beijing in accordance with the Beijing Adjustment Rules 1975.

26. BOTH TO BLAME COLLISION If the carrying ship comes into collision with another ship as a result of the negligence of the other ship and any act, neglect or default in the navigation or the management of the carrying ship, the Shipper undertakes to pay the Carrier, or, where the Carrier is not the Owner and in possession of the carrying ship, to pay to the Carrier as trustee for the Owner and/or demise charterer of the carrying ship, a sum sufficient to indemnify the Carrier and/or the Owner and/or demise charterer of the carrying ship against all loss or liability to the other or non-carrying ship or her Owners insofar as such loss or liability represents loss of or damage to his goods or any claim whatsoever of the Shipper, paid or payable by the other or non-carrying ship or her Owners to the Shipper and set-off, recouped or recovered by the other or non-carrying ship or her Owners as part of their claim against the carrying ship or her Owner or demise charterer or the Carrier. The foregoing provisions shall also apply where the Owners, operations, or those in charge of any ship or ships or objects, other than, or in addition to, the colliding ships or objects, are at fault in respect to a collision, contact, stranding or other accident.

27. USA CLAUSE Notwithstanding any other term hereof the Carriage of Goods by Sea Act 1936 of the United States of America shall have been affect subject to in respect to carriage of goods to and from the United States of America. If any provision of this Bill of Lading be invalid under the Carriage of Goods by Sea Act 1936, such provision shall, to the extent of such invalidity, but no further, be null and void.

(三)海运提单的种类

海运提单可以从各种不同角度予以分类,主要有以下几种:

1. 根据货物是否已装船,可分为已装船提单和备运提单

1)已装船提单(On Board B/L; Shipped B/L),是指承运人已将货物装上指定船舶后所签发的提单,其特点是提单上必须以文字表明货物已经装某某船上,以及载装船日期,同时还应由船长或其代理人签字。根据《UCP600》规定,如信用证要求海运提单作为运输单据,银行将接受注明货物已装船或已装指名船舶的提单。所以,在国际贸易中,一般都要求卖方提供已装船提单。

2)备运提单(Received for Shipment B/L),又称"收讫待运提单",是指承运人已收到托运货物等待装运期间所签发的提单。在签发备运提单情况下,发货人可在货物装船后凭以调换已装船提单;也可经承运人或其代理人在备运提单上批注货物已装上某具名船舶及装

船日期，并签署后使之成为已装船提单。

2. 根据提单上对货物外表状况有无不良批注，可分为清洁提单和不清洁提单

1）清洁提单（Clean B/L），是指货物在装船时“表面状况良好”，承运人在提单上不带有明确宣称货物及/或包装有缺陷状况的文字或批注的提单。根据《跟单信用证统一惯例》（《UCP600》）规定，除非信用证中明确规定可以接受的条款或批注，银行只接受清洁提单。清洁提单也是提单转让时所必备的条件。

2）不清洁提单（Unclean B/L; Foul B/L），是指承运人在签发的提单上带有明确宣称货物及/或包装有缺陷状况的条款或批注的提单。例如，提单上批注“× 件损坏”（...packages in damaged condition），“铁条松散”（Iron strap loose or missing）等。

3. 根据提单收货人抬头的不同，可分为记名提单、不记名提单和指示提单

1）记名提单（Straight B/L），是指提单上的收货人栏内填明特定收货人名称，只能由该特定收货人提货，由于这种提单不能通过背书方式转让给第三方，不能流通，故其在国际贸易中很少使用。

2）不记名提单（Bearer B/L），是指提单收货人栏内没有指明任何收货人，只注明提单持有人（Bearer）字样，承运人应将货物交给提单持有人。谁持有提单，谁就可以提货。承运人交货，只凭单，不凭人。不记名提单无须背书转让，流通性极强，采用这种提单风险大，故其在国际贸易中很少使用。

3）指示提单（Order B/L），是指提单上的收货人栏填写“凭指定”（To order）或“凭某某人指定”（To order of...）字样。这种提单可经过背书转让，故其在国际贸易中广为使用。背书的方式又有“空白背书”和“记名背书”之分。前者是指背书人（提单转让人）在提单背面签名，而不注明被背书人（提单受让人）名称；后者是指背书人除在提单背面签名外，还列明被背书人名称。记名背书的提单受让人如需再转让，必须再加背书。目前在实际业务中使用最多的是“凭指定”并经空白背书的提单，习惯上称其为“空白抬头”或“空白背书”提单。

4. 按运输方式分类，可分为直达提单、转船提单和联运提单

1）直达提单（Direct B/L），是指轮船中途不经过换船而驶往目的港所签发的提单。凡合同和信用证规定不准转船者，必须使用这种直达提单。

2）转船提单（Transhipment B/L），是指从装运港装货的轮船，不直接驶往目的港，而需要在中途换装另外船舶所签发的提单。在这种提单上要注明“转船”或“在 ×× 港转船”字样。

3）联运提单（Through B/L），是指经过海运和其他运输方式联合运输时由第一程承运人所签发的包括全程运输的提单。它如同转船提单一样，货物在中途转换运输工具和进行交接，由第一程承运人或其代理人向下一程承运人办理。应当指出，联运提单虽包括全程运输，但签发联运提单的承运人一般都在提单中规定，只承担他负责运输的一段航程内的货损责任。

5. 从船舶营运方式的不同，可分为班轮提单和租船提单

1）班轮提单（Liner B/L），是指由班轮公司承运货物后所签发给托运人的提单。

2)租船提单(Charter Party B/L),是指承运人根据租船合同而签发的提单。在这种提单上注明“一切条件、条款和免责事项按照 × 年 × 月 × 日的租船合同”或批注“根据 ×× 租船合同出立”字样。这种提单受租船合同条款的约束。银行或买方在接受这种提单时,通常要求卖方提供租船合同的副本。

6. 根据提单内容的繁简,可分为全式提单和略式提单

1)全式提单(Long Form B/L),是指提单背面列有承运人和托运人权利、义务的详细提单。

2)略式或简式提单(Short Form B/L),是指提单背面无条款,而只列出提单正面的必须记载事项。这种提单一般都列有“本提单货物的收受、保管、运输和运费等项,均按本公司提单上的条款办理”字样。此外,租船合同项下所签发的提单,通常也是略式提单,在这种略式提单上应注明:“所有条件根据 × 年 × 月 × 日签订的租船合同。”这种提单与全式提单在法律上具有同等效力。但租船合同项下的略式提单,除非信用证另有规定,银行一般不予接受。

7. 根据提单使用效力,可分为正本提单和副本提单

1)正本提单(Original B/L),是指提单上有承运人、船长或其代理人签名盖章并注明签发日期的提单。这种提单在法律上是有效的单据。正本提单上必须标明“正本”(Original)字样。正本提单一般签发一式两份或三份,凭其中的任何一份提货后,其余的即作废。根据《UCP600》规定,银行接受仅有一份的正本提单,如签发一份以上正本提单时,应包括全套正本提单。买方与银行通常要求卖方提供船公司签发的全部正本提单,即所谓“全套”(Full Set)提单。

2)副本提单(Copy B/L),是指提单上没有承运人、船长或其代理人签字盖章,而仅供工作上参考之用的提单。在副本提单上一般都标明“Copy”或“Non-negotiable”(不作流通转让)字样,以示与正本提单有别。

8. 其他种类提单

1)集装箱提单(Container B/L),是指由负责集装箱运输的经营人或其代理人,在收到货物后签发给托运人的提单。集装箱提单与传统的海运提单有所不同,其中包括集装箱联运提单(Combined Transport B/L, CTB/L)及多式联运单据(Multimodal Transport Document, MTD)等。

2)舱面提单(On Deck B/L),是指承运货物装在船舶甲板上所签发的提单,故又称为“甲板货提单”。由于货物装在甲板上风险较大,故托运人一般都向保险公司加保甲板险。承运人在签发提单时加批“货装甲板”字样。《海牙规则》不适用甲板货,除非在提单条款中明确订明。货物装在甲板上受损的风险很大,所以进口商一般不愿意货物装在甲板上,不接受甲板提单。根据《UCP600》规定,除非信用证另有约定,银行不接受甲板提单。

3)过期提单(Stale B/L),是指错过规定的交单日期或者晚于货物到达目的港日期的提单。前者,是指卖方超过提单签发日期后 21 天才交到银行议付的提单,根据《UCP600》规定,如信用证无特殊规定,银行将拒绝接受在运输单据签发日后超过 21 天才提交的单据。

后者，是在近洋运输时容易出现的情况，故在近洋国家间的贸易合同中，一般都订有“过期提单可以接受”（Stale B/L is acceptable）的条款。

4）倒签提单（Anti-dated B/L），是指承运人应托运人的要求在货物装船后，提单签发的日期早于实际装船完毕日期的提单。一般可分为两种情况：一是善意倒签；二是恶意倒签，即个案中卖方为了单方面的利益私下与船公司勾结起来倒签，这也就是真正意义上的倒签提单（简称“倒签提单”）。在这种情况下，卖方信用证项下提交的单据基本上无懈可击，即便是接到了买方明示，卖方也不会立即向买方承认事实并主动采取积极的措施弥补自己的错误，为此，企业在处置这种个案时必须稳、准、狠，如果按惯例和一般办法去做，往往是事倍功半，而且也不一定能达到维权的全部目的。

二、海运单

（一）海运单的定义

海运单（Sea Waybill; Ocean Waybill）是证明海上运输合同和货物由承运人接管或装船，以及承运人保证据以将货物交付给单证所载明的收货人的一种不可流通的单证，因此又称“不可转让海运单”（Non-negotiable Sea Waybill）。海运单不是物权凭证，故而不可转让。收货人不凭海运单提货，而是凭到货通知提货。因此，海运单收货人一栏应填写实际收货人的名称和地址，以利货物到达目的港后通知收货人提货。近年来，欧洲、北美和某些远东、中东地区的贸易界越来越倾向于使用不可转让的海运单，主要是因为海运单能方便进口商及时提货、简化手续、节省费用，还可以在一定程度上减少以假单据进行诈骗的现象。另外，由于EDI技术在国际贸易中的广泛使用，不可转让海运单更适用于电子数据交换信息。1990年国际海事委员会曾通过《1990年国际海事委员会海运单统一规则》，该规则适用于不使用可转让提单的运输合同，适用于全部海运的运输合同和含有海运的多式联运合同。

（二）海运单与提单的区别和联系

1）提单是货物收据、运输合同的证明，也是物权凭证，海运单只具有货物收据和运输合同这两种性质，它不是物权凭证。

2）提单可以是指示抬头形式，可以背书流通转让；海运单是一种非流动性单据，海运单上标明了确定的收货人，不能转让流通。

3）海运单和提单都可以作成“已装船”（Shipped on Board）形式，也可以是“收妥备运”（Received for Shipment）形式。海运单的正面各栏目的格式和缮制方法与海运单提单基本相同，只是海运单收货人栏不能做成指示性抬头应缮制确定的具体收货人。

4）提单的合法持有人和承运人凭提单提货和交货，海运单上的收货人并不出示海运单，仅凭提货通知或其身份证明提货，承运人凭提单收货人出示适当身份证明交付货物。

5）提单有全式和简式提单之分，而海运单是简式单证，背面不列详细货运条款但载有一条可援用海运提单背面内容的条款。

6）海运单和记名提单（Straight B/L），虽然都具有收货人，不作背书转让。我国法律对于记名提单还是当作提单来看的。事实上，记名提单不具备物权凭证的性质。所以，虽然在有些国家收货人提货需要出具记名提单。但在有些国家，比如美国，只要能证明收货人身份也可以提货。如此，记名提单在提货时和海运单无异。另外，海运单并不经过银行环节，这一点与记名提单不同。

三、其他运输单据

（一）铁路运输单据

铁路运输可分为国际铁路联运和国内铁路运输两种方式，前者使用国际铁路联运运单，后者使用国内铁路运单。通过铁路对香港、澳门出口的货物，由于国内铁路运单不能作为对外结汇的凭证，故使用承运货物收据这种特定性质和格式的单据。现将这几种铁路单据分别说明如下。

1. 国际铁路联运运单（International Through Rail Waybill）

国际铁路联运运单是国际铁路联运的主要运输单据，它是参加联运的发送国铁路与发货人之间订立的运输契约，其中规定了参加联运的各国铁路和收、发货人的权利和义务。对收、发货人和铁路都具有法律约束力。当发货人向始发站提交全部货物，并付清应由发货人支付的一切费用，经始发站在运单和运单副本上加盖始发站承运日期戳记，证明货物已被接妥承运后，即认为运输合同已经生效。

运单正本随同货物到达终到站，并交给收货人，它既是铁路承运货物出具的凭证，也是铁路与货主交接货物、核收运杂费和处理索赔与理赔的依据。运单副本于运输合同缔结后交给发货人，是卖方凭以向收货人结算货款的主要证件。

2. 承运货物收据（Cargo Receipt）

承运货物收据是在特定运输方式下所使用的一种运输单据，它既是承运人出具的货物收据，也是承运人与托运人签订的运输契约。我国内地通过铁路运往香港、澳门地区的出口货物，一般多委托中国对外贸易运输公司承办。当出口货物装车发运后，对外贸易运输公司即签发一份承运货物收据给托运人，以作为对外办理结汇的凭证。它还是收货人凭以提货的凭证。

承运货物收据的格式及内容和海运提单基本相同，主要区别是它只有第一联为正本。在该正本的反面印有“承运简章”，载明承运人的责任范围。该简章第二条规定由该公司承运之货物，在铁路、轮船、公路、航空及其他运输机构范围内，应根据各该机构的规章办理，可见这种“承运货物收据”，不仅适用于铁路运输，也可用于其他运输方式。

（二）航空运单

航空运单（Air Waybill）是承运人与托运人之间签订的运输契约，也是承运人或其代理人签发的货物收据。航空运单还可作为承运人核收运费的依据和海关查验放行的基本单据。但航空运单不是代表货物所有权的凭证，也不能通过背书转让。收货人提货不是凭航空运单，而是凭航空公司的提货通知单。在航空运单的收货人栏内，必须详细填写收货人的全称和地址，而不能做成指示性抬头。

航空运单依签发人的不同可分为主运单（Master Air Waybill）和分运单（House Air Waybill)。前者是由航空公司签发的,后者是由航空货运代理公司签发的,两者在内容上基本相同,法律效力相当,对于收、发货人而言,只是承担货物运输的当事人不同。

航空运单共有正本一式三份:第一份正本注明“Original for the Shipper”,应交托运人;第二份正本注明“Original for the Issuing Carrier”,由航空公司留存;第三份正本注明“Original for the Consignee”,由航空公司随机带交收货人;其余副本则分别注明“For Airport of Destination”“Delivery Receipt”“For Second Carrier”“Extra Copy”等,由航空公司按规定和需要进行分发,作为报关、结算、国外代理中转分拨等用途分别使用。《UCP600》规定,空运单据的签发日期即为装运日期,如信用证要求实际发运日期(Actual Date of Dispatch),应对此日期作出专项批注,则所批注的日期即为装运日期。

(三)多式联运单据

多式联运单据(Multimodal Transport Document, MTD)是指证明多式联运合同以及证明多式联运经营人接管货物并负责按照合同条款交付货物的单据。多式联运公约规定,多式联运单据是多式联运合同的证明,也是多式联运经营人收到货物的收据和凭以交付货物的凭证。根据发货人的要求,它可以作成可转让的,也可以作成不可转让的。多式联运单据如签发一套一份以上的正本单据,应注明份数,其中一份完成交货后,其余各份正本即失效。副本单据没有法律效力。在实际业务中,对多式联运单据正本和副本的份数规定不一,主要视发货人的要求而定。

为了促进国际多式联运的开展,国际商会曾制定《联合运输单据统一规则》,对多式联运单据作了具体的规定。《UCP600》规定,如信用证要求包括至少有两种不同方式(多式联运)的运输单据,银行接受的多式联运单据是由承运人或多式联运经营人或其代理签字和证实,表明货已发运、接受监管或已装载者;多式联运单据的出单日期即为发运、接受监管及装运日期;允许注明信用证规定的收货地和装货港(地)不同,最终目的地和卸货港(地)不同;是全套正本单据;允许简式单据;即使信用证禁止转运,银行将接受表明可能转运或将要转运的多式联运的多式联运单据,但同一多式联运单据须包括全程运输。

(四)邮政收据

邮政收据(Parcel Post Receipt)是邮政运输的主要单据,它既是邮局收到寄件人的邮包后所签发的凭证,也是收件人凭以提取邮件的凭证,当邮包发生损坏或丢失时,它还可以作为索赔和理赔的依据,但邮包收据不是物权凭证。

邮寄证明(Certificate of Posting)是邮政局出具的证明文件,据此证实所寄发的单据或邮包确已寄出和作为邮寄日期的证明。有的信用证规定,出口商寄送有关单据、样品或包裹后,除要出具邮政收据外,还要提供邮寄证明,作为结汇的一种单据。

专递数据(Courier Receipt)是特快专递机构收到寄件人的邮件后签发的凭证。

根据《UCP600》规定,如信用证要求邮政收据或邮寄证明,银行将接受的邮政收据或邮寄证明表面上有信用证规定的寄发地盖戳并加注日期,该日期即为装运或发运日期;如信用证要求专递或快递机构出具的单据,银行将接受快递单据的表面注明专递或快递机构的名称并盖戳、签字并经证实,表明取件或收件日期,此日期即为装运日期或发运日期。除非信用证特别规定由指定的专递或快递机构出具的单据，银行将接受由任何专递或快递机构开立的单据。这种专递和快递采用先进的运输工具和方式，实行“门到门”（Door to Door）和“桌到桌”（Desk to Desk）的服务，所以银行接受快递的单据。

案例分析

青海某经贸有限公司与朝鲜某公司签订了销售合同，合同约定：青海公司向朝鲜某公司出口价值18万美元的印染布。青海公司为履行该合同的交货义务，与天津某海运公司签订了多式联运合同，要求天津公司将货物从中国天津新港运至朝鲜新义州。在发货时，青海公司应天津公司的要求，向天津公司出具了一个声明，声明表示朝鲜买方为唯一合法的收货人，提单只作为议付单据。货物出运时，天津公司签发了联运提单，该提单托运人提供细目一栏中注有“仅作议付用字样”。青海公司交付货物后，天津公司将涉案货物从海路运至大连后转为公路运至丹东，最后通过铁路运至朝鲜新义州。由于收货人朝鲜公司未向青海公司支付货款，青海公司遭受了18余万美元的损失，青海公司因其持有全套运输单证，决定向海事法院提起诉讼，请求法院判令天津公司承担无单放货的赔偿责任。

问：天津公司是否需要承担无单放货的责任？为什么？

思考题

1. 国际运输方式包括哪些？在选用运输方式时应考虑哪些因素？
2. 什么是班轮运输？班轮运输有哪些特点？
3. 班轮公司运费如何计算？
4. 租船运输包括哪几种方式？在不同租船方式下，船方收取租金的办法是如何规定的？
5. 规定装运期的方法有哪些？
6. 装运港和目的港在合同中的地位如何？规定装运港和目的港应注意什么问题？
7. 买卖合同中的装卸时间有哪些规定方法？规定装卸时间应注意什么问题？
8. 何谓滞期费和速遣费？滞期费和速遣费在何种运输方式下需要计算？
9. 什么叫分批装运？什么叫转运？《UCP600》对分批装运和转运问题有何规定？
10. 为什么在买卖合同中要规定装运通知的条款？
11. 提单的性质和作用如何？国际上有关提单的国际公约有哪些？
12. 提单从不同角度可以分为哪几种？在我国出口贸易中通常采用的是什么提单？
13. 什么是过期提单？过期提单的效力如何？
14. 国际铁路货物联运单和运单副本的性质和作用如何？
15. 多式联运单据和联运提单有何区别？
16. 航空运单和邮包收据的性质和作用各如何？它们与海运提单的性质有何区别？

第五章　国际货物运输保险

本章教学目的及要求

通过本章学习,理解国际货物运输保险的相关基本概念;了解国际货物运输所面临的各种风险及由此可能产生的各种损失和费用;掌握国际货物海洋运输保险的基本种类;熟练掌握合同中国际货物运输条款的表述及应用。

第一节　海上货物运输保险保障的范围

国际货物运输保险因运输方式不同,可分为海洋运输货物保险、陆上运输货物保险、航空运输货物保险和邮包运输货物保险。不同运输方式的货物保险,保险公司承保的责任有所不同,但所保障的范围都是相似的。由于国际货物买卖大部分通过海洋运输,同时陆运、空运、邮运货物保险都是借鉴海运货物保险的基本原则和做法并在此基础上发展起来的,所以海洋运输货物保险在国际贸易中占有重要地位。

一、风险

海洋运输货物保险的风险分海上风险和外来风险两类。

(一)海上风险

1. 海上风险的含义

海上风险(Perils of the Sea),又称“海难”,是指货物与船舶在海上运输中或随附海上运输中所发生的风险,主要包括自然灾害和意外事故。在现代海上保险业务中,保险人所承保的海上风险是有特定范围的:一方面,它并不包括在海上发生的一切风险;另一方面,它又不局限于航海中所发生的风险,还包括发生在与海上航运相关联的内陆、内河、内湖运输过程中的一些风险。

2. 海上风险的分类

(1)自然灾害

自然灾害(Nature Calamity)是指因不以人们意志为转移的自然界变异而产生的破坏力量所造成的灾害。海运保险仅指恶劣气候、雷电、海啸、地震、洪水等人力不可抗拒的灾害。

(2)意外事故

意外事故(Fortuitous Accidents)是指外来的、偶然的和不可预料的原因所造成的事故。海运保险所指的意外事故不同于一般事故,专指船舶搁浅、触礁、沉没、火灾、爆炸、碰撞、失踪或其他类似的事故。

（二）外来风险

1. 外来风险的含义

外来风险（Extraneous Risks）是指海上风险以外由于其他各种外来的原因所造成的风险。

2. 外来风险的分类

（1）一般外来风险

一般外来风险是指偷窃、雨淋、破碎、串味、勾损、锈损、渗漏、玷污、受潮受热、短量、包装破裂等。

（2）特殊外来风险

特殊外来风险是指军事、政治、国家政策法令和行政措施等以及其他特殊外来原因（如战争、罢工、交货不到、被拒绝进口或没收等）所带来的风险。

（3）特别外来风险

特别外来风险主要是指六种外来风险，分别由舱面险、进口关税险、拒收险、黄曲霉素险、交货不到险和货物出口到香港（包括九龙）或澳门存仓火险责任扩展条款承保。

二、损失和费用

海上损失（简称"海损"）是指被保险货物在海运过程中由于各类灾害所造成的损失或灭失。凡与海陆连接的陆运过程中所发生的损失或灭失也属于海损范围。

按照海上保险的惯例，海上货物运输保险中的被保险人的经济损失分为两部分：一部分是承保风险给货物造成的损害，即标的物的直接损失，也称为"海上货物运输保险承保的损失"。另一部分是被保险人为了使货物脱离危险，以及防止可能出现的损失或减低已造成的损失所支出的费用，即海上货物运输保险承保的费用损失，按抢救的性质不同分为施救费用和救助费用。

（一）海上货物运输保险承保的损失

海上货物运输保险承保的损失根据损失的程度不同，可分为全部损失与部分损失。

1. 全部损失

全部损失（Total Loss），简称"全损"，系指整批或不可分割的一批被保险货物在运输途中全部遭受损失。全部损失又分为实际全损和推定全损。

（1）实际全损

实际全损（Actual Total Loss），也称"绝对全损"。根据我国《海商法》的规定，保险标的发生保险事故后灭失，或者受到严重损坏完全失去原有形体、效用，或者不能再归保险人所拥有的，为实际全损。船舶在合理时间内未从被获知最后消息的地点抵达目的地，除合同另有约定外，满两个月后仍没有消息的，为船舶失踪。船舶失踪视为实际全损。

（2）推定全损

推定全损（Constructive Total Loss），也称"商业全损"，是指被保险货物在海上运输途中遭遇承保风险之后，虽未达到完全灭失的状态，但是可以预见到它的全损将不可避免，或者为了避免全损,需要支付的抢救、修理费用加上继续将货物运抵目的地的费用之和将超过货物的保险价值或超过货物在目的地的价值,这种情况下,被保险人可以推定货物发生了全部损失。

被保险货物发生推定全损时,被保险人可以要求保险人按部分损失赔偿,也可以要求按全部损失赔偿。如果要求按全部损失赔偿,被保险人必须向保险人发出委付通知(Notice of Abandonment)。委付是被保险人向保险人声明愿意将保险货物的一切权利(包括财产权及一切由此而产生的权利)与义务转让给保险人,而要求保险人按货物全损给予赔偿的一种特殊的索赔方式。委付一般都以书面通知形式,经保险公司承诺才能生效。保险公司对是否接受委付有选择权,一经承诺就不得撤销。如果保险公司不接受委付,被保险人的利益不受影响。委付不能附带任何条件,委付一旦成立,被保险人不能反悔。对于经保险调查确认损失程度不严重,不能构成推定全损的委付申请,保险人将按照保险标的实际损失情况,向被保险人履行赔偿责任。另外,对于可以推定全损的严重货损,若被保险人根本没有向保险人发出委付申请,保险人对这项损失只能按货物的实际损失赔偿。

2. 部分损失

在海洋运输途中,当保险标的发生承保范围内的损失,凡不属于实际全损和推定全损,即属于部分损失(Partial Loss)。部分损失根据其损失的性质可分为单独海损和共同海损。

(1)单独海损

单独海损(Particular Average, PA)是指船舶或货物在运输过程中,因受海上风险和外来风险所造成的部分损失。这种损失只与单独利益方有关,不涉及其他货主或船方。单独海损一般由个别货主或其承保人单独负责。

由于各种货物的易损程度不同,且部分货物还会发生自然损耗,因此保险人会在保单中通过免赔额或免赔率的方法,即不负赔偿责任限额和比例的方法,对其赔偿单独海损的责任加以限制。保险人通常采用绝对免赔额(率)或相对免赔额(率)两种方法:前者指保险人对保单规定的额度(或百分比)内的损失不负赔偿责任,当单独海损超过这一限额(或百分比)时,保险人承担超过限额(或百分比)部分的损失;后者指保险人对保单规定的额度(或百分比)内的损失不负赔偿责任,当单独海损达到或超过这一限额(或百分比)时,保险人承担全部赔偿责任。

(2)共同海损

共同海损(General Average, GA)是指载货船舶在运输途中遭受海上风险或外来风险,危及船与货的共同安全,船长为挽救船舶及货物,采取合理措施而导致船、货等一部分财产本身的损失——共同海损牺牲和支付的额外费用——共同海损费用。这部分损失由获得利益的各关系方按获救价值比例分摊。共同海损分摊的基础是,同一航程遇难船舶上的所有货方和船东的受益财产在目的港或航程终止港的价值总和。遭受共同海损牺牲的货方与支出共同海损费用的船东或承运人,一方面从分摊方获得损失补偿;另一方面也要与其他分摊方在同一基础上参与本身损失的分摊。

构成共同海损的条件有以下几个。

第一,导致共同海损的危险必须是真实存在的、是危及船舶与货物共同安全的危险。

第二,共同海损的措施必须是为了解除船、货的共同危险,人为地、有意识地采取的合理措施。

第三,共同海损的牺牲是特殊性质的,费用损失必须是额外支付的。

第四,共同海损的损失必须是共同海损措施的直接的、合理的后果。共同海损的损失与采取的共同海损措施之间,必须存在着一种必然的、内在的因果关系。

第五,造成共同海损损失的共同海损措施最终必须有效果。所谓“最终有效”,是指经过抢救措施以后,船舶或货物的全部或一部分安全抵达航程的终点港或目的港,否则共同海损分摊便失去了基础,共同海损也就不能成立。

(二)海上货物运输保险承保的费用

海上货物运输保险承担的费用主要有施救费用、救助费用、特别费用和额外费用等。

(1)施救费用

施救费用(Sue and Labour Expenses)是指保险标的在遭遇保险责任范围内的灾害事故时,被保险人或其代理人、雇佣人及受让人根据保险合同中施救条款的规定,为了避免或减少保险标的的损失,采取各种抢救与防护措施而支出的合理费用。保险人对被保险人所支出的施救费用承担赔偿责任,赔偿金额以不超过该批被救货物的保险金额为限,并在保险标的的赔偿之外另行支付。被保险人采取施救措施所花费用必须是为减少保险人赔偿的损失。被保险人及其雇佣人或代理人按照保险人的指令,采取抢救措施而支出的费用,无论抢救措施是否成功,保险人都要承担该项费用损失。

(2)救助费用

救助费用(Salvage Charge)是指船舶和货物在海上航行中遭遇保险承保责任范围内的灾害事故时,由保险人和被保险人以外的第三者自愿采取救助措施,并成功地使遇难船舶和货物脱离险情,由被救的船方和货方支付给救助方的报酬。救助费用往往与共同海损费用有着密切的联系。

(3)特别费用

特别费用是指运输工具在海上遭遇海难后,在中途港或避难港卸货、存仓、重装及续运货物所产生的费用。在“平安险”条件下承保此费用。

(4)额外费用

额外费用是指为了证明损失索赔的成立而支付的费用,如检验费用,拍卖受损货物的销售费用、公证费用、查勘费用、海损理算师费用,等等。额外费用不能加在保险标的的损失金额内,以达到或超过规定的免赔额(率)而要求索赔,但只要索赔成立,额外费用就应获得赔偿。

第二节　我国海洋货物运输保险的险别

我国进出口货物运输保险最常用的保险条款是《中国保险条款》(China Insurance

Clause, CIC),该条款是由中国人民财产保险股份有限公司制定。中国保险条款按运输方式分为海洋、陆上、航空和邮包运输保险条款;对某些特殊商品还配备有海运冷藏货物、陆运冷藏货物、海运散装桐油及活牲畜、家禽的海陆空运输保险条款;以及适用于上述各种运输方式货物保险的各种附加险条款。按照能否单独投保我国货物运输保险险别可分为基本险和附加险两类。基本险又称主险,可以单独投保,而附加险不能单独投保,只有在投保某一种基本险的基础上才能加保。

一、基本险及其承保的范围

基本险分为平安险(Free from Particular Average, FPA)、水渍险(With Average or With Particular Average, WA/WPA)和一切险(All Risk)三种。

(一)平安险的承保责任范围

1)被保险货物在运输途中由于恶劣气候、雷电、海啸、地震、洪水等自然灾害造成整批货物的全部损失或推定全损。

2)由于运输工具遭受搁浅、触礁、沉没、互撞、与流冰或其他物体碰撞以及失火、爆炸等意外事故造成货物的全部或部分损失。

3)在运输工具已经发生搁浅、触礁、沉没、焚毁意外事故的情况下,货物在此前后又在海上遭受恶劣气候、雷电、海啸等自然灾害所造成的部分损失。

4)在装卸或转运时由于一件或数件货物整件落海造成的全部或部分损失。

5)被保险人对遭受承保责任内危险的货物采取抢救、防止或减少货损的措施而支付的合理费用,但以不超过该批被救货物的保险金额为限。

6)运输工具遭难后,在避难港由于卸货所引起的损失以及在中途港、避难港由于卸货、存仓和运送货物所产生的特别费用。

7)共同海员的牺牲、分摊和救助费用。

8)运输合同订有"船舶互撞责任"条款,根据该条款规定应由货方偿还船方的损失。

"平安险"是我国保险业沿用已久的名称,原文含义是"单独海损不赔"。从字面意义来看,无论是"平安险"还是"单独海损不赔"都不能准确反映出这个险别的承保责任范围,它仅对由于自然灾害所引起的单独海损不赔偿,而对上述第2)项指定的意外事故造成的单独海损,第3)项中的自然灾害与意外事故共有情形下的单独海损负赔偿责任。

(二)水渍险的责任范围

1)平安险所承保的全部责任。

2)被保险货物在运输途中,由于恶劣气候、雷电、海啸、地震、洪水等自然灾害所造成的部分损失。

"水渍险"也是我国的惯称,字面意义为"负单独海损责任",容易被误解为仅对遭受海水水渍的损失负责或仅对单独海损负责。事实上,与平安险的责任范围相比,水渍险的承包责任范围略有扩大,区别在于水渍险对自然灾害所造成的部分损失也负责赔偿。水渍险不包括锈损、碰损、破碎以及散装货物的部分损失,故常用于不易损坏的货物或生锈并不影响使用价值的货物，如钢管、线材等。

（三）一切险的责任范围

除包括平安险和水渍险的责任外，还包括被保险货物在运输途中由于一般外来原因所造成的全部或部分损失。这里的一般外来原因是指一般附加险的内容，故一切险是平安险、水渍险和一般附加险的总和。可见，一切险并非包含了海洋货物运输过程中可能遇到的一切风险、损失和费用，对于由运输延迟、战争和罢工等原因造成的损失，即使投保"一切险"，保险人也不予负责。与平安险和水渍险相比，一切险的承保责任范围最广，应用于价值较高、致损原因较多的货物，如棉毛及其制品等。

（四）除外责任

为了分清货物在海上运输过程中的各关系人，即保险人、被保险人、发货人、收货人、承运人等对损失的责任，使保险人的赔偿责任更为明确，《海洋运输货物保险条款》中还规定了保险人的除外责任，即保险人不负赔偿责任的范围，主要包括以下五项。

1）被保险人的故意行为或过失所造成的损失。

2）属于发货人责任所引起的损失。

3）在保险责任开始前，被保险货物已存在的品质不良和数量短差所造成的损失或费用。

4）被保险货物的自然损耗、本质缺陷、特性以及市价跌落、运输延迟所造成的损失和费用。

5）战争险和罢工险条款规定的责任范围和除外责任。

（五）保险的责任起讫

出于运输险的特点，保险业务中对责任起讫不规定具体的日期，而是采用"仓至仓"（Warehouse to Warehouse, W/W）原则，即保险人对被保险货物所承担的保险责任，从运离保险单所载明的发货人仓库或储存处所开始生效，在正常运输过程中（包括海上、陆上、内河和驳船运输在内）继续有效，直至该项货物到达保险单所载明目的地收货人的最后仓库或储存处所或被保险人用作分配、分派或非正常运输的其他储存处所为止，以先发生者为准。如未抵达上述仓库或储存所，则以被保险货物在最后卸载港全部卸离海轮后满60天为止。如在上述60天内被保险货物需转运到非保险单所载明的目的地时，则以该项货物开始转运时终止。

二、附加险及其承保的范围

附加险是对基本险的补充和扩大，投保人只能在投保一种基本险的基础上才可以加保一种或几种附加险。附加险有一般附加险、特别附加险和特殊附加险三类。

（一）一般附加险

一般附加险有11种，包括：偷窃、提货不着险（Theft Pilferage and Non-delivery, TPND）；淡水雨淋险（Fresh Water and/or Rain Damage, FWRD）；短量险（Risk of Shortage）；渗漏险（Risk of Leakage）；混杂、沾污险（Risk of Intermixture and Contamination）；碰损、破碎险

（Risk of Clash and Breakage）；串味险（Risk of Odor）；受潮受热险（Damage Caused by Sweating & Heating）；锈损险（Risk of Rust）；钩损险（Hook Damage）；包装破裂险（Breakage of Parking）。

（二）特别附加险

1. 交货不到险

交货不到险（Failure to Deliver Risk）承保自货物装上船舶时开始，不论由于什么原因，如货物不能在预定抵达目的地的日期起 6 个月以内交讫，保险公司同意按全损予以赔付，但该货物的全部权益应转移给保险公司。被保险人保证已获得一切许可证，所有运输险及战争险项下应予负责的损失，概不包括在交货不到险条款责任范围之内。

2. 进口关税险

进口关税险（Import Duty Risk）承保如被保险货物到达目的港后，因遭受本保险单责任范围以内的损失，而被保险人仍须按完好货物完税时，保险公司对该项货物损失部分的进口关税负赔偿责任，但以不超过受损部分的保险价值为限。

3. 舱面险

舱面险（On Deck Risk）除承保存放在舱面的货物按保险单所载条款负责的损失外，还负责被抛弃或被风浪冲击落水的损失。

4. 拒收险

拒收险（Rejection Risk）承保被保险货物在目的港被进口国的政府或有关当局拒绝进口或没收所造成的货物的损失。

5. 黄曲霉素险

黄曲霉素险（Aflatoxin Risk）承保对被保险货物在保险责任有效期内，在进口港((地）经当地卫生当局的检验证明，因含有黄曲霉毒素，并且超过了进口国对该毒素的限制标准，必须拒绝进口、没收或强制改变用途时，保险公司按照被拒绝进口或被没收部分货物的保险价值或改变用途所造成的损失负责赔偿。如发生黄曲霉素险条款项下的损失，被保险人同意在保险公司需要时应尽力处理拒绝进口或强制改变用途的货物，或申请仲裁。但保险公司不负责由于其他原因所致的被有关当局拒绝进口或没收或强制改变用途的货物的损失。

6. 货物出口到香港（包括九龙）或澳门存仓火险责任扩展条款

货物出口到香港（包括九龙）或澳门存仓火险责任扩展条款（Fire Risk Extension Clause for Storage of Cargo at Destination Hong Kong（Including Kowloon）or Macao，FREC）承保被保险货物到达目的地卸离运输工具后，如直接存放于保险单载明的过户银行所指定的仓库所造成的存仓火险损失，直至银行收回抵押款解除货物的权益为止或运输责任终止时期满 30 天为止。

（三）特殊附加险

1. 战争险（War Risk）

根据我国《海洋运输货物战争险条款》，海运战争险负责赔偿直接由于战争、类似战争行为和敌对行为、武装冲突或海盗行为所致的损失，以及由此而引起的捕获、拘留、扣留、禁止、扣押所造成的损失；还负责各种常规武器（包括水雷、鱼雷、炸弹）所致的损失以及由于上述责任范围而引起的共同海损的牺牲、分摊和救助费用。但对使用原子或热核武器所造成的损失和费用不负赔偿责任。战争险的责任起讫不是采用“仓至仓”，而是“水面危险”。责任自被保险货物装上保险单所载起运港的海轮或驳船时开始，到卸离保险单所载明的目的港的海轮或驳船时为止。如果被保险货物不卸离海轮或驳船，保险责任最长期限以海轮到达目的港的当日午夜起算满 15 天，海轮到达上述目的港是指海轮在该港区内的一个泊位或地点抛锚、停泊或系缆，如果没有这种泊位或地点，则指海轮在原卸货港或地点或附近第一次抛锚、停泊或系缆。

2. 罢工险（Strike Risk）

罢工险对被保险货物由于罢工者、被迫停工工人或参加工潮、暴动、民动、民众斗争的人员的行动，或任何人的恶意行为所造成的直接损失和上述行为或行为所引起的共同海损、牺牲、分摊和救助费用负赔偿责任。但对在罢工期间由于劳动力短缺或不能运用所致的保险货物的损失以及因此而引起的动力或燃料缺乏使冷藏机停止工作所致的冷藏货物的损失不负责赔偿。罢工险对保险责任起讫的规定与其他海运货物保险险别一样，采取“仓至仓”条款。按国际保险业惯例，已投保战争险后另加保罢工险，不另增收保险费。如仅要求加保罢工险，则按战争险费率收费。罢工险的责任起讫和基本险一样，采取“仓至仓”条款。

三、海洋运输货物专门保险

针对海运货物的某些特性，保险业务中还有承保其特性的专门险别，这些专门险也属于基本险的性质，可以单独投保。我国的两种海运货物专门险是海洋运输冷藏货物保险（Ocean Marine Insurance for Frozen Products）和海洋运输散装桐油保险（Ocean Marine Insurance for Wood Oil Bulk）。

四、卖方利益险

卖方利益险是中国人民保险公司于 1978 年开始承保的一种特殊的独立险别，它是针对我国出口企业按 CFR 或 FOB 价格条件，或在无证托收的支付方式下出口为保障自身利益而投保的险别。

卖方利益险是海上货物运输保险业务中的一种特殊的独立险别，依照此种险别，在买方拒收时，保险人对被保险人卖方的利益承担责任，赔偿保险单载明承保险别的条款责任范围内的货物损失。

中国人民保险公司将卖方利益险列入其海洋运输货物保险条款中，在办理此项业务时，按一切险和战争险承保，被保险人卖方在货运发票上注明投保“卖方利益险”，送保险公司加盖公章并填具日期，卖方缴纳保险费的费率按正常规定时保险费率的 25% 计收。

投保卖方利益险是一种供出口企业在采用托收方式并按 FOB 或 CFR 贸易术语成交出口时为保障卖方利益而投保的独立险别。在这种险别下，如被保险货物在运输途中由于承保范围内风险造成损失，国外买方既不付款赎单，又拒绝支付货物受损部分的损失时，保险公司对买方拒绝赔付受损或灭失部分的损失负赔偿责任。在这种情况下，卖方应将其向买方或第三方追偿的权利转移给保险公司。如卖方已将这种追偿的权利转让给其他方，则保险公司解除其应负的全部责任。

链接 5-1 卖方利益险适用范围分析

卖方利益险的适用与买卖双方在买卖合同中所规定的支付结算方式有着直接关系，同时也取决于双方所采用的价格条件。

托收

在托收支付方式下，由于托收属于商业信用，银行仅作为托收委托人卖方的代理人行事，不承担付款责任，卖方能否取得货款完全取决于买方信用。如果买方不付款赎单，卖方可能货款两空，风险很大，因此卖方在货物装船后直到买方付清货款前，都要关注货物安全。

(1)CIF

在托收付款方式下，如果货物以 CIF 价格条件成交，卖方负责办理货物保险，在取得保险单后，卖方以背书方式将其转让给买方，这种转让通常和作为货物物权凭证的提单的转让一起进行。在买方拒绝付款赎单时，依照《托收统一规则》(URC522)的规定，银行应将包括保险单和提单在内的托收单据退还卖方，保险单不发生转让，卖方仍是货物的被保险人。卖方此时一方面可联系船公司，通过行使货物中途停运权截留货物，防止货款两空，另一方面在货物遭遇承保风险出现损失时可凭退回的保险单向保险公司索偿，其权益仍能得到保障，因此不必另行办理卖方利益险。

(2)FOB/CFR

如果托收付款方式下买卖双方以 FOB 或 CFR 价格条件成交，当货物在运输途中发生损失而买方又拒付时，卖方就将处于极为被动的境地，因为在这两种价格条件下，货物的保险由买方办理，而在买方拒付时，他对这批货物已不感兴趣，不一定另行支付保险费为货物办理保险，即便买方已办理保险，其保险金额和险别也可能和合同规定有很大出入。退一步说，纵然买方按买卖合同所规定的金额和险别办理了保险，在货物受损和买方拒付的情况下，保险单在买方手中，以提单为代表的货运单据则为卖方或托收银行所掌握，要向保险公司索赔，除非是买卖双方协议由买方将保险单交还卖方或者卖方将货运单据转让买方由其凭保险单向保险公司求偿后再将保险赔偿金拨付卖方，可是买卖双方在保险索赔问题上的这种合作，往往会因买方拒收而引起的紧张关系而成为疑问。

特别是在 FOB 价格条件下，由于是买方租船订舱，卖方能否顺利和船公司接洽，船公司是否愿意听从卖方指令，使卖方的货物中途停运权得到有效行使都会成为问题，这些都极大增加了卖方的风险。所以在以 FOB 或 CFR 价格成交的情况下，为防范可能出现的货款两空风险，卖方亟须一种险别，使自己在买方拒收时的利益能够得到有效保障，而卖方利益险恰好适应了卖方的这一要求。

2. 信用证

在信用证付款方式下，依据信用证业务遵循的“抽象独立性”原则，就性质而言，信用证与可能作为其依据的销售合同或其他合同，是相互独立的交易。根据《UCP600》第4条，依此合同，开证行对受益人卖方负第一性付款责任。

银行处理的是单据，而不是单据所涉及的货物、服务或其他行为。根据《UCP600》第5条，在受益人卖方提交的单据满足“单证一致，单单一致”的要求即与信用证规定严格相符的情况下，即使货物实际遭受承保风险发生了灭失或损坏，开证行作为第一性付款人仍应对受益人卖方付款，开证申请人买方无法因市价下跌或因货物在运输途中出现货损而对受益人卖方拒付货款，只要发运的货物与合同规定相符，卖方的利益通过开证行的银行信用可以得到充分保障，卖方无须另行投保卖方利益险。

应当指出，信用证付款方式下卖方若交单相符则不必另行投保卖方利益险这一结论并不是绝对的，它以卖方交付货物未严重不符合同为前提条件。在英国“Kwei Tek Chao Vs. British Traders and Shippers Ltd(1954)”这一著名先例中，法官 Devlin 明确提出在 CIF 交易或以信用证付款方式进行的其他单据交易中，买方享有两种不同的拒收权：

第一，是拒收不符合同的货物的权利；

第二，是拒收不符合同或信用证的单据的权利。

买方不因接受货物而丧失拒收单据的权利，也不因接受单据而丧失拒收货物的权利，买方对货物的拒收权和对单据的拒收权相互独立，这一权威论断在英国后期判例中得到普遍支持并成为国际货物买卖法的公认原则。

第三节　伦敦保险协会海洋运输货物保险条款

在国际保险市场上，许多国家和地区的保险公司在国际货物运输保险中都采用英国伦敦保险协会制定的《协会货物保险条款》(Institute Cargo Clauses, ICC)，或者在制定本国保险条款时参考或采用了上述条款，因此我们对其必须了解。

一、伦敦保险协会修订的海洋运输货物保险条款的种类

《协会货物保险条款》最早制定于1912年。为了适应不同时期国际贸易、航运、法律等方面的变化和发展，该条款已先后经多次补充和修改，最新版本于2009年生效。《协会货物保险条款》的海运货物保险主要险别分为六种：

1)协会货物(A)险条款 [Institute Cargo Clauses A, ICC(A)];

2)协会货物(B)险条款 [Institute Cargo Clauses B, ICC(B)];

3)协会货物(C)险条款 [Institute Cargo Clauses C, ICC(C)];

4)协会战争险条款(货物)(Institute War Clauses-Cargo)；

5)协会罢工险条款(货物)(Institute Strikes Clauses-Cargo)；

6)恶意损害险条款(Malicious Damage Clauses)。

在上述六种险别条款中，除恶意损害险外，其余五种险别皆可单独投保，其条文均由8个部分构成：承保范围、除外责任、保险期限、索赔、保险利益、减少损失、防止延迟和法律惯例。

二、协会货物保险主要险别的承保风险与除外责任

协会货物（A）（B）（C）三种险别的承保风险，主要规定在各该险第一部分承保范围中所列的风险条款、共同海损条款和船舶互有过失碰撞责任条款之中。三种险别的区别，主要反映在风险条款中。

（一）协会货物（A）险条款

协会货物（A）险条款的承保责任范围较广，相当于中国人民保险公司所规定的一切险，采用“一切风险减除外责任”的方式，即除了不负责除外责任项下所列的风险导致的损失外，其他风险导致的损失均予负责。（A）险的除外责任有下列四类。

1. 一般除外责任

一般除外责任，是指下列几种情况：被保险人故意违法行为造成的损失或费用；由延迟引起的损失或费用；保险标的自然渗漏、重量或容量的内在缺陷或特征或自然磨损；因船舶所有人、经理人、租船人经营破产或不履行债务造成的损失或费用，但仅适用于在保险标的装上船舶之时，被保险人知道，或者被保险人在正常业务经营中应当知道，此种破产或经济困难会导致该航程取消；由于保险标的包装不固或包装不当或配载不当造成无法抵抗运输途中发生的通常事故而产生的损失或费用，但仅适用于包装或配载是由被保险人或其雇员完成，且在保险单责任开始前完成（包装包括集装箱）；因使用任何原子武器或热核武器造成的损失或费用。

2. 不适航、不适货除外责任

不适航、不适货除外责任，是指被保险人或其受雇人在保险标的物装船时已知船舶不适航，以及船舶、集装箱、运输工具等不适货。

3. 战争除外责任

战争除外责任，是指因内战、战争、敌对行为等造成的损失或费用；因拘留、捕获、扣留等（海盗除外）造成的损失或费用；因鱼雷、漂流水雷等造成的损失或费用。

4. 罢工除外责任

罢工除外责任，指由于罢工者、被迫停工工人或参加工潮、暴动或民变人员所造成的损失或费用；由于罢工、被迫停工、工潮、暴动或民变所造成的损失或费用；由于恐怖主义行为，或与恐怖主义行为相联系，任何组织通过暴力直接实施旨在推翻或影响法律上承认的或非法律上承认的政府的行为所致的损失或费用；任何人出于政治、信仰或宗教目的实施的行为所致的损失或费用。

（二）协会货物（B）险条款

协会货物（B）险条款的承保责任范围相当于中国人民保险公司所规定的水渍险。采用“列明风险”的方式，即把应承担的风险逐一列举，凡属承保责任范围内的损失，无论是全损还是部分损失，保险人均按损失程度给予赔偿。以下列出了 ICC（B）险承保的风险和除外责任。

1. 承保的风险

灭失和损害的原因在于：爆炸、火灾；在避难港卸货；火山爆发、地震、雷电；共同海损牺牲；船舶或驳船搁浅、触礁、沉没或倾覆；陆上运输工具倾覆或出轨；船舶、驳船或运输工具同水外的任何外界物体碰撞；海水、湖水或河水进入船舶、驳船、运输工具、集装箱、大型海运箱或储存处所；抛货；浪击落海；货物在装卸时落海或跌落造成整件全损。

2. 除外责任

协会货物（B）险的除外责任方面，除对“海盗行为”和恶意损害险的责任不负责外，其余均与（A）险的除外责任相同。

（三）协会货物（C）险条款

协会货物（C）险条款的承保风险要小于协会货物（A）险和协会货物（B）险，它采用“列明风险”的方式，不承保自然灾害及非重大意外事故的风险，仅承保重大意外的风险。下面是ICC（C）险承保的风险和除外责任。

1. 承保的风险

灭失和损害的原因在于：爆炸、火灾；在避难港卸货；共同海损牺牲；船舶或驳船搁浅、触礁、沉没或倾覆；陆上运输工具倾覆或出轨；船舶、驳船或运输工具同除水以外的任何外界物体碰撞；抛货。

2. 除外责任

协会货物（C）险的除外责任与协会货物（B）险完全相同。

三、协会货物保险的保险期限

保险期限（Period of Insurance）亦称保险有效期，是指保险人承担保险责任的起止期限。《协会货物条款》保险责任自保险标的为了开始航程立即搬运至运输车辆或其他运输工具的目的，开始进入仓库或储存处所（本保险合同载明的地点）时生效，包括正常运输过程，直至运到下列地点时终止：

第一，保险合同载明的目的地最后仓库或储存处所，从运输车辆或其他运输工具完成卸货；

第二，保险合同载明的目的地任何其他仓库或储存处所，或在中途任何其他仓库或储存处所，从运输车辆或其他运输工具完成卸货；

第三，被保险人或其雇员在正常运输过程之外选择任何运输车辆或其他运输工具或集装箱储存货物；

第四，自保险标的在最后卸货港卸离海轮满60天为止。

上述情况以先发生者为先。如果保险标的在最后卸货港卸离海轮后，但保险责任终止前，需被转运至非保险单载明的其他目的地时，该保险在依然受上述有关终止规定所制约的同时，截止于该保险标的开始转运之时。在“保险利益”条款中，将被保险人扩展为包括根据保险合同提出索赔的人员或收货人。

在我国进出口业务中，特别是以CIF条件出口时，有些国外商人如要求我出口公司按伦敦保险协会货物条款投保,我出口企业和中国人民保险公司也可通融接受。

链接 5-2 伦敦保险协会

伦敦保险协会(Institute of London Underwriters)是经营海上保险的保险公司组织,1884年建立于伦敦。该协会由一个自协会会员中选举出来的委员会进行管理,其宗旨是在保险单证上的措辞、条款和条件进行协调,以增进保险利益,并为影响整个市场的问题寻求共同协议的根据。协会组织了各种委员会和联合国委员会(其成员包括协会会员和劳埃德社保险人),对影响整个保险市场的问题进行研究和决定,并据以向市场提出建议。协会为这些委员会的讨论、研究提供各种便利。该协会制定的各种保险条款为国际保险市场所广泛采用,通称"协会条款"(Institute Clauses)。除了为保险服务的各个部门以外,协会还代表各会员公司开具保险单和办理理赔与追偿工作。

第四节 我国陆运、空运与邮包运输货物保险

陆运、空运与邮包运输保险是在海上保险的基础上发展而来的。不同的运输方式面临的风险不同,因此,陆运、空运与邮包运输保险与海上货物运输保险的险别及其承保责任范围也不同。

一、陆上运输货物保险

根据我国《陆上运输货物保险条款》的规定,陆上运输货物保险包括基本险和附加险。陆上运输货物基本险包括陆运险和陆运一切险,适用于陆运冷藏货物的专门保险,即陆上运输冷藏货物险,其性质也属基本险。陆上运输货物的附加险为陆上运输货物战争险(火车)。

(一)陆上运输货物保险的基本险别

1. 陆运险

陆运险(Overland Transportation Risks)的承保责任范围与海洋运输货物保险条款中的"水渍险"相似。

1)被保险货物在运输途中遭受暴风、雷电、洪水、地震自然灾害或由于运输工具遭受碰撞、倾覆、出轨或在驳运过程中因驳运工具遭受搁浅、触礁、沉没、碰撞;或由于遭受隧道坍塌,崖崩或失火、爆炸意外事故所造成的全部或部分损失。

2)被保险人对遭受承保责任内危险的货物采取抢救,防止或减少货损的措施而支付的合理费用,但以不超过该批被救货物的保险金额为限。

2. 陆运一切险

陆运一切险(Overland Transportation All Risks)的承保责任范围与海上运输货物保险条款中的"一切险"相似。除包括上列陆运险的责任外,陆运一切险还负责被保险货物在运输场中由于外来原因所致的全部或部分损失。

陆上运输货物保险的责任范围仅适用于火车和汽车运输。

陆上运输货物保险的除外责任与海洋运输货物险的除外责任基本相同。

陆上运输货物保险的责任起讫也采用“仓至仓”责任条款。自被保险货物运离保险单所载明的起运地仓库或储存处所开始运输时生效，包括正常运输过程中的陆上和与其有关的水上驳运在内，直至该项货物运达保险单所载目的地收货人的最后仓库或储存处所或被保险人用作分配、分派的其他储存处所为止，如未运抵上述仓库或储存处所，则以被保险货物运抵最后卸载的车站满 60 天为止。

陆上运输货物保险索赔时效，从被保险货物在最后目的地车站全部卸离车辆后计算，最多不超过两年。

（二）陆上运输冷藏货物险

陆上运输冷藏货物险（Overland Transportation Insurance-frozen Products）是陆上运输货物保险中的一种专门保险。保险公司除负责陆运险所列举的各项损失外，还负责赔偿在运输途中由于冷藏机器或隔温设备的损坏或者车厢内存冰块的溶化所造成的被保险货物解冻溶化以致腐败的损失。但对由于战争、罢工或运输延迟而造成的被保险冷藏货物腐败的损失。因战争、罢工或运输延迟而造成的被保险冷藏货物的腐败或损失，以及被保险冷藏货物在保险责任开始时未能保持良好状态，包括整理加工和包扎不妥，或冷冻上的不合规定及骨头变质所造成的腐败和损失则不在保险责任范围内。至于一般的除外责任条款，也适用于本险别。

陆上运输冷藏货物险的责任自被保险货物运离保险单所载起运地点的冷藏仓库装入运送工具开始运输时生效，包括正常的陆运和与其有关的水上驳运在内，直至货物到达保险单所载明的目的地收货人仓库为止。但是最长保险责任的有效期限以被保险货物到达目的地车站后 10 天为限。

（三）陆上运输货物战争险（火车）

陆上运输货物战争险（火车）（Overland Transportation Cargo War Risks—by Train）是陆上运输货物保险的特殊附加险，只有在投保了陆运险或陆运一切险的基础上经过投保人与保险公司协商方可加保。对于陆运战争险，国外私营保险公司大都不予承保。我国保险公司一般均接受加保，但目前仅限于火车运输。

加保陆上运输货物战争险后，保险公司负责赔偿在火车运输途中直接由于战争、类似战争行为和敌对行为、武装冲突所致的损失，以及由于各种常规武器包括地雷、炸弹所致的损失。但是，由于敌对行为使用原子或热核武器所致的损失和费用，以及根据执政者、当权者或其他武装集团的扣押、拘留引起的承保运程中的丧失和挫折而造成的损失则除外。

陆上运输货物战争险的责任起讫与海运战争险相似，以货物置于运输工具时为限。即自被保险货物装上保险单所载起运地的火车时开始，到保险单所载目的地卸离火车时为止。如果被保险货物不卸离火车，则以火车到达目的地的当日午夜起计算，满 48 小时为止；如在运输中途转车，不论货物在当地卸载与否，保险责任以火车到达该中途站的当日午夜起计算，满 10 天为止。如货物在此期限内重新装车续运，仍恢复有效。如运输契约在保险单所载目的地以外的地点终止时，该地即视作本保险单所载目的地，在货物卸离该地火车时为止，如不卸离火车，则保险责任以火车到达该地当日午夜起计算满48小时为止。

在加保陆上运输货物战争险外，如再加保罢工险，不另收费。如仅加保罢工险，则按战争险费率收费。陆上运输罢工险的承保责任范围与海洋运输货物罢工险的责任范围相同。

二、航空运输货物保险

航空货物运输保险是以航空运输过程中的各类货物为保险标的，当保险标的在运输过程中因保险责任造成损失时，由保险公司提供经济补偿的一种保险业务。根据我国《航空运输货物保险条款》规定，航空运输货物保险的险别包括航空运输险和航空运输一切险两种基本险。此外，还有航空运输货物战争险。

（一）航空运输货物基本险

我国现行航空运输货物保险的基本险别有航空运输险和航空运输一切险两种。

1. 航空运输险

航空运输险（Air Transportation Risks）的承保责任范围与海洋运输货物保险条款中的"水渍险"大致相同。

1）被保险货物在运输途中遭受雷电、火灾、爆炸或由于飞机遭受恶劣气候或其他危难事故而被抛弃，或由于飞机遭碰撞、倾覆、坠落或失踪意外事故所造成全部或部分损失。

2）被保险人对遭受承保责任内危险的货物采取抢救，防止或减少货损的措施而支付合理费用，但以不超过该批被救货物的保险金额为限。

2. 航空运输一切险

除包括上述航空运输险责任外，航空运输一切险还负责被保险货物由于外来原因所致的全部或部分损失。

航空运输基本险的除外责任与海洋运输货物险的除外责任基本相同。

航空运输基本险的责任也采用"仓至仓"条款。但航空运输基本险的"仓至仓条款"与海洋运输险的"仓至仓条款"有不同之处。

1）如果被保险货物未运抵保险单所载明的收货人仓库或储存处所，则以被保险货物在最后卸载地卸离飞机后满30天为止。如在上述30天内被保险的货物需转送到非保险单所载明的目的地时，则以该项货物开始转运时终止。

2）由于被保险人无法控制的运输延迟、绕道、被迫卸货、重行装载、转载或承运人运用运输契约赋予的权限所作的任何航行上的变更或终止运输契约，致使被保险货物运到非保险单所载目的地时，在被保险人及时将获知的情况通知保险人，并在必要时加缴保险费的情况下，本保险仍继续有效，保险责任按下述规定终止。

①被保险货物如在非保险单所载目的地出售，保险责任至交货时为止。但不论任何情况，均以被保险的货物在卸载地卸离飞机后满30天为止。

②被保险货物在上述30天期限内继续运往保险单所载原目的地或其他目的地时，保险责任仍按上述第（1）款的规定终止。

航空运输基本险的索赔时效，从被保险货物在最后卸载地卸离飞机后起计算，最多不超过两年。

（二）航空运输货物战争险

航空运输货物战争险（Air Transportation Cargo War Risks）是航空运输货物险的一种附加险，只有在投保了航空运输险或航空运输一切险的基础上经过投保人与保险公司协商方可加保。

加保航空运输货物战争险后，保险公司承担赔偿在航空运输途中由于战争、类似战争行为和敌对行为、武装冲突以及各种常规武器和炸弹所造成的货物的损失，但不包括因使用原子或热核制造的武器所造成的损失。

航空运输货物战争险的保险责任是自被保险货物装上保险单所载明的启运地的飞机时开始，直到卸离保险单所载明的目的地的飞机时为止。如果被保险货物不卸离飞机，则以载货飞机到达目的地的当日午夜起计算，满 15 天为止。如被保险货物在中途转运时，保险责任以飞机到达转运地的当日午夜起算，满 15 天为止；俟装上续运的飞机，保险责任再恢复有效。

三、邮包运输货物保险

邮包运输货物保险是承保邮包在运输途中因自然灾害、意外事故和外来原因所造成的损失。

根据中国人民保险公司《邮包保险条款》的规定，邮包保险的基本险别有邮包险（Parcel Post Risks）和邮包一切险（Parcel Post All Risks）。由于邮包运输可能通过海、陆、空三种运输方式，因此保险责任也兼顾了海、陆、空三种运输工具的情况。另外，还有邮包战争险。

（一）邮包运输货物基本险

1. 邮包险

邮包险（Parcel Post Risks）的承保责任范围包括以下几个方面。

1）被保险邮包在运输途中，由于遭受恶劣气候、雷电、流冰、海啸、地震、洪水等自然灾害，或由于运输工具搁浅、触礁、沉没、碰撞、出轨、坠落、失踪，或由于失火和爆炸等意外事故所造成的全部或部分损失。

2）被保险人对遭受承保责任内危险的邮包采取抢救、防止或减少货损的措施而支付的合理费用，但以不超过该批被救邮包的保险金额为限。

2. 邮包一切险

邮包一切险（Parcel Post All Risks）承保责任范围除了包括邮包险的责任外，还负责被保险邮包在运输途中由于外来原因所致的全部或部分损失。

邮包运输货物保险的责任起讫是自被保险邮包离开保险单所载起运地点寄件人的处所运往邮局时开始生效，直至被保险邮包运达保险单所载明的目的地邮局，自邮局签发“到货通知书”当日午夜起算满 15 天为止，但在此期限内邮包一经递交至收件人的处所时，保险责任即告终止。

（二）邮包战争险

邮包战争险（Parcel Post War Risks）是邮包保险的一种附加险，只有在投保了邮包险或邮包一切险的基础上经过投保人与保险公司协商方可加保。

加保邮包战争险后，保险公司负责赔偿被保险邮包在运输过程中直接由于战争、类似战争行为和敌对行为、武装冲突或海盗行为以及各种常规武器包括水雷、鱼雷、炸弹所造成的损失。此外，保险公司还负责赔偿在遭受以上承保责任范围内危险引起的共同海损的牺牲、分摊和救助费用。保险公司不承担因使用原子或热核制造的武器所造成的损失和费用的赔偿。

邮包战争险的保险责任是自被保险邮包经邮局收讫后自储存处所开始运送时生效，直至该项邮包运达保险单所载明的目的地邮局送交收件人为止。

第五节　进出口货物运输保险实务

在进出口业务中，投保人确定了投保的险别后，应向保险公司办理投保，具体工作有：确定保险金额；填写投保申请书；交付保险费；领取保险单证；如果发生保险责任范围内的损失时，向保险公司办理保险索赔等。

一、确定保险金额

保险金额（Insured Amount）指保险人承担赔偿或者给付保险金责任的最高限额，也是保险人计算保险费的基础。投保人在投保货物运输保险时应向保险人申报保险金额。

在国际货物买卖中，凡按 CIF 或 CIP 条件达成的合同一般均规定保险金额，保险金额通常在发票金额的基础上增加一定的百分率，即所谓“保险加成”。如合同对此未作规定，按《国际贸易术语解释通则 2020》和《跟单信用证统一惯例》（《UCP600》）规定，卖方有义务按 CIF 或 CIP 价格的总值另加 10% 作为保险金额。如买方要求按较高的金额投保，保险公司也同意承保，卖方亦可接受，但由此而增加的保险费在原则上应由买方承担。

保险金额的计算公式：

保险金额 = CIF（或 CIP）价 ×（1+ 投保加成率）

进口货物的保险金额按进口货物的 CIF（或 CIP）货值计算，不另加减，保费率按“特约费率表”规定的平均费率计算；如果按 FOB（或 FCA）价格进口货物，则按平均运费率和平均保费率计算保险金额，其计算公式如下：

保险金额 = FOB（或 FCA）价格 ×（1+ 平均运费率 + 平均保险费率）

二、填写投保申请书、交付保险费

（一）填写投保申请书

采用 CIF 或 CIP 价格成交的出口合同，出口企业向当地的保险公司办理投保手续时，在确定装运日期和运输工具后,填制投保申请书。具体内容包括:被保险人名称、被保险货物名称、数量、包装及标志、保险金额、起讫地点、运输工具名称、起航日期、投保险别等。

(二)交付保险费

投保人按约定方式缴纳保险费是保险合同生效的条件。保险费率(Premium Rate)是由保险公司根据一定时期、不同种类的货物的赔付率,按不同险别和目的地确定的。保险费(Premium)则根据保险费率表按保险金计算。其计算公式是:

保险费 = 保险金额 × 保险费率

如按 CIF 或 CIP 加成投保,保险费的计算公式如下:

保险费 = 保险金额 × 保险费率

保险金额 =CIF(或 CIP)价 ×(1+ 投保加成率)

例:中国 A 公司对外出售货物一批,合同规定:数量 100 公吨,单价每公吨 1 000 英镑 CIF 伦敦,卖方按发票金额加 10% 投保水渍险和短量险,保险费率分别为 0.3% 和 0.2%。试计算 A 公司的投保金额是多少?应付多少保险费?

解:保险金额 =CIF 价 ×(1+ 投保加成率)

=1 000 × 100 ×(1+10%)

=110 000(英镑)

保险费 = 保险金额 × 保险费率

=110 000 ×(0.3%+0.2%)

=55(英镑)

凡企业有长期进出口货物运输业务,且准备在同一保险公司投保,可以与保险公司签订预约保险合同,将一年或更长时期的货物运输全部纳入保险范围,这样,可获得比单笔投保业务更优惠的保险费率。

三、取得保险单据

保险单据是保险人与被保险人之间订立保险合同的证明文件,反映了保险人与被保险人之间的权利和义务关系,也是保险人的承保证明。当发生保险责任范围内的损失时,它又是保险索赔和理赔的主要依据。

在国际贸易业务中,常用的保险单据主要有两种形式。

(一)保险单

保险单(Insurance Policy),俗称“大保单”。它是保险人和被保险人之间成立保险合同关系的正式凭证。保险单的内容除载明被保险人、保险标的(如是货物段填明数量及标志)、运输工具、险别、起讫地点、保险期限、保险价值和保险金额等项目外,还附有关保险人责任范围以及保险人和被保险人的权利和义务等方面的详细条款。如当事人双方对保险单上所规定的权利和义务需要增补或删减时,可在保险单上加贴条款或加注字句。

(二)保险凭证

保险凭证(Insurance Certificate),俗称“小保单”。是一种简化的保险单据。这种凭证除背面不载明保险人与被保险人双方的权利和义务等保险条款外，其余内容均与保险单相同。保险凭证与上述保险单具有同等法律效力。

同海运提单一样，保险单和保险凭证可以经背书或其他方式进行转让。保险单据的转让无须取得保险人的同意，也无须通知保险人。即使在保险标的发生损失之后，保险单据仍可有效转让。在CIF或CIP条件下，保险单据的形式和内容，必须符合买卖双方约定的要求，特别是在信用证支付条件下，必须符合信用证的有关规定。保险单据的出单日期不得迟于运输单据所列货物装船或发运或承运人接受监管的日期。因此，办理投保手续的日期也不得迟于货物装运日期。

四、保险索赔

保险索赔是指当被保险人的货物遭受承保责任范围内的风险损失时，被保险人向保险人提出的索赔要求。

在国际贸易进出口业务流程中，如由卖方办理投保，卖方在交货后即将保险单背书转让给买方或其收货代理人，当货物抵达目的港（地），发现残损时，买方或其收货代理人作为保险单的合法受让人，应就地向保险人或其代理人要求赔偿。我国进口货物的保险索赔，由有关的专业进出口公司或其委托的收货代理人在港口或其他收货地点，向当地保险公司要求赔偿。

被保险人或其代理人向保险人索赔时，应做好以下几项工作。

（一）损失通知

当被保险人得知或发现货物已遭受保险责任范围内的损失，应及时通知保险公司，并尽可能保留现场。由保险人会同有关方面进检验，勘察损失程度，调查损失原因，确定损失性质和责任，采取必要的施救措施，并签发联合检验报告。

（二）向有关责任方提出索赔

当被保险货物运抵目的地，被保险人或其代理人提货时发现货物有明显的受损痕迹、整件短少或散装货物已经残损，应即向理货部门索取残损或短理证明。如货损涉及第三者的责任，则首先应向有关责任方提出索赔或声明保索赔权。在保留向第三者索赔权的条件下，可向保险公司索赔。被保险人在获得保险补偿的同时，须将受损货物的有关权益转让给保险公司，以便保险公司取代被保险人的地位或以被保险人名义向第三者责任方进行追偿。保险人的这种权利称为“代位追偿权”（The Right of Subrogation）。

（三）采取合理的施救措施

保险货物受损后，被保险人和保险人都有责任采取可能的、合理的施救措施，以防止损失扩大。因抢救、阻止、减少货物损失而支付的合理费用，保险公司负责补偿。被保险人能够施救而不履行施救义务，保险人对于扩大的损失甚至全部损失有权拒赔。

（四）备妥索赔证据

保险索赔时，通常应提供的证据有：保险单或保险凭证正本；运输单据；商业票和重量单、装箱单；检验报单；残损、短量证明；向承运人等第三者责任方请求赔偿的函电或其证明文件；必要时还需提供海事报告；索赔清单，主要列明索赔的金额及其计算据，以及有关费用项目和用途等。

第六节　国际货物买卖合同中的保险条款

一、保险条款的内容

一般来说，保险条款所涉及的内容有保险金额、投保险别、保险费、保险单证和保险适用条款等。因为保险条款与价格条款有着必然的联系，所以采用不同的价格条款，投保人不同，保险条款的订立方法亦不相同。

（一）确定投保人

1. 在以 EXW、FAS、FOB、FCA、CFR、CPT 贸易术语签订合同时，保险条款可作如下规定："保险由买方办理"（Insurance is to be covered by the buyers）。

2. 在以 DAP、DPU、DDP 贸易术语签订合同时，保险条款可作如下规定："保险由卖方办理"（Insurance is to be covered by the sellers）。

（二）确定投保险别

在以 CIF 或 CIP 贸易术语签订合同时，保险条款须明确规定投保险别和保险适用条款，并注明该条款的生效时间。应注意避免使用"通常险"（Usual Risks）、"惯常险"（Customary Risks）或"海运保险"（Marine Clause）等笼统的规定方法。

（三）保险金额

保险金额（Amount Insured）是指保险公司可能赔偿的最高金额，习惯上按发票金额加 10% 预期利润和业务费用。也可根据国外客户要求提高加成数。

保险金额的加成、保险险别的选择和适用的保险条款，都需在合同中作相应规定。在 CIF、CIP 合同中，保险条款可作如下规定：

"由卖方按发票金额的 110% 投保一切险和战争险，按 1981 年 1 月 1 日中国人民保险公司海洋运输货物保险条款投保"（Insurance is to be covered by the sellers for 110% of the invoice value against all risks and war risks as per ocean marine cargo clauses of the People's Insurance Company of China dated Jan.1, 1981）。

二、订立保险条款应注意的问题

（一）投保人的约定

进出口业务中，保险由哪一方负责，主要取决于贸易习惯和实际业务中使用的贸易术语。有些国家规定，其进口货物必须由本国投保。按托收等商业信用结算方式的出口业务，应争取采用 CIF 价格条件成交，以减少风险损失。因为在卖方交货后，如货物出现损坏或灭失，买方拒绝赎单，卖方可以从保险公司获得赔偿。

(二)保险公司和保险条款的约定

通常情况下,国际货物买卖合同中的保险条款采用保险公司所在国的保险条款。我国进出口企业按 CIF 或 CIP 贸易术语成交时,买卖双方在合同中通常订明"由卖方向中国人民保险公司投保,并按该公司的保险条款办理"。如果国外客户要求按伦敦保险协会条款投保,我国进出口企业可以接受客户要求,并在合同里注明。因为英国伦敦保险协会条款,在世界货运保险业务中有很大的影响,很多国家的进口货物保险都采用这种条款。

案例分析

1. 我国某公司按 CIF 出口冷冻食品一批,合同规定投保平安险加战争险、罢工险。货到目的港后恰逢码头工人罢工,港口无人作业,货物无法卸载。不久货轮因无法补充燃料以致冷冻设备停机。等到罢工结束,该批冷冻食品易变质。

问:这种由于罢工而引起的损失,保险公司是否负责赔偿?

2. 我国某公司按 CIF 条件出口大豆 1 000 公吨,计 10 000 包。合同规定投保一切险加战争险、罢工险。货卸目的港码头后,当地码头工人便开始罢工。在工人与政府的武装力量进行对抗中,该批大豆有的被撒在地面,有的被当作掩体,有的丢失,总共损失近半。

问:这种损失保险公司是否负责赔偿?

3. 有一载货海轮,在舱面上载有 200 台卡车,在航行中遇到恶劣气候,海浪已将 50 台卡车卷入海中,从而海轮在巨浪中出现严重倾斜,如不立即采取措施,海轮随时有翻船沉没的危险。船长在危急关头,下令将其余的 150 台卡车全部抛入海中,从而求得船身在风浪中保持平衡。

试分析以上损失的性质,并指出需投保何种险别才能取得保险公司的赔偿?

4. 有一被保货物——精密仪器一台,货价为 150 000 美元,运载该货的海轮在航行中同另一海轮发生互撞事故,由于船身的激烈震动,而使该台仪器受到损坏,事后经专家鉴定,认为该台仪器如修复原状,则需修理费用 160 000 美元,如拆卸为零件出售尚可收回 50 000 美元。

试分析在上述情况下,这台受损仪器应属何种损失?保险公司又该如何处理?

思考题

1. 在海运货物保险中,保险公司承保哪些风险、损失和费用?
2. 什么叫推定全损?构成推定全损有哪几种情况?
3. 基本险的除外责任有哪些?
3. 什么叫实际全损?构成实际全损有哪几种情况?
4. 什么是施救费用?什么是救助费用?请举例说明。
5. 什么是共同海损?什么是单独海损?共同海损与单独海损的区别是什么?
6. 海上运输货物保险的保障的费用有哪些?其各自含义是什么?
7. 根据伦敦保险协会《海运货物保险条款》规定,协会货物(B)险的承保风险有哪些?

第六章 国际货款结算

本章教学目的及要求

通过本章学习,应了解国际货款结算中常用票据的种类及流转程序;理解信用证的特点及其业务流程;掌握信用证的基本内容及基本操作;了解备用信用证和银行保函的特点及作用;理解汇付的特点及业务流程;掌握跟单托收的主要特点及业务流程;掌握在采用商业信用的支付方式时如何规避风险;掌握并能正确拟订合同中的支付条款。

国际货款结算,又称"国际货款收付",远比国内货款结算复杂,不仅因为使用的货币不同,而且在做法上也有很大差异,同时还涉及不同国家的相关法律、国际惯例和银行习惯等。

根据资金的流向与支付工具的传递方向不同,可将国际结算方式分为顺汇和逆汇两种方式。顺汇指资金的流动方向与支付工具的传递方向相同。本章所涉及的汇付即是顺汇法。 逆汇指资金的流动方向与支付工具的传递方向相反。本章所讲的托收和信用证方式都属于逆汇法。根据提供信用的角度划分,支付方式可以分为商业信用为基础的结算方式和以银行信用为基础的结算方式。

第一节 国际结算中的票据

在国际贸易中,货款的收付大部分采用非现金结算,因此需要使用一定的支付工具来结算国际间的债权债务,票据就是主要的结算工具。

一、票据的概述

(一)票据的概念

票据有广义和狭义之分。广义的票据是指商业上的权利单据(Document of Title),即凡赋予持有人一定权利的凭证(如提单、存单、股票、债券等)都是票据。

狭义的票据是指以支付一定数额金钱为目的、用于清偿债权债务的凭证,即由出票人签发,约定自己或命令他人在一定日期无条件支付确定金额的书面凭证。

国际货款结算中通常所说的票据是指狭义的票据,即专指票据法规定的汇票、支票和本票。国际结算业务中,票据也称为"资金单据"或"金融单据",发票、提单、保险单等称为"单据"或"商业单据"。

(二)票据的特性

票据作为非现金结算工具,之所以能够代替货币现金起流通和支付作用,是因为票据具有如下特点。

1. 流通性(Negotiability)

票据是可流通证券,票据的权利可以凭背书交付而转移,不必通知债务人。在票据流通中,受让人的权利优于让与人的权利,不受其前手的权利瑕疵的影响,受让人不仅获得票据的全部法律权利,还可以以自己的名义提出司法诉讼。

2. 无因性(Non-causative Nature)

票据上权利与义务的产生都是由某种原因引起的,这种原因称为票据的基础关系。但是,在票据开立后,票据上的权利和义务,即与产生票据的原因相脱离。不论其原因关系是否存在、是否有效,均不影响票据的效力。也就是说,持票人不必询问开立或者转移票据的各种原因,只要票据本身没有问题,持票人就可以取得票据所赋予的权利。票据的无因性使得票据可以广泛流通。

3. 要式性(Requisite in Form)

票据的要式性是指票据的制作必须符合规定,票据上所记载的必要项目必须齐全且符合规定,处理票据的行为如出票、背书、提示、承兑、追索等的方式、程序、手续也必须符合法律规定。

4. 提示性(Presentation)

票据的提示性是指票据的持票人请求受票人履行票据义务时,必须在法定期限内向受票人出示票据,以表明占有这张票据,经确认后才能要求承兑或者付款。无提示的票据是无效的。

5. 返还性(Return Ability)

票据的返还性是指持票人收到票款后,应将票据交还付款人,作为付款人已付清票款的凭证,并从此停止该票据的流通过程。

(三)票据的当事人

票据当事人是指票据法律关系中享有票据权利、承担票据义务的当事人,也称“票据法律关系主体”。一般来说,票据涉及三方面的当事人,即出票人、受票人和收款人。票据进入流通领域后,又派生出流通中的关系人,即背书人、承兑人、持票人等。每个关系人在票据上签名后,即对票据的正当持票人负有付款或担保付款的责任。

1)出票人(Drawer),指在票据上签名并发出票据的人,或者说是签发票据的人。

2)受票人(Drawee),又称“付款人”,受票人是根据出票人的命令支付票款的人。

3)收款人(Payee),有权向付款人请求付款的人。

4)背书人(Endorser),背书人是指收款人或持票人在票据背面签字,并把票据转让给他人的人。

5)承兑人(Acceptor),付款人对票据作出承兑,就成为承兑人。

6)持票人(Holder),指持有票据的人。

国际结算中使用的票据包括汇票、本票和支票,其中汇票使用的最为广泛。

二、汇票

（一）汇票的概念及基本内容

英国《票据法》第 3 条关于汇票的定义是：A bill of exchange is an unconditional order in writing, addressed by one person to another, signed by the person giving it, requiring the person to whom it is addressed to pay on demand or at a fixed or determinable future time a sum certain in money to the order or a specified person or to bearer。

一人向另一人签发的，要求他在即期或定期或可以确定的将来时间，向某人或某指定人或执票来人，无条件支付一定金额货币的书面命令。

《中华人民共和国票据法》（简称《票据法》）（2004 年修正）第十九条规定：汇票是出票人签发的，委托付款人在见票时或者在指定日期无条件支付确定的金额给收款人或者持票人的票据。

《票据法》第二十二条规定，汇票必须记载的事项包括以下内容。

1）表明“汇票”字样。

2）无条件支付的委托。

3）确定的金额。汇票上的金额必须确定，在汇票上记载金额的大小写数字也应该一致。

4）付款人名称，又称“受票人”，即接受支付命令付款的人。在进出口业务中，通常是进口人或者指定的银行。

5）收款人名称，又称“受款人”，即受领汇票所规定金额的人。在进出口业务中通常是出口人或其指定的银行。

6）出票日期。

7）出票人签章。

上述基本内容一般为汇票的要项，但并不是汇票的全部内容。按照各国票据法的规定，汇票的要项必须齐全，否则受票人有权拒付。

汇票的样式见图 6-1。

BILL OF EXCHANGE

No. ____（汇票编号）　　Date: ______（出票日期）

For: ________________（汇票金额）

At ______________（付款期限）sight of this FIRST of exchange (second of exchange being unpaid)

pay to the order of ________________________________（收款人）

the sum of ______________________________________（金额大写）.

Drawn under （出票条款）L/C No. ______　　Dated ______

To ____________（受票人）

______________（出票人）

(signature)（签章）

图 6-1　汇票样式

(二)汇票的种类

1. 按照出票人的不同,汇票分为银行汇票和商业汇票

1)银行汇票(Banker's Bill),指出票人和受票人都是银行的汇票。

2)商业汇票(Commercial Bill),指出票人是商号或个人,付款人可以是商号、个人,也可以是银行的汇票。

由于银行的信用高于一般的商号或个人的信用,所以银行汇票比商业汇票更易于流通转让。

2. 按照有无随附单据,汇票可分为光票和跟单汇票

1)光票(Clean Bill),指出票人开立的不附任何单据的汇票。银行汇票多是光票。在国际贸易中常用货款尾数、佣金等的收取或支付。

2)跟单汇票(Documentary Bill),指附带有关单据的汇票。附带单据可能是发票、提单、保险单、产地证等。商业汇票多为跟单汇票。

3. 按承兑人的不同,汇票又可分为商业承兑汇票和银行承兑汇票。

1)商业承兑汇票(Trader's Acceptance Bill),指由商号或个人为承兑人的远期汇票。商业承兑汇票建立在商业信用基础上。

2)银行承兑汇票(Banker's Acceptance Bill),由银行承兑的远期汇票,是一种银行信用。

由于银行信用高于商业信用,因此银行承兑汇票在市场上更易于贴现,流通性更强。

4. 按照付款时间的不同,汇票分为即期汇票和远期汇票

1)即期汇票(Sight Bill; Demand Draft),指持票人向付款人提示后,对方立即付款的汇票。

2)远期汇票(Time Bill; Usance Bill),指在出票一定期限后或特定日期付款的汇票。远期汇票多为商业汇票。

远期汇票的付款时间,有以下几种规定办法:

①见票后若干天付款(At× ×days after sight);

②出票后若干天付款(At× ×days after date);

③提单签发日后若干天付款(At× ×days after date of bill of lading);

④指定日期付款(Fixed date)。

汇票有多种分类方法,但并不意味着一张汇票只具备一个特征,它可以同时具备几个特征。例如:一张商业汇票,同时又可以是远期的跟单汇票;一张即期的商业跟单汇票,同时又是银行承兑汇票。

(三)汇票的使用

汇票的使用又称汇票的票据行为。汇票的使用有出票、提示、承兑、付款等。如需转让,通常经过背书行为转让。汇票遭到拒付时,还要涉及作成拒绝证书和行使追索等法律权利。

1. 出票(Issue)

出票人在汇票上填写付款人、付款金额、付款日期和地点以及受款人等项目,经签字交给持票人的行为。在出票时,对受款人通常有三种写法。

1）限制性抬头。例如，“仅付甲公司”（pay A Co. Only）或“付 ×× 公司，不准流通”（Pay××Co. Not Negotiable）。这种抬头的汇票不能流通转让，只限 ×× 收取货款。

2）指示性抬头。例如，“付 ×× 公司或指定人”（Pay××Co. or Order 或 Pay to the Order of××Co.）。这种抬头的汇票，除 ×× 公司可以收取票款外，也可以经过背书转让给第三者。

3）持票人或来人抬头。例如，“付给来人”（Pay Bearer）。这种抬头的汇票，无须由持票人背书，仅凭交付汇票即可转让。

2. 提示（Presentation）

持票人将汇票提交付款人，要求付款人按汇票指示履行承兑或付款义务的行为。付款人见到汇票叫作见票（Sight）。提示可以分为两种。

1）付款提示，即指持票人向付款人提交汇票，要求付款的行为。

2）承兑提示，即指持票人向付款人提交远期汇票，付款人见票后办理承兑手续，承诺到期付款的行为。

3. 承兑（Acceptance）

远期汇票的受票人（付款人）在票面上签字，以表示同意按出票人的指示到期付款并随后将汇票交还给持票人的行为。

受票人对汇票作出承兑，即成为承兑人。承兑人要承担远期汇票到期付款的责任。

4. 付款（Payment）

受票人向持票人按汇票金额支付票款的行为。对即期汇票，在持票人提示汇票时，付款人即应付款；对远期汇票，付款人经过承兑后，在汇票到期日付款。付款后，汇票上的一切债务即告终止。

5. 背书（Endorsement）

一种以转让票据权利为目的的票据行为，是转让汇票权利的一种法定手续，即由汇票持有人在汇票背面记载背书文句、签名，并把汇票交给受让人的行为。经背书后，汇票的收款权利便转移给受让人。

汇票可以经过背书不断转让下去。对于受让人来说，所有在他以前的背书人（Endorser）以及原出票人都是他的“前手”；而对出让人来说，所有在他让与以后的受让人都是他的“后手”。前手对后手负有担保汇票必然会被承兑或付款的责任。

背书的方式有三种。

1）特别背书（Special Endorsement）

特别背书，又称“记名背书”或“正式背书”，是指背书人在票据背面签名外，还写明被背书人名称或其指定人。例如：“付给 ×× 银行或其指定人”（Pay××Bank or Order）。经过特别背书的汇票，被背书人可以进一步凭背书交付而将汇票进行转让。

2）空白背书（Blank Endorsement）

背书人在汇票背面签字，但不记载被背书人的名称。经空白背书后，受让人可以不须背书，仅凭交付再继续转让汇票。

3)限制性背书(Restrictive Endorsement)

背书人在背书中加注限制汇票继续流通的文字,例如:“仅付A银行”(Pay to A Bank Only)。

在国际市场上,一张远期汇票的持有人如想在付款人付款前取得票款,可以经过背书转让汇票,即将汇票进行贴现。贴现(Discount)是指远期汇票承兑后,尚未到期,由银行或贴现公司从票面金额中扣减按一定贴现率计算的贴现息后,将余款付给持票人的行为。

6. 拒付(Dishonour)

拒付,也称“退票”。持票人提示汇票要求承兑时,遭到拒绝承兑(Dishonor by Non-acceptance),或持票人提示汇票要求付款时,遭到拒绝付款(Dishonour by Non-payment)。

除了拒绝承兑和拒绝付款外,付款人拒不见票、死亡或宣告破产,以致付款事实上已不可能时,也称拒付。

如汇票在合理时间内提示,遭到拒绝承兑,或在到期日提示,遭到拒绝付款,对持票人立即产生追索权,他有权向背书人和出票人追索票款。按照有些国家的法律,持票人为了行使追索权应及时作出拒付证书(Protest)。追索权(Right of Recourse)是指汇票遭到拒付,持票人对其前手(背书人、出票人)有请求其偿还汇票金额及费用的权利。拒付证书是由付款地的法定公证人(Notary Public)或其他依法有权作出证书的机构如法院、银行、公会、邮局等,作出证明拒付事实的文件,是持票人凭以向其背书人、出票人以及汇票的其他债务人行使追索权的法律依据。如拒付的汇票已经承兑,出票人可凭此向法院起诉,要求承兑汇票的承兑人付款。因此,汇票的出票人、背书人、承兑人和保证人对持票人承担连带责任。

需要注意的是,汇票的出票人或背书人为了避免承担被追索的责任,可在出票时或背书时加注“不受追索”(Without Recourse)字样。凡加注“不受追索”字样的汇票,在市场上难以流通。

三、本票(Promissory Note)

(一)本票的概念及基本内容

英国《票据法》对本票所下的定义是:A promissory note is an unconditional promise in writing made by one person to another signed by the maker, engaging to pay, on demand or at fixed or determinable future time, a sum certain in money, to or to the order of a specified person or to bearer。

本票是一个人(债务人)向另一个人(债权人)签发的,保证即期或定期或在可以确定的将来时间,向某人或其指示人或持票人无条件支付一定金额货币的书面承诺。

我国《票据法》第七十三条规定,本票是出票人签发的,承诺自己在见票时无条件支付确定的金额给收款人或者持票人的票据。

各国票据法对本票内容的规定各不相同。我国《票据法》第七十五条规定,本票必须记载下列事项:

①表明“本票”的字样;

②无条件支付的承诺；

③确定的金额；

④收款人的名称；

⑤出票日期；

⑥出票人签章。

未记载上述规定事项之一的，本票无效。

本票样式见图 6-2。

PROMISSORY NOTE

______________（本票金额）　　　_______（出票日期及地点）

On the _________（付款时间） fixed by the Promissory Note

We promise to pay _____or to the order of ____________ （收款人）

The sum of ______________________________（大写金额）

_______（出票人）

（Signed）

图 6-2　本票样式

（二）本票的种类

按签发人身份的不同，本票可分为商业本票和银行本票。

商业本票（Trader's Note）由工商企业或个人作为出票人，用于清偿制票人自身债务的本票。商业本票是建立在商业信用基础之上，由于本票的出票人对本票金额负有绝对的付款责任，而出票人的付款能力又缺乏有效的保证，所以其使用范围渐渐缩小。商业本票有即期和远期之分。

银行本票（Banker's Note）是指由银行签发即期付给记名收款人或者付给来人的本票。银行本票都是即期的。在国际贸易结算中使用的本票，大都是银行本票。有的银行发行见票即付、不记载收款人的本票或是来人抬头的本票，它的流通性与纸币相似。

我国《票据法》所称本票仅限于银行本票，银行本票仅限于由中国人民银行审定的银行或其他金融机构签发。

（三）本票与汇票的区别

1）出票人不同。本票的出票人承诺付款，是绝对的主债务人；而汇票的出票人是债权人。

2）性质不同。本票是出票人无条件保证自己付款，是一种承诺；而汇票是出票人要求付款人无条件付款，是一种命令。

3）基本当事人不同。本票的票面有两个当事人，即出票人和收款人。本票的付款人就是出票人自己；而汇票则有三个当事人，即出票人、付款人和收款人。

4）使用手续不同。本票的出票人本人承担付款责任，无须委托他人付款，无须办理承兑手续；而远期汇票则必须办理提示、承兑手续。

5)份数不同。本票只能开出一式一份,而汇票则可以开出一式多份。

四、支票(Cheque; Check)

(一)支票的概念及基本内容

英国《票据法》对支票所下的定义是:A cheque is an unconditional order in writing addressed by the customer to a bank signed by that customer authorizing the bank to pay on demand a sum certain in money to or to the order of a specified person or to bearer。

支票是银行存款户对银行签发的授权银行对某人或其指示人或执票来人即期无条件支付一定金额货币的书面命令。

我国《票据法》第八十一条规定,支票是出票人签发的,委托办理支票存款业务的银行或者其他金融机构在见票时无条件支付确定的金额给收款人或者持票人的票据。

我国《票据法》规定,出票人必须按照签发的支票金额承担保证向该持票人付款的责任。出票人在付款人处的存款足以支付支票金额时,付款人应当在当时足额付款。又规定,支票的出票人所签发的支票金额不得超过其付款时在付款人处实有的存款金额。出票人签发的支票金额超过其付款时在付款人处实有的存款金额,为空头支票。禁止签发空头支票。

我国《票据法》第八十四条规定,支票必须记载下列事项:

1)表明"支票"的字样;

2)无条件的支付委托;

3)确定的金额;

4)付款人名称;

5)出票日期;

6)出票人签章。

未记载上述规定事项之一的,支票无效。

支票样式见图 6-3。

CHEQUE

______________(账户行)

______(支票号码)

Cheque for ________(支票金额) ________(出票时间地点)

Pay against this cheque to the order of(收款人)____________________

The sum of(大写金额) ________________

________(出票人)

(Signed)

图 6-3 支票样式

(二)支票的种类

1. 根据收款人记载的不同,可分为记名支票和不记名支票

(1)记名支票(Cheque Payable to Order)

记名支票是指在支票收款人一栏，写明收款人名称的支票。

（2）不记名支票（Cheque Payable to Bearer）

不记名支票又称“来人支票”或“空白支票”，支票上不记载收款人名称，只写“付来人”（Pay Bearer）。

2. 根据使用方式不同，可分为划线支票和非划线支票

（1）划线支票（Crossed Cheque）

划线支票又称“平行线支票”，即票面上有两条平行线的支票。划线支票只能通过银行转账划拨，持票人不能提取现款。

（2）非划线支票（Uncrossed Cheque）

非划线支票又称“敞口支票”，收款人既可以通过自己的往来银行代向付款银行收款，存入自己的账户，也可直接到付款银行提取现款。

3. 根据出票人身份不同，可分为银行支票和私人支票

（1）银行支票（Banker's Cheque）

银行支票是指出票人是银行的支票，表明出票银行作为客户在另一家银行开立账户而开出的支票。

（2）私人支票（Personal Cheque）

私人支票是指出票人是私人的支票。

4. 根据账户银行对出票人资信掌握而给予出票人的不同支持，可分为保付支票和不保付支票

（1）保付支票（Certified Cheque）

保付支票是指由付款银行在支票上加盖“保付（Certified）”戳记并签字的支票。支票一经保付，付款银行就负有绝对的付款责任。保付支票具有更好的信誉，更便于流通。

（2）不保付支票（Uncertified Cheque）

不保付支票即普通的未经银行保付的支票。

（三）支票的效期

支票的使用有一定的效期，由于支票是代替现金的即期支付工具，所以效期较短。我国《票据法》规定，支票的持票人应当自出票日起10日内提示付款；异地使用的支票，其提示付款的期限由中国人民银行另行规定。超过提示付款期限的，付款人可以不予付款；付款人不予付款的，出票人仍应当对持票人承担票据责任。

第二节　银行信用的结算方式

银行信用为基础的结算方式是指银行为交易提供信用保证的结算方式，本节所涉及的信用证方式和银行保函方式属于银行信用的结算方式。

一、信用证

随着国际贸易的发展，银行参与国际贸易结算，逐步形成了信用证支付方式，从而把由进口商履行付款责任，转为由银行来付款，保证出口商安全迅速收到货款，进口商按时收到装运单据。因此，在一定程度上解决了进出口商之间互不信任的矛盾；同时也为双方提供了资金融通的便利。信用证付款是国际贸易中重要的支付方式。

（一）信用证的概念

信用证（Letter of Credit，L/C）是指开证行根据开证人的请求和指示，向受益人开立的在一定金额和一定期限内，凭规定的单据承诺付款的书面文件。简言之，信用证是银行开立的有条件的承诺付款的书面文件。这里的条件是指受益人要提供符合信用证规定的单据。在信用证付款方式下，因付款是由银行承诺的，所以是一种银行信用的支付方式。

（二）信用证的特点

1）信用证是一种银行信用。开证行负第一性付款责任。

2）信用证是一项自足的文件。信用证是依据贸易合同开立的，但一旦开出就成为独立于贸易合同以外的契约。

3）信用证是一种单据买卖。在信用证业务中，银行处理的只是单据，而不是货物、服务和/或其他行为。银行只负责审核单证、单单之间是否相符，以决定是否承担付款的责任。

（三）信用证的业务流程

不同类型的信用证在业务流程上有差别，但大致过程相同，现以书中所附信用证为例，其流程如图6-4所示。

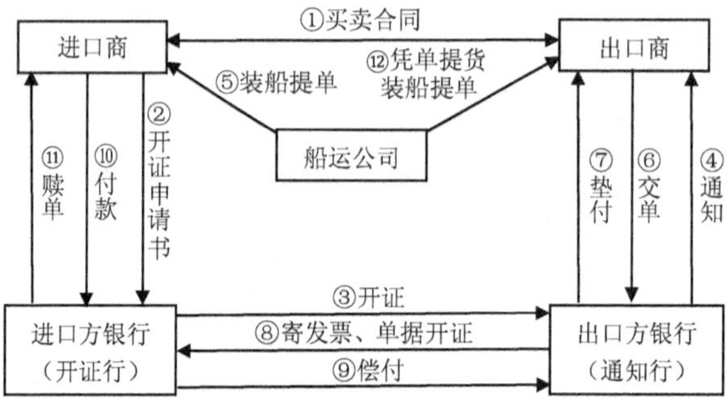

图6-4 信用证业务流程图

信用证业务流程的具体内容分述如下。

1. 订立买卖合同

进出口双方就国际货物买卖的交易条件进行磋商，达成交易后订立国际货物买卖合同，明确规定进口商以信用证方式支付货款，一般还应规定信用证的类型、金额、到期日、信用证开立和送达卖方的日期等。

2. 申请开证

进口商向当地银行申请开立以出口商为受益人的信用证，依照合同填写开证申请书，并交押金或提供其他担保。

3. 开证

开证行根据开证申请书内容,向出口商开出信用证并寄给通知行,请求通知或保兑信用证。

4. 通知

通知行核对印鉴与密押无误,确定表面真实性后通知受益人。

5. 装运货物

出口商审核信用证与买卖合同条款相符后,按信用证规定装运货物,并从船公司处获得货运单据。

6. 交单

出口商备齐各种装运单据并开立汇票,在信用证规定的交单期和有效期内送交当地银行(议付行)议付。

7. 议付

议付行按照信用证条款审核单证相符后,按汇票金额扣除有关利息和手续费,将余额垫付给出口商。

8. 寄单索偿

议付行将汇票和单据寄往开证行索偿。

9. 偿付

开证行根据信用证审核单据无误后,将款项偿付给议付行。

10. 付款

开证行通知进口商付款赎单。

11. 赎单

进口商付款,开证行将单据交给进口商。

12. 交单提货

进口商凭单据向当地承运人或其代理人提取货物。

(四)信用证主要当事人

1)开证申请人(Applicant):指要求开立信用证的一方。在实际业务中,申请人通常为进口商。以下信用证的开证申请人是"Klaus Bocker 公司"。

2)受益人(Beneficiary):指信用证上所指定的有权使用该信用证的人。在实际业务中,受益人通常是出口商,也就是贸易合同的卖方。 以下信用证的受益人为"陕西金比特天然饮料有限公司(Shaanxi Sunshine Natural Drinks Co., Ltd.)"。

3)开证行(Issuing Bank):指应开证申请人的要求或代表自己开出信用证的银行。在实际业务中,开证行一般为进口地的银行。以下信用证的开证行为"BERENBERG, JOH., GOSSLER UND CO.(BJGC)"。

4)通知行(Advising Bank):指应开证行要求通知信用证的银行。通知行通常是出口地银行,而且一般是开证行的代理行(Correspondent Bank)。以下信用证的通知行为"工商银行陕西分行(ICBKCNBJASAS)"。

5)议付行(Negotiating Bank):指买入或贴现受益人按信用证规定提交的汇票及/或单据的银行。以下信用证的议付行为"工商银行陕西分行(ICBKCNBJASAS)"。

议付行通常规定为通知行。有时信用证也规定议付行可以是任何银行。

(五)信用证实例

Own Address: ICBKCNBJASAS　　INDUSTRIAL AND COMMERCIAL BANK OF CHINA XI'AN(SHAANXI PROVINCIAL BRANCH)

Output Message Type: 700　　ISSUE OF A DOCUMENTARY CREDIT

Input Time: 1646

Sent by: BEGODEHHBXXX　　BERENBERG, JOH., GOSSLER UND CO. HAMBURG

Output Date/Time: 20181007/0950

Priority: Normal

27 / SEQUENCE OF TOTAL
1/2

40A / FORM OF DOCUMENTARY CREDIT
IRREVOCABLE TRANSFERABLE

20 / DOCUMENTARY CREDIT NUMBER
LI/261045

31C / DATE OF ISSUE
20180930
2018-09-30

31D /DATE AND PLACE OF EXPIRY
20181206 CHINA
2018-12-06

50 /APPLICANT
KLAUS BOCKER GMBH
BAHNHOFSTR.12
22714 BUXTEHUDE
GERMANY

59 / BENEFICIARY
SHAANXI SUNSHINE NATURAL DRINKS CO., LTD.
FOR FULL ADDRESS PLEASE SEE UNDER
ADDITIONAL CONDITIONS

32B / CURRENCY CODE AMOUNT
USD371250,
US Dollar

371,250.00

39A /PERCENTAGE CREDIT AMT TOLERANCE
10/10

41A /AVAILABLE WITH/BY-SWIFT ADDR
BEGODEHHXXX
BERENBERG, JOH., GOSSLER UND CO.
HAMBURG
BY PAYMENT

43P / PARTIAL SHIPMENTS
ALLOWED

43T / TRANSSHIPMENT
ALLOWED

44A / ON BOARD/DISP/TAKING CHARGE
CHINESE PORT

44B / FOR TRANSPORTATION TO
HAMBURG

44D / SHIPMENT PERIOD
SHIPMENT HAS TO BE EFFECTED AS SOON AS POSSIBLE
BUT LATEST NOVEMBER 20, 2018

47A / ADDITIONAL CONDITIONS
FULL NAME AND ADDRESS OF BENEFICIARY:
SHAANXI SUNSHINE NATURAL DRINKS CO., LTD.
ADD. ROOM 20706, THE NO.1 KEJI ROAD
XIAN 710068, CHINA

THE INDUSTRIAL AND COMMERCIAL BANK OF CHINA, XIAN, IS AUTHORIZED TO TRANSFER THIS LETTER OF CREDIT.

ANY SET OF DOCUMENTS CONTAINING DISCREPANCIES AND PRESENTED TO US UNDER THIS DOCUMENTARY CREDIT, WILL BE CHARGED WITH A FEE OF EQUIVALENT OF US$50. THIS CHARGE WILL BE DEDUCTED FROM ANY AMOUNT TO BE PAID.

71B / CHARGES
ALL CHARGES OUTTSIDE GERMANY ARE FOR ACCOUNT OF THE BENEFICIARIES.

48 / PERIOD FOR PRESENTATION

DOCUMENTS TO BE PRESENTED LATEST 16 DAYS AFTER SHIPMENT.

49 / CONFIRMATION INSTRUCTIONS
WITHOUT

78 / INSTRUCS TO PAY/ACCPT/NEGOT BANK
AFTER WE HAVE RECEIVED THE COMPLETE SET OF REQUIRED DOCUMENTS COMPLYING WITH THE CREDIT CONDITIONS PAYMENT WILL BE MADE ACCORDING TO YOUR INSTRUCTIONS

57D / ADVISE THROUGH BANK-NAME/ADDR
YOUR INTERNATIONAL BUSINESS DEPARTMENT, ADD.NO.395
DONGXINJIE
XIAN710003, CHINA

72 / SENDER TO RECEIVER INFORMATION
KINDLY ACKNOWLEDGE RECEIPT AND FORWARD THE DOCUMENTS TO US BY COURIER SERVICE IN ONE SET.

27 / SEQUENCE OF TOTAL
2/2

20 / DOCUMENTARY CREDIT NUMBER
LI/261045

45B / DESCP OF GOODS AND/OR SERVICES
ABOUT 25FCL EACH WITH 72 DRUMS A 275KG NET BEING ABOUT 495MT CHINESE APPLE JUICE CONCENTRATE, CLARIFIED WITH 70 DEGREES TO 72 DEGREES BRIX, ASEPTICALLY PACKED NATURAL PRODUCT WITHOUT ANY NATURAL OR ARTIFICIAL ADDITIVES, CROP 1999, QUALITY IN ACCORDANCE TO AIJN CODE OF PRACTICE
SPECIFICATION:
BRIX: 70-72 DEGREES
ACID: MIN. 1.0PCT. AS MALIC ACID AT PH 8.2
COLOUR: MIN.45PCT.(AT 11.5DEGREES BRIX, 440NM)
CLARITY: MIN.94(AT 11.5 DEGREES BRIX, 625NM)
TURBIDITY: MAX.3NTU
PATULIN: MAX59UG/L(PREFERABLY MAX.25UG/L)
PRODUCER: SHAANXI SUNSHINE NATURAL DRINKS CO., LTD./CHINA
PACKING: ASEPTICALLY IN BAGS IN NEW STEEL DRUMS WITH ONE EXTRA POLYBAG 275KG PER DRUM NET WEIGHT AT USD750PER 1000KG NET, INCL. PACKAGE, CFR HAMBURG

46B / DOCUMENTS REQUIRED

+SIGNED COMMERCIAL INVOICE, 3-FOLD
+FULL SET OF ORIGINAL CLEAN ON BOARD OCEAN BILLS OF LADING, MADE OUT TO ORDER AND BLANK ENDORSED, MARKED: FREIGHT PREPAID NOTIFY: KLAUS BOCKER GMBH, BAHNHOFSTRASSE 12, 22714 BUXTEHUDE, GERMANY
SHOWING SHIPMENT IN FCL CONTAINER(S)
+CERTIFICATE OF ORIGIN, GSP FORM A, EVIDENCING THE CHINESE ORIGIN OF GOODS
+ANALYTIC REPORT, ISSUED BY CIQ FOR EACH BATCH/CONTAINER, SHOWING AND CONFIRMING THAT THE FOLLWING PARAMETERS ARE WITHIN THE CONTRACTED CONDITIONS;
BRIX, ACID, COLOUR, CLARITY, TURBIDITY, PATULIN

链接 6-1 SWIFT 信用证

SWIFT(Society for Worldwide Interbank Financial Telecommunications),又称"环球同业银行金融电讯协会",是国际银行同业间的国际合作组织。1973 年 5 月,来自美国、加拿大和欧洲的 15 个国家的 239 家银行宣布正式成立 SWIFT,其总部设在比利时的布鲁塞尔,它是为了解决各国金融通信不能适应国际间支付清算的快速增长而设立的非营利性组织,负责设计、建立和管理 SWIFT 国际网络,以便在该组织成员间进行国际金融信息的传输和确定路由。目前全球大多数国家大多数银行已使用 SWIFT 系统。SWIFT 的使用,使银行的结算提供了安全、可靠、快捷、标准化、自动化的通讯业务,从而大大提高了银行的结算速度。SWIFT 在促进国际金融业务的现代化和规范化方面发挥了积极的作用。我国的中国银行、中国农业银行、中国工商银行、中国建设银行、交通银行、中信实业银行等已成为环球银行金融通信协会的会员。

由于 SWIFT 的格式具有标准化,目前信用证的格式主要都是用 SWIFT 电文。

SWIFT 信用证是指凡通过 SWIFT 系统开立或予以通知的信用证。在国际贸易结算中, SWIFT 信用证是正式的、合法的,被信用证各当事人所接受的、国际通用的信用证。采用 SWIFT 信用证必须遵守 SWIFT 的规定,也必须使用 SWIFT 手册规定的代号(Tag),而且信用证必须遵循国际商会 2007 年修订的《跟单信用证统一惯例》各项条款的规定。在 SWIFT 信用证可省去开证行的承诺条款(Undertaking Clause),但不因此免除银行所应承担的义务。SWIFT 信用证的特点是快速、准确、简明、可靠。

(六)信用证的内容

在国际贸易结算中,各银行开立的信用证并无统一格式,但其基本项目是相同的。

1)对信用证本身的说明。如信用证的编号、种类、金额、开证日期、有效期和到期地点、交单期限等。

2)对当事人的规定。明确申请人、受益人、开证行、通知行、议付行的规定等。

3)对汇票的规定。包括汇票的出票人、受票人、受款人、金额、汇票期限和出票根据等。

4)对运输的要求。规定装运日期、装运港(地)和目的港(地)、运输方式,可否分批装运和可否转运等。

5)对货物的要求。列明货物的名称、规格、数量、包装、单价、唛头等。

6)对单据的要求。列明所需的各类单据的种类、内容和份数等。

7)信用证所适用的国际惯例。通常说明根据《跟单信用证统一惯例》开立。

(七)信用证的种类

信用证可根据其性质、期限、流通方式等特点,分为以下几种。

1. 跟单信用证和光票信用证

根据是否随附货运单据,信用证可分为跟单信用证和光票信用证。

1)跟单信用证(Documentary Credit),指开证行凭跟单汇票或仅凭单据付款的信用证。目前在国际贸易中使用的信用证大部分都是跟单信用证。

2)光票信用证(Clean Credit),指开证行仅凭不附单据的汇票付款的信用证。在采用信用证方式预付货款时,通常使用光票信用证。

2. 可撤销信用证和不可撤销信用证

不可撤销信用证人(Irrevocable Letter of Credit),是指信用证一经开出,在有效期内,未经受益人及有关当事人的同意,开证行不得片面修改和撤销信用证的规定和承诺的信用证。

在实际业务中开立可撤销信用证的情形极少,所以《UCP600》删除了可撤销信用证的概念及有关规定。

3. 保兑信用证和不保兑信用证

根据有无另一银行加以保证兑付,信用证可分为保兑信用证和不保兑信用证。

1)保兑信用证(Confirmed Letter of Credit),指开证行开出的信用证,由另一银行保证对符合信用证条款规定的单据履行付款义务。给信用证加保兑的银行叫保兑行(Confirming Bank)。保兑行与开证行承担同样的独立的付款责任。

2)非保兑信用证(Unconfirmed Letter of Credit),指开证行开出的信用证未经另一家银行保兑的信用证。当开证行资信好和成交金额不大时,一般都不需要使用保兑信用证。

4. 即期付款信用证、延期付款信用证、承兑信用证和议付信用证

按照兑付方式不同,信用证可分为即期付款信用证、延期付款信用证、承兑信用证和议付信用证。

1)即期付款信用证(Sight Payment Credit),指在受益人提交符合信用证规定的单据后,付款行立即履行付款责任的信用证。

2)延期付款信用证(Deferred Payment Credit),又称"迟期付款信用证",或称"无承兑远期信用证",是指仅凭受益人提交的单据,经审核单证相符,确定银行承担延期付款责任起,延长一段时间及至付款到期日付款的信用证。确定付款到期日的方法有以下三种:

①交单日后若干天;

②运输单据显示的装运日期后若干天;

③固定的将来某一日期。

这种信用证一般有“L/C is available by deferred payment at xx days after date of or sight of...”等类似文句。延期付款信用证的受益人不开具汇票，因此也不需要开证行承兑汇票，因此也不能贴现。

3）承兑信用证（Acceptance Credit），指当受益人向开证行或其指定行开具远期汇票并提示汇票或单据时，开证行或其指定行审单无误后即行承兑，并于到期日付款的信用证。

4）议付信用证（Negotiable Credit），指开证行在信用证中，邀请其他银行预先买入汇票及/或单据的信用证，即允许受益人向某一指定银行或任何银行交单议付的信用证。议付行兑付信用证款项后，如果因故遭到开证行的拒绝偿付，议付行对受益人有追索权。

5. 可转让信用证和不可转让信用证

根据受益人对信用证的权利可否转让，可分为可转让信用证和不可转让信用证。

1）可转让信用证（Transferable Credit），指信用证的受益人（第一受益人），有权将信用证的全部或部分金额转让给另一个或数个第三方（第二受益人）使用的信用证。只有明确注明“可转让”（Transferable）的信用证才能转让，可转让信用证只能转让一次，即第二受益人不能再转让给新的受益人，但转回给第一受益人是允许的。

2）不可转让信用证（Non-transferable Credit），指受益人不能将信用证的权利转让给他人的信用证。若信用证没有注明“可转让”（Transferable），均属不可转让信用证。

6. 对背信用证（Back to Back Credit）。

出口商将以自己为受益人的信用证作为担保，要求银行开立一张内容相似的新信用证给另一受益人。新信用证就是对背信用证。

7. 对开信用证（Reciprocal L/C）。

两张信用证的开证申请人互以对方为受益人而开立的信用证。对开信用证常用于易货贸易、补偿贸易和来料加工、来件装配等业务。

8. 循环信用证（Revolving Credit）。

信用证金额全部或部分使用后，其金额可恢复到原金额再次使用，直至达到规定次数或规定的总金额为止。这种信用证适用于分批均衡供应，分批结汇的长期合同，进口商可以减少开证的费用，出口商也减少了逐笔通知和审证的手续及费用。

循环信用证又可分为按时间循环信用证和按金额循环信用证。

（1）按时间循环信用证

按时间循环信用证是指受益人在一定时间内可多次支取信用证规定的金额。

（2）按金额循环信用证

按金额循环信用证通常可分为三种。

1）自动循环。受益人按信用证规定时间装运货物并提交单据获得银行付款后，信用证即自动恢复到原金额，可再次按原金额使用该信用证。

2）半自动循环。受益人按信用证规定时间装运货物并提交单据获得银行付款后，开证行未在一定期限内提出中止循环的通知，信用证即自动恢复至原金额，并可再次使用。

3)非自动循环。受益人按信用证规定时间装运货物并提交单据获得银行付款后,必须等待开证行的通知到达后,才能使信用证恢复至原金额再次使用。

9. 预支信用证

预支信用证(Anticipatory Credit),又称“红条款信用证”(Red Clause Credit),指允许受益人在货物出运前先凭光票向议付银行预支部分或全部金额的信用证。

(八)有关信用证的国际惯例

自19世纪开始使用信用证以来,随着国际贸易的发展,信用证方式逐渐成为国际贸易中重要的支付方式。但是,由于对跟单信用证有关当事人的权利、责任、付款的定义和术语在国际上缺乏统一的解释和公认的准则,各国银行根据各自的习惯和利益自行规定办事。因此,信用证各有关当事人之间的争议和纠纷经常发生。为了减少因解释不同而引起的争端,调和各有关当事人之间的矛盾,国际商会为了规范信用证的使用,拟定了《跟单信用证统一惯例》,其最早版本于1929年制定。随着国际贸易的发展变化,国际商会于1951年、1962年、1974年、1983年、1993年对《跟单信用证统一惯例》进行多次修改,目前最新采用的是《跟单信用证统一惯例》国际商会第600号出版物(Uniform Customs and Practice for Documentary Credits, ICC Publication No. 600),简称《UCP600》,由国际商会于2006年制定,2007年7月1日开始实施。

由于《跟单信用证统一惯例》能够协调和解决信用证业务有关当事人之间的矛盾,有利于国际贸易的发展和国际结算的进行,至今已为世界上绝大多数国家和地区的银行和银行公会所采用,成为国际上处理信用证业务的惯例。目前各国法院几乎都把《跟单信用证统一惯例》作为裁决跨国信用证纠纷的“法律准则”。但是,《跟单信用证统一惯例》毕竟不是各国共同制定的法律,只是一项国际贸易惯例,因此,要得到这个“法律准则”的保护,必须在信用证上注明根据该惯例开立的文字。《UCP600》第1条对此作了明确规定:“跟单信用证统一惯例(2007修订本)国际商会第600号出版物是适用于任何跟单信用证(包括本惯例可适用的范围内的任何备用信用证)的规则,如信用证文本中明确指出,它受这些规则的约束。除非信用证明示地修改或排除,这些规则约束与信用证有关的所有当事人。”所以,未作此项加注的信用证,其他银行和当事人几乎都不愿意接受。有鉴于此,目前,我国银行在对外开立的信用证上也都加上了这一文句。

链接6-2 国际商会(ICC)

国际商会(The International Chamber of Commerce, ICC)是为世界商业服务的非政府间组织,是联合国等政府间组织的咨询机构。1919年在美国发起,1920年正式成立.其总部设在法国巴黎。至今已拥有来自130多个国家的成员公司和协会,是全球唯一的代表所有企业的权威代言机构。

由于国际商会的成员公司和协会本身从事于国际商业活动,因此它所制定用以规范国际商业合作的规章,如《托收统一规则》《跟单信用证统一惯例》《国际商会2010国际贸易术语解释通则》等被广泛地应用于国际贸易中,并成为国际贸易不可缺少的一部分,国际商会属下的国际仲裁法庭是全球最高的仲裁机构，它为解决国际贸易争议起着重大的作用。

一提到《国际贸易术语解释通则》就不可避免地会联想到国际商会。这是因为，长期以来，不同国家和地区对于国际贸易术语有多种不同的解释，而国际商会则把国际贸易术语解释予以统一规范，将制订、普及和推广使用解释通则，作为自己的主要职能之一。

国际商会主要职能有以下四个：

1）在国际范围内代表商业界，特别是对联合国和政府专门机构充当商业发言人；

2）促进建立在自由和公正竞争基础上的世界贸易和投资；

3）协调统一贸易惯例，并为进出口商制定贸易术语和各种指南；

4）为商业提供实际服务。服务包括：设立解决国际商事纠纷的仲裁院、协调和管理货物临时免税进口的ATA单证册制度的国际局、商业法律和实务学会、反海事诈骗的国际海事局、反假冒商标和假冒产品的反假冒情报局、为世界航运创造市场条件的海事合作中心和经常组织举办各种专业讨论会和出版发行种类广泛的出版物。

二、银行保函和备用信用证

银行保函和备用信用证都是银行开立的保证文件，因此也属于银行信用。二者不仅适用于国际货物买卖，还适用于国际工程承包项目、融资等有关国际经济合作的业务中。

（一）银行保函

1. 银行保函的概念

保函（Letter of Guarantee，L/G），又称“保证书”，是指银行、保险公司、担保公司或个人（担保人）应申请人的请求，向第三方（受益人）开立的一种书面信用担保凭证。保证在申请人未能按双方协议履行其责任或义务时，由担保人代其履行一定金额、一定期限范围内的某种支付责任或经济赔偿责任。其中由银行签发的担保书就称为银行保函。

2. 银行保函的主要当事人

（1）申请人

申请人（Applicant），又称“委托人”（Principal），即向银行提出申请，要求银行开立保函的一方。申请人可能是投标保证业务项下的投标人；可能是出口保证业务中的货物出口者；可能是进口保证业务中的货物进口人；还可能是还款保函项下的预付款或借贷款的受款人。

（2）受益人

受益人（Beneficiary），指收到保函并有权按保函规定的条款，凭保函向担保银行提出索赔的一方。受益人的责任是履行其有关合同的义务，在此基础上，他获得向担保银行要求偿付的权利。在投标保函项下，通常为招标人；在承包工程的履约保函和预付款保函项下，通常为工程的业主。

（3）担保人

担保人（Guarantor），又称“保证人”，即根据委托人的申请，在委托人提供一定担保的条件下向受益人开立保函的银行。担保人的责任是在收到索赔书和保函中规定的其他文件后，经审核后确定这些文件表面上与保函条件一致时，即支付保函中规定数额的经济赔偿。

(4)通知行

通知行(Advising Bank),又称“转递行”,即应担保银行的要求和委托,将保函通知或转递给受益人的银行。通知行通常是受益人所在地银行。

除上述主要当事人外,根据具体情况,银行保函可能还会涉及保兑行(Confirming Bank)、转开行(Reissuing Bank)和反担保人(Counter Guarantor)等当事人。

3. 银行保函的基本内容

(1)保函的当事人

保函中应详列主要当事人,即申请人、受益人、保函如涉及通知行或转开行,还应列明通知行或转开行的名称和地址。

(2)开立保函的依据

保函开立的依据是基础合同,应列明合同或标书等协议的号码、日期。

(3)担保金额

担保金额是保函内容的核心,每份保函都必须明确规定一个确定的金额。担保人仅依据保函所规定的金额向受益人负责,其责任不超过保函所规定的金额。

(4)要求付款的条件

担保人在收到索赔书或保函中规定的其他文件(如工艺师或工程师出具的证明书,法院判决书或仲裁裁决书)后,认为这些文件表面上与保函条款一致时,即支付保函中规定的款项。保函项下的任何付款要求均应以书面作出,保函规定的其他文件也应是书面的。

(5)保函失效日期或失效事件

保函中应规定保函失效日期。如未规定,当保函退还担保人,或受益人书面声明解除担保人的责任,则认为该保函已被取消。

(6)保函所适用的法律与司法

保函的适用法律是担保人营业所在地的法律,如果担保人有数处营业场所,其适用法律为开出保函的分支机构所在地的法律。

4. 银行保函的种类

(1)依据保函与其基础合同的关系,保函可以分为从属性保函和独立性保函

1)从属性保函(Accessory Guarantee),又称“有条件保函”(Conditional L/G),是指担保人的偿付责任从属于或依附于申请人在基础交易合同下的责任和义务,如果申请人已经履行了合同下的责任义务,担保人也随之解除了对受益人的偿付责任。可见从属性保函的担保人承担的是第二性的、附属的付款责任。

2)独立性保函(Independent Guarantee),又称“见索即付保函”(Demand Guarantee),是指保函与其所依据的基础合同是相互独立的文件,具有各自独立的法律效力。在独立保函下,担保人承担第一性的偿付责任,即当受益人在独立保函项下提交了书面索赔要求及保函规定的单据时,担保人就必须付款,而不管申请人是否同意付款,担保人也无须调查商务合同履行的事实。

独立性保函主要由银行签发。担保银行根据保函的规定承担绝对付款责任，故银行保函一般为见索即付保函。

（2）根据保函的用途，保函可分为以下几种

1）投标保函（Tender Guarantee）。投标保函是银行应投标人的申请，向招标人开立的保函。保证投标人在开标前不中途撤销投标或片面修改投标条件，中标后不拒绝签约与交付履约保证金，否则由银行负责赔偿招标人的损失。

2）履约保函（Performance Guarantee）。履约保函是银行应货物买卖、劳务合作或其他经济合同一方当事人的申请，向另一方当事人开立的保函。保证在委托人没有按合同履行其义务时，由银行对受益人支付一定金额限度内的款项，或根据保函条款采取措施履行合同义务。履约保函不但可用于一般的货物进出口交易，而且可用于技术贸易、国际租赁、来料加工、来件装配和补偿贸易等业务。

3）还款保函（Repayment Guarantee）。还款保函又称预付款保函或定金保函。是银行应货物买卖、劳务合作、资金借贷或其他经济合同一方当事人的申请，向另一方当事人开立的保函。保证在委托人不按其与受益人之间订立的合同规定，将受益人预付、支付或贷放给委托人的款项退还时，由银行向受益人退还该款项。

5. 有关银行保函的国际惯例

国际商会曾于 1978 年 6 月颁布了《合约保函统一规则》（Uniform Rules for Contract Guarantee, ICC Publication），即国际商会第 325 号出版物（简称《URCG325》）。鉴于见索即付保函的使用日益增多，国际商会于 1992 年 4 月专门制定并颁布了《见索即付保函统一规则》（Uniform Rules for Demand Guarantee），即国际商会第 458 号出版物（简称《URDG458》）。2009 年国际商会又对其进行修订，成为国际商会第 758 号出版物（简称《URDG758》）。

在实际业务中，银行保函的使用往往受所在国法律的约束，一些国家法律不允许银行介入商业纠纷，禁止银行开立保函，在此情况下，一些国家只能以开立备用信用证的办法来适应实际业务需要。于是，备用信用证应运而生，并且逐渐在世界范围内得到推广。

（二）备用信用证

1. 备用信用证的概念

备用信用证（Standby Letter of Credit），又称“商业票据信用证”（Commercial Paper Letter of Credit）、“担保信用证”或“保证信用证”（Guarantee Letter of Credit）。不管其称谓或表示方式如何，备用信用证是一种信用证的安排，它代表了开证行对受益人的以下责任：

1）偿还申请人的借款或预付给申请人或记在申请人账户上的款项；

2）支付由于申请人而承担的任何债务；

3）对申请人履行合同中的违约行为进行支付。

备用信用证属于银行信用，开证银行保证在开证申请人未履行其义务时，即由开证银行付款。因此，备用信用证对受益人来就是备用于开证申请人发生毁约时，取得补偿的一种方式。

备用信用证最早流行于美国、日本。因两国法律不允许银行开立保函,故银行采用备用信用证来代替保函。备用信用证一般用在投标、还款或履约保证、预付货款和赊销等业务中。近年来,美国等一些国家已开始把备用信用证用于买卖合同项下货款的支付。

2. 备用信用证的性质

(1)不可撤销性

除非另有规定,备用信用证一经开立,在其有效期内,未经受益人同意,开证行不能单方面地修改或撤销其在该备用信用证下的责任。

(2)独立性

开证行对受益人的义务不受任何适用的协议、惯例和法律的影响。

(3)跟单性

备用信用证的办理以该备用信用证规定的单据为依据。

(4)强制性

备用信用证一经开立,开证人即受其强制性约束,而不论开证人有否向开证申请人收取或收足开证保证金或其他形式的某种担保,也不论受益人是否收到该备用信用证。

3. 备用信用证的种类

备用信用证的种类很多,根据在基础交易中备用信用证的不同作用主要可分为以下几种。

(1)履约备用信用证(Performance Standby L/C)

用以支持合同一方当事人履行其合同责任,在其发生违约或不履约时,对受益人提供偿付。

(2)投标备用信用证(Tender Bond Standby L/C)

用以担保申请人中标后执行合同义务和责任,若投标人未能履行合同,开证人必须按备用信用证的规定向收益人履行赔款义务。

(3)预付款保证备用信用证(Advance Payment Standby L/C)

用以担保申请人对受益人的预付款所应承担的义务和责任。这种备用信用证通常用于国际工程承包项目中业主向承包人支付的合同总价 10% ~ 25% 的工程预付款,以及进出口贸易中进口商向出口商支付的预付款。

(4)直接付款备用信用证(Direct Payment Standby L/C)

用以担保到期付款,尤指到期没有任何违约时支付本金和利息。主要用于担保企业发行债券或订立债务契约时的到期支付本息义务。

4. 备用信用证与跟单信用证的异同

备用信用证与跟单信用证的相同点有以下几点:

1)一经开立都是独立于基础合同之外的自足文件;

2)都是以受益人按规定提示单据为业务审理对象;

3)在受益人满足相符交单的条件下,开证行都承担不可撤销的第一性偿付责任。

备用信用证与跟单信用证不同点有以下几点。

（1）适用范围不同

跟单信用证一般只适用于国际货物买卖；备用信用证适用范围更广泛，不仅适用于国际货物买卖，还适用于非贸易结算或经济活动的担保及融资业务。

（2）开证行付款的前提条件不同

在跟单信用证下，受益人只要履行信用证所规定的义务，即可向开证银行要求付款。在备用信用证下，受益人只有在开证申请人未履行义务时，才能行使信用证规定的权利。如开证申请人履行了约定的义务，则备用信用证就成为备而不用的文件。

（3）开证行付款的特性不同

跟单信用证下，受益人总是设法完成其商务合同和信用证项下的责任，以获得货款的收回，因此，开证行的付款基本上是必然的。而备用信用证项下，申请人违约并非必然的，因此，开证行的付款则往往是或然的。

（4）适用的国际惯例不完全相同

《UCP600》完全适用于跟单信用证，仅有部分条款适用于备用信用证。

规范备用信用证业务的国际惯例主要《国际备用信用证惯例》（International Standby Practices）（《ISP98》）。该惯例于1999年1月1日起实施。《ISP98》是结合备用信用证的特点而制定的一项专门的国际惯例，它的公布和实施，不仅使备用信用证业务的操作更加有章可循，而且也有利于解决备用信用证使用过程中出现的争议问题。

第三节　商业信用的结算方式

商业信用为基础的结算方式是指银行对结算中的收付双方均不提供信用，只是接受委托，办理项款的收付。汇付和托收属于商业信用的结算方式。

一、汇付（Remittance）

（一）汇付的概念及当事人

1. 汇付的概念

汇付，又称“汇款”，指付款人主动通过银行或其他途径将款项交付给收款人。汇付是最简单的国际货款结算方式，可以单独使用，也可以与其他结算方式结合使用。

2. 汇付所涉及的当事人

1）汇款人（Remitter），又称“付款人”。向银行交付款项并委托银行将该款项交付给收款人的人。在国际贸易中，汇款人即进口商。

2）收款人（Payee），又称“受益人”（Beneficiary）。汇款人委托银行交付汇款的对象。在国际贸易中，收款人即出口商。

3）汇出行（Remitting Bank）。受汇款人的委托汇出款项的银行。通常是在进口地的银行。

4）汇入行（Paying Bank），又称“解付行”。受汇出行的委托办理汇款业务的银行。通常是出口地的银行。

汇款人在委托汇出行办理汇款时,要出具汇款申请书。此项申请书是汇款人和汇出行之间的一种契约。汇出行一经接受申请,就有义务按照汇款申请书的指示通知汇入行。汇出行与汇入行之间,事先订有代理合同,在代理合同规定的范围内,汇入行对汇出行承担解付汇款的义务。

(二)汇付的种类

1. 电汇

电汇(Telegraphic Transfer, T/T)是指汇出行应汇款人的申请,用加押电报、电传或SWIFT手段给在另一国家的分行或代理行(即汇入行)指示解付一定金额给收款人的一种汇款方式。

电汇方式目前使用最普遍。其特点是收款人可迅速收到汇款,但费用较高。

2. 信汇

信汇(Mail Transfer, M/T)是指汇出行应汇款人的申请,将信汇委托书邮寄给汇入行,授权解付一定金额给收款人的一种汇款方式。

信汇方式的特点是费用较为低廉,但收款人收到汇款的时间较迟。目前国际贸易中较少使用。

电汇和信汇的业务流程如图6-5。

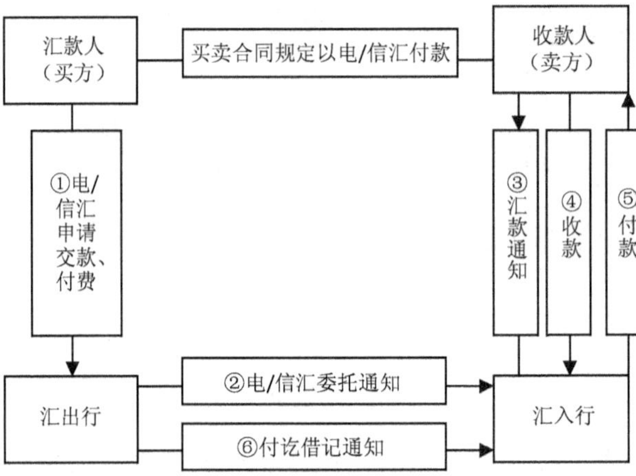

图6-5 电/信汇业务流程图

3. 票汇

票汇(Remittance by Banker's Demand Draft, D/D)是指汇出行应汇款人的申请,代汇款人开立以其分行或代理行为解付行的银行即期汇票(Banker's Demand Draft),支付一定金额给收款人的一种汇款方式。

票汇的其特点是方便、灵活。

票汇与电汇、信汇的不同在于票汇的汇入行无须通知收款人取款,而由收款人持票登门取款；这种汇票除有限制转让和流通的规定外，经收款人背书，可以转让流通，而电汇、信汇的收款人则不能将收款权转让。

票汇业务流程与电汇、信汇稍有不同，其业务流程如图 6-6 所示。

（三）汇付方式在国际贸易中的应用

汇付由于手续简便、费用低廉等优点，在国际贸易结算中运用较多。汇付方式通常用于预付货款、货到付款和交单付现。

1. 预付货款

预付货款（Payment in Advance）是指进口商先将货款通过银行汇交给出口商，出口商收到货款后，根据合同规定，在一定时间内或立即将货物装运至进口商的一种汇款方式。

采用这种方法对出口商最为有利，既能安全收汇又一定程度解决了融资问题。但对进口商来说是不利的，既占用资金造成利息损失，影响自身资金周转，还要承担不能按时、按质、按量收到合同规定的货物的风险。

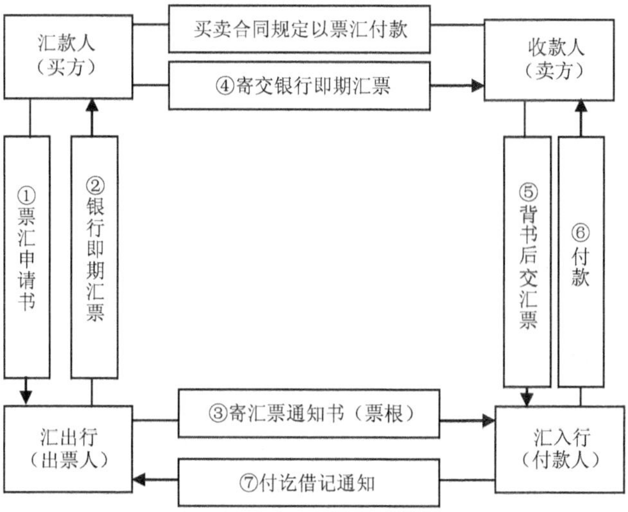

图 6-6　票汇业务流程图

进口商之所以愿意采用这种结算方式，可能出于：出口商出口的商品在国际市场紧缺或畅销，进口商为了保证能购买到货物以预先付款的条件来吸引出口商与之成交；在成套设备、大型机械或出口商特别为进口商生产或采购的货物，出口商往往要求进口商预付一定比例的货款作为定金（Down payment），以保证合同的履行。

2. 货到付款

货到付款（Payment after Arrival of the Goods）是指出口商先发货，进口商收到货物后，立即或在一定期限内将货款交付出口商的结算方式。这种方法实际上是一种赊账业务（Open Account Transaction，简称 OA），具有延期付款（Deferred Payment）性质。

采用这种付款方式对进口商有利。进口商不占用资金，不用承担风险，货不到或货到不符合要求就不付款，在整个交易中占据主动地位。这种付款方式对出口商不利。出口商的资金被占用，如果进口商因信誉不佳，拒不履行或拖延履行付款义务，出口商就要发生货款落空的严重损失或晚收款的利息损失。因此，除非进口商的信誉可靠，出口商一般不宜轻易采用此种方式。

3. 交单付现

交单付现（Cash Against Documents，CAD），又称“凭单付汇”，是指进口商通过银行将款项汇给出口商所在地银行（汇入行），并指示该行凭出口商提交的货运单据即可付款给出口商的一种结算方式。

在交单付现下，出口商发货后，向银行交单才能收取货款，对进口商而言可以防止在预付货款下可能出现的出口商支取货款后不及时交货的风险；对出口商而言，只要及时交货，便可立即支取全部的货款，避免了在货到付款下可能出现的发货后收不回货款的风险。交单付款对买卖双方都有一定的保证作用，对进出口商都显公平，容易被双方所接受。但是交单付现毕竟还属于商业信用，交易中是否存在欺诈，还需要加强交易前对双方的资信调查工作。

二、托收（Collection）

（一）托收的概念

国际商会制定的《托收统一规则》（《URC522》）第二条对托收的定义是：

a. “Collection” means the handling by banks of documents as defined in sub-Article 2（b），in accordance received，in order to：

I. obtain payment and/or acceptance，or

II. deliver documents against payment and/or against acceptance，or

III. deliver documents on other terms and conditions.

b. “Documents” means financial documents and/or commercial documents：

I. “Financial documents” means bills of exchange，promissory notes，cheques，or other similar instruments used for obtaining the payment of money；

II. “Commercial documents” means invoice，transport documents，documents of title or other similar documents，or any other documents whatsoever，not being financial documents.

托收是指银行根据所收到的指示处理金融单据或商业单据，其目的是：

①取得付款和 / 或承兑；

②或者凭付款和 / 或承兑交付单据；

③或者按其他条款和条件交单。

定义中所提“金融单据”（Financial Documents）又称“资金单据”，即汇票、本票、支票或其他类似用于取得付款的凭证。

商业单据（Commercial Documents）是指发票、运输单据、物权单据或其他类似单据，或除金融单据以外的其他单据。

《URC522》的定义是对托收方式的广义概括，适用于国际贸易结算和非贸易结算。

国际贸易结算项下的托收是指债权人（出口人）出具债权凭证（汇票、本票、支票等）委托银行向债务人（进口人）收取货款的一种支付方式。

（二）托收涉及的当事人

1. 委托人

委托人（Principal）是指委托银行办理托收业务的客户，通常是出口人。

2. 托收银行

托收银行（Remitting Bank），又称“寄单行”，是指接受委托人的委托，办理托收业务的银行，一般为出口地银行。

3. 代收银行

代收银行（Collecting Bank），是指接受托收行的委托向付款人收取票款的进口地银行。

4. 付款人

付款人（Drawee），是指代收行接受托收行的委托向其收取款项的人，也是委托人开立汇票的受票人。在国际贸易中，通常为进口商。

在托收业务中，如发生拒付，委托人可指定付款地的代理人代为料理货物存仓、转售、运回等事宜，这个代理人称作“需要时的代理”（Customer's Representative in Case of Need）。委托人如指定需要时的代理人，必须在托收委托书上写明此代理人的权限。

（三）托收的种类

1. 光票托收

光票托收（Clean Collection）是指委托人仅签发金融单据不附有商业单据的托收，即提交金融单据委托银行代为收款。在国际贸易中，光票托收主要用于小额交易、预付货款、分期付款以及收取贸易的从属费用等。

2. 跟单托收

跟单托收（Documentary Collection）是指委托人签发的金融单据需附有商业单据或不附有金融单据的商业单据的托收。通常所附单据主要有发票、装箱单、提单、保险单等。国际贸易中货款的收取大多采用跟单托收。

根据银行交单条件的不同，跟单托收可分为付款交单和承兑交单。

（1）付款交单

付款交单（Documents against Payment，D/P）是指出口商的交单以进口商的付款为条件，即出口商发货后，取得装运单据，委托银行办理托收，并指示银行只有在进口商付清货款后，才能将商业单据交给进口商。

根据付款时间的不同，付款交单分为即期付款交单和远期付款交单。

1）即期付款交单（Documents against Payment at sight，D/P at sight），是指出口商发货后开具即期汇票连同商业单据，通过银行向进口商提示，进口商见票后立即付款，进口商在付清货款后向银行领取商业单据。即期付款交单业务流程见图 6-7。

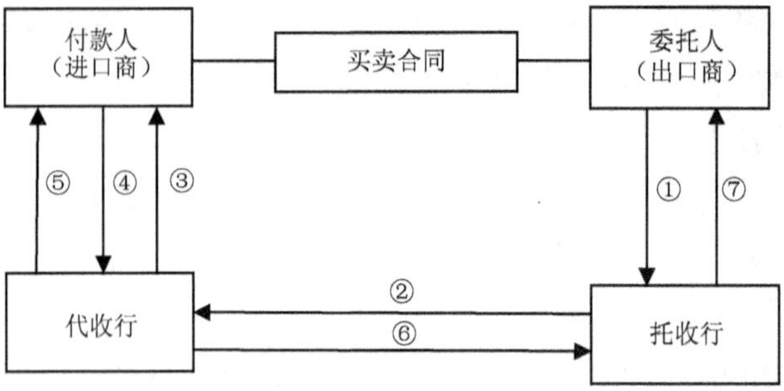

说明：
①出口商按照买卖合同装运货物后，填写托收申请书，开立即期汇票，连同货运单据（或不开立汇票，仅将货运单据）交托收行委托收款；
②托收行根据托收申请书缮制托收委托书，连同汇票（或没有汇票）、货运单据寄交进口地代收银行委托代收；
③代收行按照委托书的指示向进口商提示汇票与单据（或仅提示单据）；
④进口商审单无误后付款；
⑤代收行交单；
⑥代收行办理转账并通知托收行款已收妥；
⑦托收行向出口商交款。

图 6-7 即期付款交单业务流程图

2）远期付款交单（Documents against Payment after sight，D/P after sight），是指出口商发货后开具远期汇票连同商业单据，通过银行向进口商提示，进口商审核无误后即在汇票上进行承兑，于汇票到期日付清货款后再领取商业单据。

上述即期付款交单或远期付款交单的两种做法，都说明进口商必须在付清货款之后才能取得单据，提取或转售货物。在远期付款交单的条件下，如付款日和实际到货日基本一致，则不失为对进口商的一种资金融通。如果付款日期晚于到货日期，进口商为了抓住有利时机转售货物，可以采取两种做法：一是在付款到期日之前付款赎单，扣除提前付款日至原付款到期日之间的利息，作为进口商享受的一种提前付款的现金折扣。另一种做法是代收行对于资信较好的进口商，允许其凭信托收据（Trust Receipt）借取货运单据，先行提货，于汇票到期时再付清货款。

所谓“信托收据”，就是进口商借单时提供的一种书面信用担保文件，用来表示愿意以代收行的委托人身份代为提货、报关、存仓、保险或出售，并承认货物所有权仍属银行。货物售出后所得的货款，应于汇票到期时交银行。这是代收行自己向进口人提供的信用便利，与出口商无关。因此，如代收行借出单据后，到期不能收回货款，则应由代收行负责。因此，采用这种做法时，必要时还要进口商提供一定的担保或抵押品后，代收银行才肯承做。但如系出口商指示代收行借单，就是由出口商主动授权银行凭信托收据借单给进口商，即所谓远期付款交单凭信托收据借单（D/P；T/R）方式，也就是进口商承兑汇票后凭信托收据先行借单提货，日后如进口商到期拒付的风险，应由出口商自己承担。这种做法的性质与承兑交单相差无几。因此，使用时必须特别慎重。远期付款交单业务流程如图 6-8 所示。

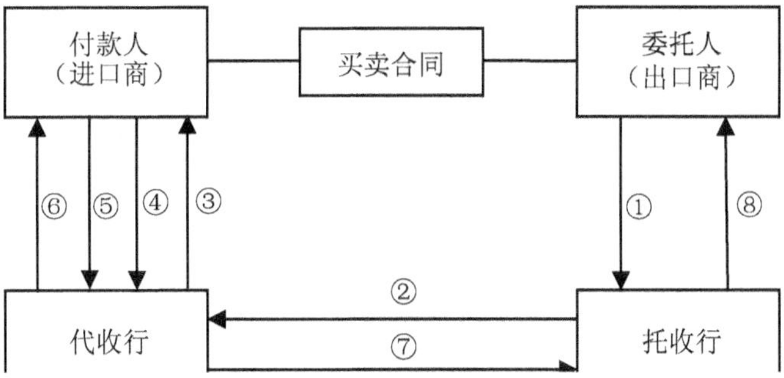

说明：
①出口商按照买卖合同装运货物后，填写托收申请书，开立远期汇票，连同货运单据交托收行委托收款；
②托收行根据托收申请书缮制托收委托书，连同汇票、货运单据寄交代收银行委托代收；
③代收行按照委托书的指示向进口商提示汇票与单据；
④进口商经审核无误后在汇票上承兑；
⑤进口商到期付款；
⑥代收行交单；
⑦代收行办理转账并通知托收行款已收妥；
⑧托收行向出口商交款。

图 6-8　远期付款交单业务流程图

（2）承兑交单

承兑交单（Documents against Acceptance，D/A）是指出口商的交单以进口商在汇票上承兑为条件。即出口商在装运货物后开具远期汇票，连同商业单据，通过银行向进口商提示，进口商承兑汇票后，代收银行即将商业单据交给进口商，在汇票到期时，方履行付款义务。承兑交单只适用于远期汇票的托收。由于承兑交单是在进口商承兑汇票后，即可取得货运单据，并凭以提货，这对出口商来说，已交出了物权凭证，其收款的保障只能取决于进口商的信用，一旦进口商到期不付款，出口商就有可能蒙受货物与货款两空的损失。所以，如采用承兑交单这种做法，必须从严掌握。承兑交单业务流程如图 6-9 所示。

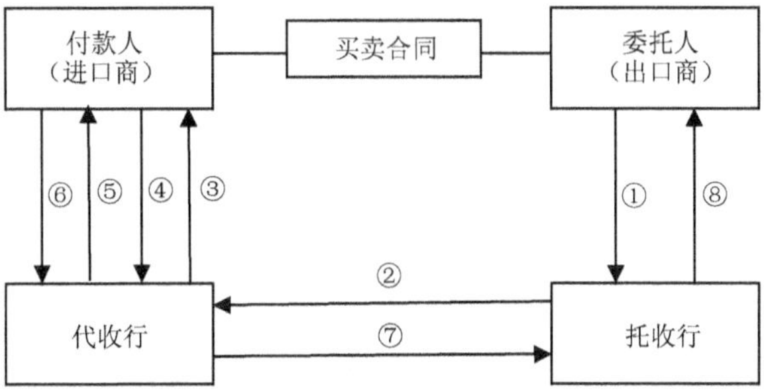

说明：
①出口商按照买卖合同装运货物后，填写托收申请书，开立汇票，连同货运单据交托收行委托收款；
②托收行根据托收申请书缮制托收委托书，连同汇票、货运单据寄交代收银行委托代收；
③代收行按照委托书的指示向进口商提示汇票与单据；
④进口商在汇票上承兑；
⑤代收行将货运单据交给进口商；
⑥进口商到期付款；
⑦代收行办理转账并通知托收款已收到；
⑧托收行向出口商交款。

图 6-9　承兑交单业务流程图

（四）有关托收的国际规则

在国际贸易中，各国银行办理托收业务时，往往由于当事人各方对权利、义务和责任的解释不同，具体业务做法也有差异，因而会导致争议和纠纷。国际商会为调和各有关当事人之间的矛盾，以利国际贸易和金融活动的开展，早在1958年即草拟了《商业单据托收统一规则》，并建议各国银行采用该规则。后几经修订，于1995年公布了新的《托收统一规则》，简称《URC522》，并于1996年1月1日实施，全文共26条，分为：A. 总则及定义；B. 托收的方式及结构；C. 提示方式；D. 义务与责任；E. 付款；F. 利息、手续费及费用；G. 其他规定，共七个部分。主要内容如下。

1）凡是在托收指示书中注明按《URC522》行事的托收业务，除非另有规定或与一国或地方不得违反的法律、法规相抵触，本规则对有关当事人均具有约束力。

2）银行应以善意和合理的谨慎从事。其义务就是要严格按托收指示书的内容与《URC522》办理。如银行决定不受理所收到的托收或其相关指示，必须用电讯或不可能用电讯方式时则需用其他最快捷方式通知发出托收指示书的一方。

3）托收不应含有凭付款交付商业单据指示的远期汇票。如果托收含有远期付款的汇票，托收指示书应注明商业单据是凭承兑（D/A）交付款人还是凭付款（D/P）交付款人。如无此项注明，商业单据仅能凭付款交付，代收行对因迟交单据产生的任何后果不负责任。

4）除非事先征得银行同意，货物不应直接运交银行，不应以银行或其指定人为收货人。银行对跟单托收项下的货物没有义务采取任何行动，对此项货物的风险和责任由发货人承担。

5）银行必须核实其所收到的单据与托收指示所列的内容表面是否相符，若发现单据缺少，银行有义务用电讯或其他快捷方式通知委托人。除此之外，银行没有进一步审核单据的义务。银行对于任何单据的形式、完整性、准确性、真伪性或法律效力，或对于单据上规定的或附加的一般性和/或特殊条件概不承担责任；银行对于任何单据所表示的货物的描述、数量、重量、质量、状况、包装、交货、价值或存在与否，对于发货人、承运人、运输行、收货人或保险人或其他任何人的诚信、行为和/或疏忽、偿付能力、行为能力也概不负责。

6）如果委托人在托收指示中指定一名代表，在遭到拒绝付款或拒绝承兑时作为“需要时的代理”，并应在托收指示中明确而且完整地注明此项代理的权限。否则，银行将不接受该需要时的代理的任何指示。

7）托收如被拒付，提示行应尽力确定拒绝付款和/或拒绝承兑的原因并须毫不延误地向发出托收指示的银行送交拒付的通知。委托行收到此项通知后，必须对单据如何处理给予相应的指示。提示行如在发出拒付通知后60天内仍未收到此项指示，则提示行可将单据退回发出托收指示的银行，而不再负任何责任。

《URC522》还对托收的提示方式，付款、承兑的程序，利息、托收手续费和费用的负担，托收被拒付后作成拒绝证书等事宜作了具体规定。

《URC522》公布实施后，已成为托收业务具有一定影响的国际惯例，并已被各国银行采纳和使用。但由于它只是一项国际惯例，所以只有在托收指示书中约定按此行事时，才对当事人有约束力。

（五）国际贸易中采用托收方式应注意的问题

托收方式属于商业信用，银行在托收业务中，只提供服务，不提供信用。银行只是以委托人的代理人行事，既无保证付款人必然付款，也无检查审核单据是否齐全的义务。出口商委托银行收取的货款能否收到，全凭进口商的信用。

托收方式对进口商来说是极为有利的。进口商不需要占用资金，如果进口商信誉好，还可以利用信托收据借单提货，先行销售，然后再付款。因此，以托收方式结算，能起到调动进口商的经营积极性，从而使出口商达到扩大出口的目的。

在我国的出口业务中，为加强对外竞争能力和扩大出口，可针对不同商品、不同贸易对象和不同国家与地区的习惯，适当和慎重地使用托收方式。但是，在使用此种方式时，应注意下列问题。

1）认真考察进口商的资信情况和经营作风，并根据进口商的具体情况妥善掌握成交金额，不宜超过其信用程度。

2）对于贸易管理和外汇管制较严的进口国家和地区不宜使用托收方式，以免货到目的地后，由于不准进口或收不到外汇而造成损失。

3）要了解进口国家的商业惯例，以免由于当地习惯做法，影响安全迅速收汇。例如，有些拉美国家的银行，对远期付款交单的托收按当地的法律和习惯，在进口人承兑远期汇票后立即把商业单据交给进口人，即把远期付款交单（D/P 远期）改为按承兑交单（D/A）处理。因而会使出口人增加收汇的风险，并可能引起争议和纠纷。

4）出口合同应争取按 CIF 或 CIP 条件成交，由出口人办理货运保险；或也可投保出口信用保险。在不采用 CIF 或 CIP 条件时，应投保卖方利益险。

5）严格按照出口合同规定装运货物、制作单据，以防止被进口商找到借口拒付货款。

6）采用托收方式收款时，要建立健全管理制度，定期检查，及时催收清理，发现问题应迅速采取措施，以避免或减少可能发生的损失。

进口业务中采用托收方式，有利于加速资金周转，还可以节省费用。

第四节　商业信用下的融资担保方式

在国际贸易中，随着国际市场的竞争愈加激烈，越来越多的贸易采用货到付款（又称“赊账”）和托收（D/P；D/A）方式结算货款，采用这种以商业信用为基础的结算方式，出口商需承担较大的风险。为规避收汇风险和解决融资问题，出口商可以配合使用福费廷、国际保理和出口信用保险业务。

一、福费廷业务

（一）福费廷业务的概念及主要当事人

福费廷（Forfaiting），又称“包买票据”或“票据包购”，是指票据的持有者（通常是出口商)将其持有的并经进口商承兑和进口方银行担保的票据无追索权地转让给票据包买商(福费廷融资商)以提前获得现金,而福费廷融资商在票据到期时向承兑人提示要求付款的一种融资业务。福费廷融资商(包买商)通常是商业银行或银行的附属机构,所使用的票据通常是出口商开立的汇票,或者进口商开立的本票。

福费廷业务有四个基本当事人:出口商、进口商、包买商(Forfaitor)和担保人。包买商是提供福费廷融资业务的商业银行或其他金融机构。担保人是为进口商按期支付提供担保的银行,多为进口地银行。

(二)福费廷业务的特点

1. 无追索权

融资商从出口商处购得票据属于买断性质,是没有追索权的。因此,融资商承担了福费廷业务中的最大风险。

2. 利率固定

由于融资商从出口商购买票据属于买断性质,即使以后市场利率发生变化,这项贴现率也不再改变。因此,在福费廷业务中,出口商在卖出票据时的利率是固定的。

3. 手续简便

福费廷业务使用汇票或本票,手续比较简单。由于有真实的交易为依托,出口商得到融资商的融资要比申请银行贷款容易。

4. 主要运用于资本性商品和大宗耐用消费品交易

选择福费廷方式融资,出口商要将贴现利息、选择费和承担费等都计入商品的报价中,才能保证自己的预期收入,因此,报价往往比较高。对于成交额小、交货期短的交易来说,选择福费廷业务显然不合算。福费廷业务主要用于资本性商品和大宗耐用消费交易,这些交易通常成交金额大、交货期较长,出口商对融资的要求也较迫切。

(三)福费廷业务的基本流程

福费廷业务的基本流程有如下几个方面。

1)出口商先与银行联系贸易询价,将交易的有关情况,如进口商的详情、财务状况、支付能力等,交易的合同金额、币种、支付结算方式、结算票据类别、交易商品的名称、数量等书面资料提交给银行。

2)银行审查出口商所提交的相关资料后,如给予认可,即向出口商提交用于参考的贴现率报价,用以方便出口商测算出口设备的相关报价金额;出口商向银行确认所提交的报价后,与进口商磋商并签署贸易合同,在合同中需要明确规定使用福费廷业务。

3)出口商向进口商签发远期汇票,所签发的汇票需要取得进口商以往贸易往来银行的担保,保证当进口商不能履行付款义务时,由所担保的银行无条件支付有关款项金额。担保行的资信必须取得出口商所在地业务银行的认可。

4)出口商发出货物后,将全部相关的货运单证通过银行系统寄交进口商。进口商将自己承兑并经担保行担保的远期汇票寄回给出口商,单据的寄送方式按双方所签合同规定办理,可以凭信用证条款寄单,也可以采取跟单托收方式。

5）出口商取得经进口商承兑并经担保银行担保的汇票后，按事先约定的以无追索权的形式，将其向银行办理贴现，取得银行对出口商融资款项。

6）出口商提交福费廷业务项下单据，包买商审单付款以及包买商到期日向担保行索偿。

二、国际保理业务

（一）国际保理的概念及主要当事人

1. 国际保理的概念

国际保理（International Factoring），又称“保付代理”“托收保理”或“承购应收账款业务”，是指在使用托收、赊销等非信用证方式结算货款时，保理商（Factor）向出口商提供的一项集买方资信调查、应收款管理和追账、贸易融资及信用管理于一体的综合性现代金融服务。

2. 国际保理业务的主要当事人

（1）销售商

销售商（Seller），即国际贸易中的出口商，是指对所提供的货物或劳务出具发票，向保理商转让其应收账款权利的保理协议当事人。

（2）债务人

债务人（Debtor），即国际贸易中的进口商，是指对由提供货物或劳务所产生的应收账款负有付款责任的当事人。

（3）出口保理商

出口保理商（Export Factor），是指与出口商签订保理协议，为出口商对进口商进行资信调查，进而提供相应的信用担保，在担保的进口商信用额度内，对由出口商出具商业发票表明的应收账款做保理业务的一方。

（4）进口保理商

进口保理商（Import Factor），是指根据与出口保理商的协议，为出口保理商就近调查进口商的资信，并依调查情况提出进口商的信用额度，在该额度内代收已由出口保理商转让过来的应收账款，并有义务支付该项账款的一方。

在一项国际保理业务中，销售商与出口保理商签订国际保理合同。进、出口保理商之间签订保理商代理合约，各有关当事人分别根据所签署的保理合约办理保理业务。签署的各项保理合同是确定有关双方权利和义务的基本法律文件。

（二）国际保理的功能

1. 贸易融资

国际保理业务最大的优点就是可以为出口商提供无追索权的贸易融资，且手续简便。保理商在收妥发票后，即向出口商预付发票金额的80%～90%的货款，基本解决了在途和信用销售的资金占用问题，从而加速了资金周转，提高了企业的经济效益。

2. 信用风险担保

保理合同签订后,出口商填写信用额度申请表,保理商通过对进口商的资信调查,为进口商确定一个信用额度,由保理商以书面通知核准信用额度以内的应收账款。对这部分应收账款,保理商提供100%的信用风险担保。

3. 销售分户账管理和催收应收账款

在保理业务中,保理商可利用先进的管理技术和丰富的管理经验为出口商提供财务管理服务。保理商收到出口商交来的发票后,在计算机中设立有关帐户,并利用计算机自动进行记账、催收、计息、收费、统计等项工作,可随时向出口商提供有关资料和数据。如进口商对应收账款到时不付,或逾期付款,保理商可以利用有效的追债手段和法律途径负责收取债款。

4. 资信调查和信用评估

保理商都有设备先进的数据中心和数据通信网络,保理商可利用广泛的数据网络和咨询机构,收集有关进口商的资信情况,并作出信用评估,为出口商提供资信报告,核定合理的信用额度。在信用额度内,如因进口商的信用出现坏账,只要这种坏账不是由于交货品质、数量、交货期或财务水平所引起的贸易纠纷,保理商对此坏账负责赔付。

(三)国际保理业务的基本流程

出口商在与进口商签订贸易合同之前必须就准备达成的买卖合同与出口地保理商联系,经保理商同意准备叙做保理业务后,则填写由出口保理商提供的"信用额度申请表",作为进口保理商为进口商核定信用额度的参考。

目前在国际贸易中,保理商所提供的国际保理业务一般都是双保理的做法。现将国际上通行的双保理业务程序简介如下:

1)进出口商签订货物买卖合同,规定使用D/A或O/A等非信用证结算方式;

2)出口商与出口保理商签订保理协议,并书面提出对进口商所审查的信用额度;

3)出口保理商将出口商提出的信用额度申请转给与之有业务往来的进口保理商;

4)进口保理商对进口商的资信进行调查和评估,确定进口商的信用额度,告知出口保理商并转通知出口商;

5)出口商到期交货,并提交发票及各项货运单据;

6)出口商同时将发票副本交出口保理商,即可取得80%的发票金额融资;

7)出口保理商将发票副本送交进口保理商,进口保理商将发票入账,并定期催促进口商按期付款;

8)进口商到期向进口保理商支付发票全部金额;

9)进口保理商将发票金额拨交出口保理商;

10)出口保理商扣除预付货款、服务费用及其他费用,将货款余额交出口商。

(四)国际保理业务与福费廷业务的比较

国际保理业务与福费廷业务都属于贸易融资和结算业务,即出口商都可以在贸易合同规定的收款期之前获得部分或全部货款。而且出口商获得的这些融资是无追索权的,保理商和融资商承担了较大的风险，因此，他们都必须在确定办理该项业务之前，十分谨慎地开展必要的调查和准备工作，并由出口商承担由此产生的费用。

国际保理与福费廷业务的主要区别表现在如下几个方面。

1）国际保理业务主要适用于日常消费品或劳务的交易，每笔交易金额相对较小，交易一般是经常性持续进行的；福费廷业务主要针对资本性货物的进出口贸易，金额较大，且针对一次性交易、一次或多次分期付款。

2）国际保理业务的融资期限取决于赊销期限，一般为发货后1～6个月，个别可长达1年，属于短期贸易融资；福费廷业务的融资期限至少在6个月以上，一般可长达数年，属于中长期贸易融资。

3）国际保理业务因金额小，融资期限短，保理商承担的风险较小，因此通过设定信用额度的办法来控制风险，不需另外提供担保；福费廷业务因金额大、融资期限长，融资商承担风险大，必须有第三者提供担保。因此，国际保理业务适用于托收项下做短期贸易融资，而福费廷业务可在信用证项下或银行担保项下做中长期贸易融资。

4）在国际保理业务中，出口商一般不必事先与进口商取得一致；在福费廷业务中，出口商必须事先向进口商说明按福费廷方式办理结算。

（五）采用国际保理业务应注意的问题

1. 出口商应注意贸易合同的金额

出口商在签订贸易合同之前必须就准备达成的贸易合同与出口地保理商联系，取得保理商对进口商核准的信用额度后，在保理商核准的进口商信用额度内与进口商成交。保理商对超过信用额度的部分不予担保。

2. 出口商严格按时、按质、按量履行合同中的交货义务

进口保理商对应收账款的保证付款的条件之一就是，付款到期日后90天内进口商对基础交易没有提出争议。也就是说，如果进口商是因出口商未按时发货，或所发货物的品质、数量等不符合合同规定而拒付，这种情况将不属于保理商担保的范围。

3. 随时关注买方的资信情况

出口商在取得进口保理商核准买方信用额度后，还要通过其他途径，随时了解买方资信和经营状况，掌握发货节奏，将发运在途货物控制在核准信用额度内。

（六）国际保理商联合会及有关保理服务的国际规则

随着国际保理业务的迅猛发展，一种专门提供风险担保的保理公司，作为银行的全资附属机构在全世界相继成立，遍布35个国家和地区的国际保理商联合会（Factors Chain International，FCI）于1968年11月在荷兰阿姆斯特丹宣告成立。其目的是为会员提供国际保理服务的统一标准、程序、法律依据和技术咨询，并负责会员公司间组织协调和技术培训工作。

目前，有关保理的国际规则主要有两个。

1.《国际保理服务公约》

国际统一私法协会1988年通过的《国际保理服务公约》，于1995年5月1日生效。

该公约共有四章二十三条。它为国际保理服务提供了统一的法律依据和业务标准，明

确了各方当事人的权利和义务。

2.《国际保理惯例规则》

国际保理商联合会编纂的《国际保理惯例规则》(FCI General Rules for International Factoring)(2010 年修订本)有十五部分共三十二条,分别为“总则”“信用风险的承担”“付款责任”“出口保理商和进口保理商的陈述、保证及其他义务”“转让的合法性”“补偿”“预付款”“期限”“账务和报告”“酬金”“保理电子数据交换系统”“善意的原则”“违犯规则”“规则的修改”和“书面信息”。

三、出口信用保险

出口信用保险是各国政府支持本国出口贸易的通行做法,也是出口企业应予以充分运用的规避收汇风险的有效手段。

(一)出口信用保险的概念

出口信用保险(Export Credit Insurance),又称“出口信贷保险”,是各国政府为提高本国产品的国际竞争力,促进经济发展,以国家财政为后盾,为企业在出口贸易、对外投资和对外工程承包等经济活动中提供风险保障的一项政策性支持措施,是政府对市场经济的一种间接调控手段和补充。通过国家设立的出口信用保险机构承保企业的收汇风险、补偿企业的收汇损失,可以保障企业经营的稳定性,使企业可以运用更加灵活的贸易手段参与国际竞争,不断开拓新客户、占领新市场。

(二)出口信用保险的保障范围

1)在国际货物买卖中,出口信用保险主要承保以商业信用方式出口的产品。比如:以赊账方式(Open Account, O/A)、付款交单(D/P)、承兑交单(D/A)作为支付条件的出口贸易。

2)出口信用保险承保的风险,一般包括商业信用风险和政治风险。

商业信用风险主要指进口商不守商业信用而造成出口商的损失,也称“买方风险”,包括买方因破产而无力支付债务、买方拖欠货款、买方因自身原因而拒绝收货及付款等。

政治风险是指非买卖双方所能控制的买方所在国或第三国的一些政治性、行政性原因所引起的卖方损失,也称“国家风险”,主要包括因买方所在国禁止或限制汇兑、实施进口管制、撤销进口许可证、发生战争、暴乱等导致买方无法支付货款。

(三)出口信用保险的种类

出口信用保险通常分短期和中长期两种。短期出口信用保险(简称“短期险”)适用于持续性出口的消费性货物,信用期限在 180 天以内。短期保险需要量大,适用范围广,一般占信用保险机构承保的很大比重,并有固定的保险单及条款。中长期出口信用保险(简称“中长期险”),可分为买方信贷保险、卖方信用保险和海外投资保险三大类。中长期险承保放账期在 1 年以上、一般不超过 10 年的收汇风险,主要适用于高科技、高附加值的大型机电产品和成套设备等资本性货物的出口,以及工程承包、技术服务项目的合同。

(四)承保出口信用保险的基本要求

1)出口信用保险承保前,通常要求出口企业提供一份真实反映其出口及收汇情况和投保要求的申请书。保险机构根据其申请书,结合通过调查掌握的出口企业经营情况,作为制定保险条款和费率的依据。

2)短期信用保险一般实行全部投保的原则,即出口企业必须将所有以商业信用方式的出口按销售额全部投保,不允许只选择风险大的国家和买方投保。

3)严格控制买方信用限额,是保险公司承保短期信用保险的一项重要手段。出口企业通常要事先向保险公司申请每一买方的信用限额,经批准后作为保险公司对该买方风险所致损失的最高赔偿限额。

4)对不同原因造成的损失,保单均规定一个不同的核定损失的期限,以便保险公司有时间调查损失情况,并在必要时采取挽救损失的措施。保险公司也只有在规定的核定损失期限届满时,方予赔付。

5)出口企业自己应承担一定比例的损失。在出口信用保险业务中,一般规定保险机构仅赔付实际损失的90%,其余的10%由出口企业自己承担,以促使其谨慎从事,并在发生损失后努力挽救损失。

第五节　国际货物买卖合同中的支付条款

国际货物买卖合同中的支付条款主要是关于结算方式的约定,它直接影响到卖方的收汇安全;另外,采用不同的结算方式给买卖双方带来的风险不同,因而不同的结算方式还会影响到货物的成交价格,因此认真磋商并约定合同的支付条款是买卖双方都必须认真对待的问题。

一、选择结算方式应考虑的因素

不同的结算方式,对国际货物买卖合同中的双方利弊不同。在实际业务中,应针对不同国家(或地区)、不同客户、不同交易做全面的权衡,力求做到既能达成交易,又能维护企业的权益;既能确保安全收汇、又能加速资金周转,扩大贸易往来。

(一)客户资信状况

在国际货物买卖中,依法订立的合同能否顺利得到履行,客户的信用是决定性的因素。因此,交易前应对客户进行资信状况的调查,根据客户的资信情况,选用适当的结算方式。如果与资信状况好的客户交易,收汇风险较小,交易时可采用手续比较简单、费用较少的付款交单(D/P)的托收方式。如果与资信状况不是很好的客户交易,应采用风险较小的银行信用的结算方式,如出口采用跟单信用证方式,或汇付中预付货款的商业信用结算方式。

(二)企业经营意图

选用结算方式,应结合企业的经营意图。货物畅销时,出口商不仅可以提高售价,而且可选择包括在资金占用等各方面对己最有利的方式;而货物滞销或竞争激烈时,则不仅可能需要降低售价，在结算方式上也需作必要让步，否则就可能难以达成交易。

（三）贸易术语

国际货物买卖合同中采用不同的国际贸易术语，表明不同的交货方式和运输方式，适用的结算方式也各不相同。在使用象征性交货（Symbolic Delivery）或称推定性交货（Constructive Delivery）术语的交易中，卖方交货与买方收货不在同时发生，转移货物所有权是以单据为媒介的，就可以选择跟单信用证方式结算货款，如买方信用可靠，也可采用跟单托收，如付款交单方式。但是，在使用实际性交货（Actual Delivery）术语的交易中，由于是卖方或通过承运人向买方或其代理人直接交付货物，卖方交货与买方收货在同时发生，卖方无法通过控制单据来控制物权，因此除非有控制货物的可靠方法，一般不能使用托收和信用证方式。

（四）运输单据

如货物通过海上运输，出口商装运货物后得到的运输单据为海运提单，因提单是货物所有权的凭证，是凭以在目的港向船公司提取货物的凭证，所以在交付给进口商前，出口商尚能控制货物，故可使用信用证和托收方式结算货款。如货物通过航空、铁路或邮政运输时，出口商装运货物后得到的运输单据为航空运单、铁路运单或邮包收据，这些都不是货权凭证，收货人提取货物时也不需要这些单据。即使通过海上运输，如运输单据为不可转让的海运单，由于它也不是物权凭证，提货时也无须提交这种单据。因此，在这些情况下，都不适宜做托收。

二、各种结算方式和担保方式的选用

在比较复杂的国际贸易中，单一使用某种结算方式不能满足买卖双方的需要，因此综合运用各种结算和融资担保方式为买卖双方进一步降低交易风险，满足其融资担保需要提供了可能。

（一）各种结算方式的结合使用

1. 汇付与信用证相结合

汇付属于商业信用，风险较大，交易中可以选择以银行信用来弥补商业信用。可以部分货款采用汇付方式，部分货款采用信用证方式支付。单据随信用证提交银行，银行凭单付款。汇付采用预付货款方式还是货到付款的方式，取决于货源紧张与否、货物是否积压以及买方对货物质量的认可程度等情况。

2. 托收与信用证相结合

托收作为商业信用结算方式，也可以与代表银行信用的信用证结合使用。选用这种方式，进口商可以申请开出较低金额的信用证，少付开证押金，少交开证费；出口商可以通过信用证在发货后获得部分货款，即使买方拒付托收项下的货款，卖方依然控制着代表货权的单据，不会给卖方造成太大损失。

3. 汇付与托收相结合

采用汇付与托收相结合的结算方式，有两种做法。第一，预付货款与托收结合。进口商在发货前预付部分货款,余款由出口商持单据向银行申请办理托收。进口商如拒付托收项下的货款,出口商仍掌握代表物权的单据,可以将货物转卖他人。预付货款部分可以抵补出口商的全部或部分损失。第二,货到付款与托收结合。货款大部分采用银行托收方式,余款采用货到付款方式,以保证进口商在货到后有时间检验货物。

4. 汇付、托收和信用证相结合

在成套设备、大型机械产品和交通工具的交易中,因为成交量大,产品生产周期较长,一般采用按工程进度和交货进度分若干期付清货款,即分期付款和延期付款的方法,一般采用汇付、托收和信用证相结合的方式。

(1)分期付款(Payment by Installments)

买卖双方在合同中规定,买方采用汇付方式预付部分订金,大部分货款根据货物生产进度或交货进度,买方开立不可撤销信用证,即期付款。尾款在设备安装调试完毕,以银行托收的方式付清。货物的所有权是在付清最后一笔货款时转移。分期付款实际上是一种即期交易。按分期付款成交,买方在预付订金时,通常要求卖方通过银行出具保函,以确保买方预付金的安全。

(2)延期货款(Deferred Payment)

延期付款是指买卖双方在合同中规定,买方在预付部分订金后,其余大部分货款在卖方交货后相当长时间内分期摊还。延期付款的那部分货款可采用远期信用证方式支付。所以延期付款实际上是卖方向买方提供的商业信用,它带有赊销的性质,因此,延期付款涉及利息问题,需要在买卖合同中规定延迟支付部分的利率条款。

分期付款和延期分款方式通常适用于金额较大的机电产品交易。

分期付款和延期付款虽然都是在规定的期限内分期付清货款,但是两者有很大的区别,主要表现在以下两个方面。

1)在分期付款情况下,买方按照约定的方法,分若干期付款,但在卖方完成交货义务时,买方已付清或基本付清货款,所以是付现交易。而在延期付款情况下,大部分或全部货款于交货之后较长的期限内分期摊付,所以是卖方给买方的信贷,是赊销。对买方来说,是赊购,是利用出口方的资金,因此要承担延期付款的利息,在买卖合同中要规定包括利率在内的利息条款,而分期付款交易则不存在利息问题。

2)在分期付款情况下,买方在付清最后一期货款后,才取得货物的所有权。而延期付款的交易,在一般情况下,卖方履行交货义务后,买方即取得货物的所有权。如卖方交货之后,买方不履行付款义务,卖方只能依法要求偿付货款,而不能恢复货物的所有权。

(二)结算方式与担保方式的结合使用

1. 汇付与银行保函或备用信用证结合

采用汇付方式,无论是预付货款还是货到付款,都可以采用银行保函或备用信用证来担保对方履约,降低风险。

2. 托收与银行保函或备用信用证结合

在托收业务中,买卖双方可以要求对方开出银行保函或备用信用证,保证出口商按合同履约,所交付的货物质量、数量与合同要求相符;保证进口商按时、足额向出口商支付货款,否则由担保行赔付。

3. 赊销(O/A)、承兑交单(D/A)与保理结合

出口商采用赊销或承兑交单方式结算,可以向保理商申请办理保理业务,调查进口商的资信状况,为进口商核准信用额度,在进口商不付款的情况下,由保理商担保付款。

4. 托收、赊账(O/A)与出口信用保险结合

在出口业务中采用托收(D/P; D/A)和赊账(O/A)方式结算货款时,出口商需要承担较大的风险,出口商为避免或减轻收汇风险,可采用办理出口信用风险。

三、国际货物买卖合同中的支付条款的规定

国际贸易中,常用的支付方式有:汇付、托收和信用证。以下为国际货物买卖合同中各种支付方式下的支付条款的规定方法。

(一)汇付方式下的支付条款

汇付方式通常用于预付货款和赊账交易。为明确责任,防止拖延付款时间,影响及时发运货物和企业的资金周转,对于使用汇付方式结算的交易,在买卖合同中应当明确规定汇付的时间、具体的汇付方法及金额。

1. 规定买方应在某个时间之前将货款预付给卖方

例: The Buyer shall pay the total amount to the Seller in advance by T/T(M/T or D/D) not later than ...

买方应在 × 年 × 月 × 日前将全部货款以电汇(信汇或票汇)方式预付给卖方。

2. 规定买方在合同签订后一段时间内将一定比例或全部货款预付给卖方

例: The Buyer shall pay ...% of the total contract value as advance payment through T/T(M/T or D/D) to the Seller within 20days after signing the contract。

3. 规定买方收到单据(或收到货物)后,一段时间内电汇(信汇或票汇)货款

例: Payment to be effected through T/T(M/T or D/D))by the Buyer shall not be later than ... days after receipt of the documents (or goods) listed in the contract。

买方收到本合同所列单据(货物)后,应于 × × 天内电汇(信汇或票汇)。

(二)托收方式下的支付条款

以托收方式结算货款的交易,在买卖合同的支付条款中,必须对交单条件、付款、承兑责任以及付款期限等内容加以明确规定。

一般可先列明由卖方负责在装运货物后,开立汇票连同货运单据向银行办理托收。

例: After shipment, the Seller shall send through the Seller's bank a draft drawn on the Buyer together with the shipping documents to the Buyer through the Buyer's bank for collection。

货物装运后,卖方应将以买方为付款人的汇票连同合同规定的各种货运单据,通过卖方银行寄交买方银行转交买方,并托收货款。

在规定了支付方式为托收后,再按不同交单条件、付款期限、买方的付款、承兑责任等作

具体明确的规定。

1. 即期付款交单

Upon first presentation the Buyer shall pay against documentary draft drawn by the Seller at sight. The shipping documents are to be delivered against payment only。

买方应凭卖方开具的即期跟单汇票于见票时立即付款，付款后交单。

2. 远期付款交单

The Buyer shall duly accept the documentary draft drawn by the Seller at ×× days sight upon first presentation and make payment on its maturity. The shipping documents are to be delivered against payment only。

买方对卖方开具的见票后 ×× 天付款的跟单汇票，于第一次提示时即予以承兑，并应于汇票到期日即予付款，付款后交单。

3. 承兑交单

The Buyer shall duly accept the documentary draft drawn by the Seller at ×× days sight upon first presentation and make payment on its maturity. The shipping documents are to be delivered against acceptance。

买方对卖方开具的见票后 ×× 天付款的跟单汇票，于第一次提示时即予以承兑，承兑后交单。并应于汇票到期日即予付款。

（三）信用证方式下的支付条款

在国际货物买卖中，特别是在出口业务中，采用跟单信用证方式结算，一般应在买卖合同的支付条款中，就开证时间、开证银行、信用证的种类、金额等作出明确规定。

1. 开证时间

信用证付款方式下，卖方是否可以按时装运取决于买方是否能够及时开立信用证，因此，双方应在合同中明确规定开证时间。

（1）将开证时间与装运发货时间联系起来

例：The relative L/C to be opened to reach the Seller... days before the month of shipment.

在装运月份前 ×× 天将信用证开至卖方。

（2）规定在某个日期前开出信用证

例：The relative L/C to be opened to reach the Seller not later than ...

信用证须不迟于……开到卖方。

2. 开证银行

为确保收汇安全，在出口合同中，一般还应对开证银行的资信地位做必要的规定。例如，规定信用证应“通过卖方可接受的银行”（through a bank acceptable to the Seller）。

3. 信用证的种类

如前所讲，信用证的种类繁多，且随着具体交易的不同情况，对信用证种类的要求也有所不同。因此，每个买卖合同均须明确规定信用证的类别。

根据双方在磋商交易时达成的协议，规定信用证是即期的，还是远期的。如果是远期的，还应列明付款期限的计算方法。

例：

Irrevocable Credit at ... days sight.

不可撤销信用证见票后 ×× 天付款。

Irrevocable Credit at ... days after the date of B/L.

不可撤销信用证提单后 ×× 天付款。

Irrevocable Credit at ... days after the date of draft.

不可撤销信用证出票后 ×× 天付款。

4. 信用证金额

信用证金额是开证行承担付款责任的最高金额，应在买卖合同中作出规定。通常规定为发票价值的 100%。但如果涉及额外费用需在信用证金额外支付者，则必须在合同中明确有关信用证应作相应的规定，以免影响收汇。如果在合同中对装运数量订有"约"数或"溢短装条款"的，则应要求买方在信用证内规定装运数量多交或少交的百分率或注明"约"数，同时，对信用证金额作相应的增加或在金额前注明"约"(About)数字样，以利于货物溢装时能收足货款。

案例分析

1. 出口合同规定的支付条款为装运月前 15 天电汇付款，买方延至装运月中始从邮局寄来银行汇票一张，为保证按期交货，出口企业于收到该汇票次日即将货物托运，同时委托银行代收票款。一个月后，接银行通知，因该汇票系伪造，已被退票。此时，货已抵达目的港，并已被买方凭出口企业自行寄去的单据提走。事后追偿，对方早已人去楼空。

问：对此损失，我方的主要教训是什么？

2. 某外贸企业向日本进口商为出售某种商品发盘，其中付款条件为即期付款交单(D/P at sight)，对方答复可以接受，但付款须按以下条件："付款交单见票后 90 天"(D/P at 90 days after sight)并通过其指定的 A 银行代收。按一般情况，货物从我国运至该国最长不超过 10 天。

试分析该商为何要提此项条件？

3. 我国某外贸企业与某外商初次交易，按 CIF 术语出售一批货物，出口合同的支付条款仅规定："凭不可撤销 L/C at sight 在上海议付"。合同规定的交货条款为"7 月在中国港口装船，运往欧洲 ×× 港，不准转运。"货物备妥后，经再三催促，L/C 于 7 月 25 日方才开到。由于直达船的船期每月均安排在月中，因此，要在 7 月间将货物装运已无可能。为此，我方电请外商将 L/C 的装运日延至 8 月 31 日，并将 L/C 议付到期日延至 9 月 15 日。由于此种货物市价下跌。该商非但不同意展延 L/C 装运期和议付日期，反而借口我方未能在 7 月装运而违反了合同规定，向我索赔 XX 美元。

试分析在这笔交易中究竟是何方违约？我国该外贸企业应吸取什么教训？

4. 我国某外贸企业与某国 A 商达成一项出口合同。付款条件为付款交单(D/P)、见票后 45 天付款。当汇票及所附单据通过托收行寄抵进口地代收行后，A 商及时在汇票上履行了承兑手续。货抵目的港时，由于用货心切，A 商出具信托收据向代收行借得单据，先行提货转售。汇票到期时，A 商因经营不善，失去偿付能力。代收行以汇票付款人拒付为由通知托收行，并建议由我外贸企业向 A 商索取货款。

对此，你认为我国该外贸企业应如何处理？

思考题

1. 国际货款结算中常用的票据有哪些？
2. 什么是信用证？信用证的性质和作用？
3. 简述信用证的一般业务流程。
4. 简述银行保函与备用信用证的区别。
5. 什么是汇付？什么是托收？各有什么特点？
6. 试述出口企业采用国际保理的具体工作程序。
7. 什么是出口信用险？出口信用险的特征有哪些？
8. 在选用支付方式时，应考虑哪些因素？

第七章　进出口商品的价格

本章教学目的及要求

通过本章学习，应了解进出口商品的作价原则和各种作价方法；理解佣金、折扣的概念；掌握计价货币的选择；掌握贸易术语之间的换算；掌握佣金、折扣的使用方法；理解进出口商品价格的构成；掌握成本核算的方法；理解国际货物买卖合同中价格条款的内容；掌握正确拟订合同中的价格条款。

在国际贸易中，如何确定进出口商品价格和规定合同中的价格条款，是交易双方最为关心的一个重要问题。正确掌握进出口商品作价原则，合理采用各种作价办法，选用有利的计价货币，适当运用与价格有关的佣金和折扣，并订好合同中的价格条款，对体现对外政策和经营意图，完成进出口任务和提高外贸经济效益，都具有十分重要的意义。

第一节　进出口商品作价的原则和方法

我国进出口商品作价通常遵循：在平等互利的原则下，根据国际市场价格水平，结合国别（地区）政策和购销意图确定适当的价格。在坚持以上原则的基础上，还应考虑买卖双方各自承担的手续、费用、风险、责任，以及货物的质量、档次、数量、包装条件、运输条件、季节性需求、支付条件和汇率变动等因素。

一、进出口商品作价的原则及应考虑的因素

（一）参照国际市场价格水平

国际市场价格是以商品的国际价值为基础并在国际市场竞争中形成的，是确定进出口商品价格的客观依据。国际市场价格因受供求关系的影响而上下波动，在确定成交价格时，必须切实了解国际市场供求变化状况，对国际市场价格的走势作出正确判断，合理地确定进出口商品的成交价格，避免价格掌握上的盲目性。

（二）结合国际市场经营战略

开展国际贸易是企业国际化发展的初级阶段，进出口商品的价格应结合企业的市场营销战略和中长期发展规划。综合考虑市场占有率、利润以及企业进入市场的方式等。

（三）综合考虑影响价格的各种影响因素

影响国际商品价格的因素很多，主要有以下几种。

1. 产品本身因素

在国际市场上，一般都贯彻按质论价的原则，即好货好价，次货次价。品质的优劣，档次

的高低,包装装潢的好坏,式样的新旧,商标、品牌的知名度等都会影响商品的价格。

2. 运输距离的远近

运输距离的远近,影响运费和保险费的开支,从而影响商品的价格。因此,确定商品价格时,必须认真核算运输成本,做好比价工作,以体现地区差价。

3. 交货地点和交货条件

在国际贸易中,由于交货地点和交货条件不同,买卖双方承担的责任、费用和风险有别,确定进出口商品价格时,必须考虑这些因素。

4. 季节性需求的变化

在国际市场上,某些节令性商品,如赶在节令前到货,抢行应市,即能卖上好价。过了节令的商品,往往售价很低,甚至以低于成本的"跳楼价"出售。因此,我们应充分利用季节性需求的变化,掌握好季节性差价,争取按有利的价格成交。

5. 成交数量的多少

按国际贸易的习惯做法,成交量的大小影响价格,即成交量大时,在价格上应给予适当优惠,例如采用数量折扣的办法;反之,如成交量过少,甚至低于起订量时,则可以适当提高售价。

6. 支付条件和计价货币

支付条件及计价货币的选择影响商品的价格。例如,同一商品在其他交易条件相同的情况,采取预付货款和凭信用证付款方式下,其价格应当有所区别。同时,确定商品价格时,一般应争取采用对自身有利的货币成交,如采用对自身不利的货币成交时,应当把汇率变动的风险考虑到货价中去,即适当提高出售价格或压低购买价格。

7. 交货期的远近、市场销售习惯和消费者的爱好等因素

这些因素对确定价格也有不同程度的影响,我们必须通盘考虑和正确掌握。

(四)注意加强成本核算

成本决定价格,所以在作价时要注意加强成本核算,以提高经济效益,防止出现不计成本、不计盈亏和单纯追求成交量的偏向。

二、进出口商品的作价方法

进出口商品的常用作价方法有固定价格、待定价格、暂定价格和价格调整条款。贸易双方应根据实际情况选择合适的作价方法。

(一)固定价格

固定价格是指买卖双方在合同中明确规定具体价格。按照各国法律的规定,合同价格一经确定,就必须严格执行。除非合同另有约定,或经双方当事人一致同意,任何一方都不得擅自更改。固定价格具有明确、具体、肯定和便于核算的特点。在国际贸易中绝大多数合同都是采用固定作价方法。但是,国际市场行情瞬息万变,价格涨落不定,在国际货物买卖合同中规定固定价格,意味着买卖双方要承担从订约到交货付款以至转售时价格变动的风险。如果行市变动过于剧烈,固定价格还可能影响合同的顺利执行,甚至会给

买卖双方带来巨大的风险。当价格前景捉摸不定时，更容易使客户裹足不前，影响双方的贸易成交。

因此，固定价格通常用于：价格相对比较稳定的货物买卖；买卖双方对国际市场行情有较清晰的判断；客户资信状况良好，买卖双方具有长期的合作关系。

（二）待定价格

待定价格是指买卖双方在合同中对价格不作明确的具体规定，可分为两种做法：

1. 在价格条款中明确规定定价时间和定价方法

例如：在2020年8月初，双方参照当时国际市场价格水平商定最终价格。

2. 只规定作价时间

例如：由双方在 × 年 × 月 × 日协商确定价格。

（三）暂定价格

暂定价格是指在合同中，先确定一个价格，以后在某个时间，再由双方按照当时的国际市场价格商定最后价格。在我国出口业务中，有时在合同中先订立一个初步价格，作为开立信用证和初步付款的依据，待双方确定最后价格后再进行最后清算。

例如："单价暂定CIF纽约，每公吨2 000英镑，作价方法：以 ×× 交易所3个月期货，按装船月份月平均价加5英镑计算，买方按本合同规定的暂定价开立信用证。"

无论是待定价格还是暂定价格，由于价格没有确定，容易给合同带来较大的不稳定性，双方可能因缺乏明确的作价标准，或对市场的判断不一致，而在商订价格时各执己见，相持不下，导致合同无法执行。因此，这两种作价方式一般适用于双方有长期交往并已形成比较固定的交易习惯的合同。

（四）价格调整条款

在国际货物买卖中，有的合同除规定具体价格外，还规定有各种不同的价格调整条款。例如："如卖方对其他客户的成交价高于或低于合同价格5%，对本合同未执行的数量，双方协商调整价格。"这种做法的目的是把价格变动的风险规定在一定范围之内，以提高客户经营的信心。

在国际上，随着某些国家通货膨胀的加剧，有些商品合同，特别是加工周期较长的大型机器设备合同，都普遍采用所谓"价格调整条款"（Price Adjustment/Revision Clause），要求在订约时只规定初步价格（Initial Price），同时规定如原料价格、工资发生变化，卖方保留调整价格的权利。

在价格调整条款中，通常使用下列公式来调整价格：

$$P = P_0\left(A + B\frac{M}{M_0} + C\frac{W}{W_0}\right)$$

式中：P代表商品交货时的最后价格；P_0代表签订合同时约定的初步价格；M代表计算最后价格时引用的有关原料的平均价格或指数；M_0代表签订合同时引用的有关原料的价格或指数；W代表计算最后价格时引用的有关工资的平均数或指数；W_0代表签订合同时引用的工资平均数或指数。A代表经营管理费用和利润在价格中所占的比重；B代表原料在价格中所占的比重;C 代表工资在价格中所占的比重;A、B、C 所分别代表的比例签合同时确定后固定不变。

如果买卖双方在合同中规定,按上述公式计算出来的最后价格与约定的初步价格相比,其差额不超过约定的范围(如百分之若干),初步价格可不予调整,合同原定的价格对双方当事人仍有约束力,双方必须严格执行。

上述"价格调整条款"的基本内容,是按原料价格和工资的变动来计算合同的最后价格。在通货膨胀的条件下,它实质上是出口厂商转嫁国内通货膨胀、确保利润的一种手段。但值得注意的是,这种做法已被联合国欧洲经济委员会纳入它所制订的一些"标准合同"之中,而且其应用范围已从原来的机械设备交易扩展到一些初级产品交易,因而具有一定的普遍性。在使用价格调整条款时,合同价格的调整是有条件的。用来调整价格的各个因素在合同期间所发生的变化,如约定必须超过一定的范围才予以调整时,则未超过限度的,即不予调整。

第二节　计价货币的选择

计价货币(Money of Account)是指合同中规定用来计算价格的货币。如合同中的价格是用一种双方当事人约定的货币(如美元)来表示的,没有规定用其他货币支付,则合同中规定的货币,既是计价货币,又是支付货币(Money of Payment)。如在计价货币之外,还规定了用其他货币来支付,这种货币就是支付货币。在一般的国际货物买卖合同中,价格都表现为一定量的特定货币(如每公吨为 300 美元),通常不再规定支付货币。

一、计价货币的选择方法

根据国际贸易的特点,用来计价的货币,可以是出口国家货币,也可以是进口国家货币或双方同意的第三国货币,由买卖双方协商确定。由于世界各国的货币价值并不是一成不变的,特别是在世界许多国家普遍实行浮动汇率的条件下,通常被用来计价的各种主要货币的币值更是严重不稳。国际货物买卖通常的交货期都比较长,从订约到履行合同,往往需要有一个过程。在此期间,计价货币的币值是要发生变化的,甚至会出现大幅度的起伏,其结果必然直接影响进出口双方的经济利益。因此,如何选择合同的计价货币就具有重大的经济意义,是买卖双方在确定价格时必须注意的问题。

除双方国家订有贸易协定和支付协定,而交易本身又属于上述协定的交易,必须按规定的货币进行清算外,一般进出口合同都是采用可兑换的、国际上通用的或双方同意的支付手段进行计价和支付。但是,这些货币的软硬程度并不相同,发展趋势也不一致。因此,具体到某一笔交易,都必须在深入调查研究的基础上,尽可能争取把发展趋势对己方有利的货币作为计价货币。

从理论上来说,出口交易宜采用硬币计价;进口合同宜采用软币计价。但在实际业务中,计价货币的选择还应视双方的交易习惯、经营意图以及价格而定。

二、采用不利货币的补救办法

在国际贸易中，有时为了达成交易，不得不采用对己方不利的货币。在这种情况下，可采取一些补救办法。

1. 根据汇率的可能变动幅度，相应调整对外报价

如果订立进口合同时使用“硬币”的货币为计价货币和支付货币，可在确定价格时，适当压低进口价格，以抵消付款时汇率变动可能造成的过多支付。如果在订立出口合同时使用“软币”的货币为计价和支付货币，则在确定价格时，适当提高出口价格以避免收汇时汇率变动造成的损失。

2. 争取订立保值条款

交易双方签订买卖合同时，可以约定合同货币与其他一种货币的汇率，付款时，若汇率发生变动，即按比例调整合同价格，以避免计价货币汇率变动的风险。

在合同规定用一种货币计价，而用另一种货币支付的情况下，因两种货币在市场上的地位不同，其中有的坚挺（称“硬币”），有的疲软（称“软币”），这两种货币按什么时候的汇率进行结算，是关系到买卖双方利害得失的一个重要的问题。

如果两种货币的汇率是按付款时的汇率计算，则不论计价和支付用的是什么货币，都可以按计价货币的量收回货款。对卖方来说，如果计价货币是硬币，支付货币是软币，基本上不会受损失，可起到保值的作用；如果计价货币是软币，支付货币是硬币，他所收入的硬币就会减少，这对卖方不利，而对买方有利。

如果计价货币和支付货币的汇率在订约时已经固定。那么，在计价货币是硬币、支付货币是软币的条件下，卖方在结算时收入的软币所代表的货值往往要少于按订约日的汇率应收入的软币所代表的货值，也就是说对买方有利，而对卖方不利。反之，如计价货币是软币，支付货币是硬币，则对卖方有利，对买方不利。

第三节 佣金和折扣

在合同价格条款中，有时会涉及佣金（Commission）和折扣（Discount; Allowance）。价格条款中所规定的价格，可分为包含有佣金或折扣的价格和不包含这类因素的净价（Net Price）。包含有佣金、折扣的价格，在业务中通常称为“含佣价”“折扣价”。

一、佣金

（一）佣金的概念

佣金是代理人或经纪人为委托人进行交易而收取的报酬。在国际货物买卖中，出口商支付给销售代理人或进口商支付给购买代理人的酬金，此项酬金就是佣金。凡在合同价格条款中，明确规定佣金的百分比，称为“明佣”。不标明佣金的百分比，甚至连“佣金”字样也不标示出来，有关佣金的问题由双方当事人另行约定，这种暗中约定佣金的做法，称为“暗

佣”。价格中是否包括佣金和佣金比例的大小都影响商品的价格。含佣价一定比净价高。正确运用佣金，有利于调动中间商的积极性和扩大交易。

（二）佣金的规定办法

在商品价格中包括佣金时，通常应以文字来说明。

例如：每公吨 200 美元 CIF 旧金山 Incoterms® 2020，包括 2% 佣金（US $ 200 per M/T CIF San Francisco Incoterms® 2020 including 2% commission）。

也可在贸易术语上加注佣金的缩写英文字母“C”和佣金的百分比来表示。

例如：每公吨 200 美元 CIFC2% 旧金山 Incoterms®2020（US $200 per M/T CIFC2% San Francisco Incoterms® 2020）。

商品价格中所包含的佣金，除用百分比表示外，也可以用绝对数来表示。

例如：每公吨付佣金 25 美元。

佣金的规定应合理，其比率一般掌握在 1%～5% 之间，不宜偏高。

（三）佣金的计算与支付方法

在国际贸易中，计算佣金的方法不一，最常见的是以成交金额或发票金额为基础计算。

关于计算佣金的公式如下：

$$单位货物佣金额 = 含佣价 \times 佣金率$$

$$净价 = 含佣价 - 单位货物佣金率$$

上述公式也可写成：

$$净价 = 含佣价 \times (1 - 佣金率)$$

假如已知净价，则含佣价的计算公式应为：

$$含佣价 = \frac{净价}{1 - 佣金率}$$

佣金的支付一般有两种做法：一种是由中间代理商直接从货价中扣除佣金；另一种是在委托人收清货款之后，再按事先约定的期限和佣金比率，另行付给中间代理商。

按照一般惯例，在独家代理情况下，如委托人同约定地区的其他客户达成交易，即使未经独家代理，也须按约定的比率付给其佣金。

二、折扣

（一）折扣的概念

折扣是指卖方按原价给予买方一定百分比的减让，即在价格上给予适当的优惠。国际贸易中使用的折扣，名目很多，除一般折扣外，还有为扩大销售而使用的数量折扣（Quantity Discount）、为实现某种特殊目的而给予的特别折扣（Special Discount）以及年终回扣（Turnover Bonus）等。凡在价格条款中明确规定折扣率的，称为“明扣”；凡交易双方就折扣问题已达成协议，而在价格条款中却不明示折扣率的，称为“暗扣”。折扣直接关系到商品的价格，货价中是否包括折扣和折扣率的大小，都影响商品价格，折扣率越高，则价格越低。折扣如同佣金一样，都是市场经济的必然产物，正确运用折扣，有利于调动采购商的积极性和扩大销路，在国际贸易中，它是加强对外竞销的一种手段。

（二）折扣的规定办法

在国际贸易中，折扣通常在合同价格条款中用文字明确表示出来。

例如：CIF 伦敦国际贸易术语解释通则 2020 每公吨 100 美元，折扣 3%（US＄200 per metric ton CIF London Incoterms® 2020 including 3% discount）。

此例也可这样表示：每公吨 100 美元 CIF 伦敦国际贸易术语解释通则 2020 减 3% 折扣（US＄200 per metric ton CIF London Incoterms® 2020 less 3% discount）。

此外，折扣也可以用绝对数来表示。

例如：每公吨折扣 6 美元。

在实际业务中，也有用“CIFD”或“CIFR”来表示 CIF 价格中包含折扣。这里的“D”和“R”是“Discount”和“Rebate”的缩写。鉴于在贸易往来中加注的“D”或“R”含义不清，可能引起误解，故最好不使用此缩写语。

交易双方采取暗扣的做法时，则在合同价格中不予规定。

（三）折扣的计算与支付方法

折扣通常是以成交额或发票金额为基础计算出来的。

例如：CIF 伦敦，每公吨 2 000美元，折扣 2%，卖方的实际净收入为每公吨 1 960美元。

其计算方法如下：

单位货物折扣额＝原价（或含折扣价）× 折扣率

卖方实际净收入＝原价 − 单位货物折扣额

折扣一般是在买方支付货款时预先予以扣除。也有的折扣金额不直接从货价中扣除，而按暗中达成的协议另行支付给买方，这种做法通常在给“暗扣”或“回扣”时采用。

第四节 进出口商品成本核算

在确定出口价格时，应认真核算成本，计算盈亏，防止单纯追求成交数量的现象。出口时，要对出口总成本、出口销售外汇（美元）净收入和人民币净收入等数据做到心中有数，通过出口商品盈亏率、出口换汇成本和出口创汇率等指标来掌握出口商品的盈亏情况，加强成本效益的核算与控制。

一、出口总成本

出口总成本是指外贸企业为出口商品支付的国内总成本，其中包括进货成本和国内费用，如需缴纳出口税的商品，出口成本中还应包括出口税，扣除出口退税。具体计算公式如下。

出口总成本 = 出口商品购进价（含增值税）+ 国内费用 − 出口退税收入

出口退税收入 = 出口商品购进价（含增值税）-（1+ 增值税率）× 出口退税率

二、出口销售外汇净收入

出口销售外汇净收入是指出口销售外汇总收入扣除劳务费用等非贸易外汇后的外汇收入，如按 FOB 价格成交，成交价格就是外汇净收入，如按 CIF 价格成交，则扣除国外运费和保险费等劳务费用支出后即为外汇净收入，如按含佣价成交还要扣除佣金。

出口销售外汇净收入 = FOB 总价

出口销售外汇净收入 = CIF 总价 − 国外运费 − 保险费

出口销售外汇净收入 = 含佣价总额 − 佣金

三、出口销售人民币净收入

出口销售人民币净收入是指出口外汇净收入按照结汇银行外汇牌价的现汇买入价折成人民币的金额。即按 FOB 价出售所得的人民币净收入。

出口销售人民币净收入 = 出口销售外汇净收入 × 结汇时的外汇汇率

四、出口商品盈亏额与出口商品盈亏率

出口盈亏额是指出口销售人民币净收入与出口总成本的差额，前者大于后者为盈利；反之为亏损。其计算公式如下。

出口商品盈亏额 = 出口销售人民币净收入 − 出口总成本

出口商品盈亏率是指出口商品盈亏额与出口总成本的比率。它是衡量出口盈亏程度的一项重要指标。计算公式如下。

$$\text{出口商品盈亏率} = \frac{\text{出口销售人民币净收入} - \text{出口总成本}}{\text{出口总成本}} \times 100\%$$

五、出口商品换汇成本

出口商品换汇成本也是用来反映出口商品盈亏的一项重要指标，它是某种商品的出口总成本与出口所得的外汇净收入之比。出口商品换汇成本如高于银行的外汇牌价，则出口为亏损；反之，则说明出口有盈利。其计算公式如下。

$$\text{出口换汇成本} = \frac{\text{出口总成本（本币）}}{\text{出口外汇净收入（外汇）}}$$

六、出口创汇率

出口创汇率是指加工后成品出口的外汇净收入与原料外汇成本的比率。如原料为国产品，其外汇成本可按原料的 FOB 出口价计算。如原料是进口的，则按该原料的 CIF 价计算。通过出口的外汇净收入和原料外汇成本的对比，则可看出成品出口的创汇情况，从而确定出口成品是否有利。特别是在进料加工的情况下，核算出口创汇率这项指标更有必要。其计算公式如下。

$$出口创汇率=\frac{成品出口外汇净收入-原料外汇成本}{原料外汇成本}\times100\%$$

链接 7-1 出口退税

出口退税是指在国际贸易业务中，对我国报关出口的货物退还在国内各生产环节和流转环节按税法规定缴纳的增值税和消费税，即出口环节免税且退还以前纳税环节的已纳税款。出口退税，有利于增强本国商品在国际市场上的竞争力，为世界各国所采用。作为国际通行惯例，出口退税可以使出口货物的整体税负归零，有效避免国际双重课税。

出口退税一般分为两种：一种是退还进口税，即出口产品企业用进口原料或半成品，加工制成产品出口时，退还其已纳的进口税；另一种是退还已纳的国内税款，即企业在商品报关出口时，退还其生产该商品已纳的国内税金。

出口退税的条件如下。

1. 必须是增值税、消费税征收范围内的货物

增值税、消费税的征收范围，包括除直接向农业生产者收购的免税农产品以外的所有增值税应税货物，以及烟、酒、化妆品等 11 类列举征收消费税的消费品。遵循"未征不退"的原则。

2. 必须是报关离境出口的货物

所谓"出口"，即输出关口，它包括自营出口和委托代理出口两种形式。区别货物是否报关离境出口，是确定货物是否属于退(免)税范围的主要标准之一。凡在国内销售、不报关离境的货物，除另有规定者外，不论出口企业是以外汇还是以人民币结算，也不论出口企业在财务上如何处理，均不得视为出口货物予以退税。

3. 必须是在财务上作出口销售处理的货物

出口货物只有在财务上作出口销售处理后，才能办理退(免)税。也就是说，出口退(免)税的规定只适用于贸易性的出口货物，而对非贸易性的出口货物，如捐赠的礼品、在国内个人购买并自带出境的货物(另有规定者除外)、样品、展品、邮寄品等等，因其一般在财务上不作销售处理，故按照现行规定不能退(免)税。

4. 必须是已收汇并经核销的货物

按照现行规定，出口企业申请办理退(免)税的出口货物，必须是已收外汇并经外汇管理部门核销的货物。

国家规定外贸企业出口的货物必须要同时具备以上 4 个条件。生产企业(包括有进出口经营权的生产企业、委托外贸企业代理出口的生产企业、外商投资企业，下同)申请办理出口货物退(免)税时必须增加一个条件，即申请退(免)税的货物必须是生产企业的自产货物或视同自产货物才能办理退(免)税。

第五节 主要贸易术语的商品价格构成与换算

在国际贸易实践中，经常出现当一方报出某种贸易术语的价格时，另一方要求改报成其

他贸易术语的价格，这就涉及各种贸易术语的价格换算。在进行不同贸易术语的价格换算时，商务人员不仅应熟悉不同贸易术语的价格构成，还应掌握各种贸易术语的价格换算方法。

一、主要贸易术语的商品价格构成

常用贸易术语主要是 FOB、CFR、CIF，另外还有 FCA、CPT、CIP。

（一）FOB、CFR、CIF 三种贸易术语的价格构成

FOB、CFR、CIF 三个贸易术语仅适用于海上或内河运输。价格构成包括进货成本、费用和净利润。其中成本所占比重最大，费用的比重虽小，包括的项目最多，核算最为复杂。包括国内费用和国外费用。

1. 国内费用

国内费用包括以下几种：

1）加工整理费用；

2）包装费用；

3）保管费用（包括仓租、火险等）；

4）国内运输费用（仓至码头）；

5）证件费用（包括商检费、公证费、领事签证费、产地证费、许可证费、报关单费等）；

6）装船费（装船、起吊费和驳船费等）；

7）银行费用（贴现利息、手续费等）；

8）预计损耗（耗损、短损、漏损、破损、变质等）；

9）邮电费（电报、电传、邮件等费用）。

2. 国外费用

国外费用包括以下几种：

1）国外运费（自装运港至目的港的海上运输费用）；

2）国外保险费（海上货物运输保险）；

3）如果有中间商，还包括支付给中间商的佣金。

3. 计算公式

计算公式如下：

FOB 价 = 进货成本价 + 国内费用 + 净利润

CFR 价 = 进货成本价 + 国内费用 + 国外运费 + 净利润

CIF 价 = 进货成本价 + 国内费用 + 国外运费 + 国外保险费 + 净利润

（二）FCA、CPT、CIP 三种贸易术语的价格构成

FCA、CPT、CIP 适用于任何运输方式。价格构成包括进货成本、费用和净利润。

1. 国内费用

国内费用包括以下几种：

1）加工整理费用；

2）包装费用；

3）保管费用（包括仓租、火险等）；

4）国内运输费用（仓至约定的交货地）；

5）拼箱费（如果货物构不成一整集装箱）；

6）证件费用（包括商检费、公证费、领事签证费、产地证费、许可证费、报关单费等）；

7）银行费用（贴现利息、手续费等）；

8）预计损耗（耗损、短损、漏损、破损、变质等）；

9）邮电费（电报、电传、邮件等费用）。

2. 国外费用

国外费用包括以下几种：

1）国外运费（自出口国内陆启运地至国外目的地的运输费用）；

2）国外保险费；

3）如果有中间商，还包括支付给中间商的佣金。

3. 计算公式

计算公式如下：

FCA 价 = 进货成本价 + 国内费用 + 净利润

CPT 价 = 进货成本价 + 国内费用 + 国外运费 + 净利润

CIP 价 = 进货成本价 + 国内费用 + 国外运费 + 国外保险费 + 净利润

二、主要贸易术语的价格换算

（一）FOB、CFR、CIF 三种术语的换算

1. FOB 价换算为其他价

CFR 价 = FOB 价＋国外运费

CIF 价 =（FOB 价＋国外运费）/（1- 投保加成 × 保险费率）

2. CFR 价换算为其他价

FOB 价 =CFR 价 - 国外运费

CIF 价 = CFR 价 /（1- 投保加成 × 保险费率）

3. CIF 价换算为其他价

FOB 价 =CIF 价 ×（1- 投保加成 × 保险费率）- 国外运费

CFR 价 = CIF 价 ×（1- 投保加成 × 保险费率）

（二）FCA、CPT、CIP 三种术语的换算

1. FCA 价换算为其他价

CPT 价 = FCA 价＋国外运费

CIP 价 =（FCA 价＋国外运费）/（1- 保险加成 × 保险费率）

2. CPT 价换算为其他价

FCA 价 =CPT 价 - 国外运费

CIP 价 = CPT 价 /（1- 保险加成 × 保险费率）

3. CIP 价换算为其他价

FCA 价 =CIP 价 ×（1- 保险加成 × 保险费率）- 国外运费

CPT 价 = CIP 价 ×（1- 保险加成 × 保险费率）

第六节　国际货物买卖合同中的价格条款

一、价格条款的内容

合同中的价格条款，一般包括商品的单价和总值两项基本内容，确定单价的作价办法和与单价有关的佣金与折扣的运用，也属价格条款的内容。

（一）单价

商品的单价通常由四个部分组成，即包括计量单位（如公吨）、单位价格金额（如100）、计价货币（如美元）和贸易术语（如CIF伦敦 Incoterms® 2020）。在价格条款中可规定："每公吨100美元，CIF 伦敦"（USD100 per M/T CIF London Incoterms® 2020）。

（二）总值

总值是指单价同成交商品数量的乘积，即一笔交易的货款总金额。在总值项下的计价货币应与单价使用的计价货币一致，而且，在总值之后一般也应列明与单价相同的贸易术语。

二、订立价格条款应注意的问题

为了使价格条款的规定明确合理，必须注意下列事项。

1）合理确定商品的单价，防止作价偏高或偏低。

2）根据经营意图和实际情况，在权衡利弊的基础上选用适当的贸易术语。

3）争取选择有利的计价货币，以免遭受币值变动带来的风险，如采用不利的计价货币时，应当加订保值条款。

4）灵活运用各种不同的作价办法，以避免价格变动的风险。

5）参照国际贸易的习惯做法，注意佣金和折扣的合理运用。

6）如交货品质和数量约定有一定的机动幅度，则对机动部分的作价也应一并规定。

7）如包装材料和包装费另行计价时，对其计价办法也应一并规定。

8）单价中涉及的计量单位、计价货币、装卸地名称，必须书写正确、清楚，以利合同的履行。

思考题

1. 进出口商品的作价原则是什么？

2. 我国进出口货物的作价办法有哪几种？在选用各种作价办法时应注意什么问题？

3. 如何计算出口商品盈亏率、出口商品换汇成本和出口创汇率？

4. 进出口合同中的价格条款包括哪些内容？规定此条款时应注意什么问题？

第八章　进出口商品检验

本章教学目的及要求

通过本章学习，应了解进出口商品检验的作用；了解检验机构和有关检验证书；掌握国际货物买卖和合同中商品检验的时间和地点、检验机构的规定方法。

进出口商品检验是买卖双方交接货物过程中必不可少的重要业务环节。

在国际货物买卖中，由于买卖双方分处在不同的国家或地区，进出口货物运输距离远，难免会出现品质、数量短缺等问题。为避免争议的发生或发生争议后便于分清责任和进行处理，就需要由双方认可的检验机构负责对卖方交付的货物的质量、数量、包装进行检验，或对装运技术、货物残损短缺等情况进行检验或鉴定。检验机构检验或鉴定后出具相应的检验证书，作为买卖双方交接货物、支付货款和进行索赔、理赔的重要依据。

第一节　进出口商品检验的作用及范围

一、进出口商品检验的作用

国际货物买卖中的商品检验(Commodity Inspection)，简称“商检”，是指检验机构对进出口商品的质量、数量、包装、卫生、装运条件以及涉及人类的健康安全、动植物的生命和健康的保护、环境保护、欺诈行为的防止、国家安全的维护等项内容进行检验、鉴定和监督管理。

商品检验是买卖双方在货物交接过程中不可缺少的重要环节。它的作用主要体现在以下几个方面。

(一)保证买卖双方顺利履行合同

在国际货物买卖中，买卖双方身处不同的国家或地区，难以当面交接货，并且货物需要经过长途运输，途中可能还会多次装卸，难免会发生货物短损残缺甚至灭失等问题，尤其是在凭单证交接货物的象征性交货条件下，买卖双方对所交货物的品质、数量、重量、包装等问题更容易产生争议，也会涉及发货人、运输部门、装卸部门、保险公司等多方面的责任。因此，为了明确责任的归属，查明货损的原因和程度，避免纠纷或出现争议后能够妥善解决，需要一个有资格的、公正的第三方即商品检验机构对货物进行检验或鉴定，以维护国际贸易双方的合法权益。

(二)促进进出口商品质量提高

在进出口贸易中，一国需要从其他国家及地区进口多种商品或生产要素，本国的检验机构就应当对进口商品检验检疫,可以防止不法商人以旧充新、以次充好,避免和防止品质低下的商品进入国内,有效地维护消费者的权益。同时还可以防止动植物传染病、寄生虫病和植物危险性病虫害传播,保障农林渔业生产和人的健康。通过对出口商品的检验,能够及时发现出口商品的问题,促使生产企业采取措施改进技术水平和工艺流程,以提高产品的质量、包装等问题,增强产品在国际市场上的竞争力,也可有效避免贸易纠纷,促进本国出口贸易的增长。

由此可见,商品检验检疫不仅能够促进进出口贸易的正常发展,而且还关系到本国的国民经济是否能顺利发展、生态环境能否保持平衡、人民的身体健康和动植物生长能否得到保证。因此,许多国家和有关国际组织也都纷纷立法予以保证。

链接 8-1　有关商品检验的法律规定

《中华人民共和国进出口商品检验法》规定:凡列入出入境检验机构必须实施检验的进出口商品目录的进出口商品,必须由商检机构按照国家技术规范的强制性要求进行检验。除经国家商检部门审查批准免于检验者外,凡未经检验的进口商品,不准销售、使用,凡未经检验合格的出口商品,不准出口。

英国《1893 年货物买卖法》第 34 条规定:“除非另有约定,卖方在向买方提供货物的交付时,有义务根据要求,给买方提供检验货物的合理机会,以确定货物是否符合合同。”

《联合国国际货物销售合同公约》第 38 条规定:“卖方必须在按情况实际可行的最短时间内检验货物或由他人检验货物。如果合同涉及货物的运输,检验可推迟到货物到达目的地后进行。”

二、我国进出口商品实施检验的范围

1)中华人民共和国进出口商品检验法(2018 年修正)规定:列入进出口商品目录的进出口商品,由商检机构实施检验。

2)出口危险货物包装容器的性能鉴定和使用鉴定。为出口危险货物生产包装容器的企业及生产出口危险货物的企业,必须申请商检机构进行包装容器的使用鉴定。使用未经鉴定合格的包装容器的危险货物,不准出口。

3)装运出口易腐烂变质食品的船舱和集装箱等运载工具的适载检验。承运人、装箱单位或者其代理人必须在装货前申请检验。未经检验合格的,不准装运。

4)有关国际条约规定须经商检机构检验的进出口商品的检验。

5)其他法律、行政法规规定须经商检机构检验的进出口商品的检验。

第二节　检验时间和检验地点

检验时间和地点是指在何时何地行使对货物的检验权。检验权是指买方或卖方有权对所交易的货物进行检验,其检验结果即作为交付与接收货物的依据。确定检验的时间和地

点，实际上是确定交易双方哪一方行使对货物的检验权，也确定了检验结果以哪一方提供的检验证书为准。因此，检验时间和地点关系着买卖双方的切身利益，是交易双方商定检验条款时的核心问题。

在国际货物买卖合同中，关于检验的时间和地点的规定，基本有三种做法。

一、在出口国检验

在出口国检验又可分为产地（工厂）检验和装运港（地）检验。

（一）产地（工厂）检验

产地（工厂）检验是指货物在产地出运或工厂出厂前，由产地或工厂的检验部门或买方的验收人员进行检验和验收，并由买卖合同中规定的检验机构出具检验证书，作为卖方所交货物的品质、数量（重量）等项内容的最后依据。卖方只承担货物离开产地或工厂前的责任，对于货物在运输途中所发生的一切变化，卖方概不负责。

（二）装运港（地）检验

装运港（地）检验，又称“离岸品质、离岸重量”（Shipping Quality and Weight），是指货物在装运港（地）交货前，由买卖合同中规定的检验机构对货物的品质、重量（数量）等项内容进行检验，并以该机构出具的检验证书作为最后依据。卖方对交货后货物所发生的变化不承担责任。

采用上述两种规定办法时，即使买方在货物到达目的港或目的地后，自行委托检验机构对货物进行复验，也无权对商品的品质和重量向卖方提出异议。这两种规定方法，从根本上否定了买方的复验权，对买方极为不利。

二、在进口国检验

在进口国检验是指货物运抵目的港（地）卸货后检验，或在买方营业处所（最终用户所在地）检验。

（一）在目的港（地）检验

目的港（地）检验，又称“到岸品质、到岸重量”（Landed Quality and Weight），是指货物运达目的港（地）时，由合同规定的检验机构在规定的时间内，就地对商品进行检验，并以该机构出具的检验证书作为卖方所交货物品质、重量（数量）的最后依据。采用这种方法时，买方有权根据货物运抵目的港或目的地时的检验结果，对属于卖方责任的品质、重量（数量）等检验内容的不符点，向卖方索赔。

（二）在买方营业处所（最终用户所在地）检验

对于一些因使用前不便拆开包装，或因不具备检验条件而不能在目的港或目的地检验的货物，如密封包装货物、精密仪器等，通常都是在买方营业处所或最终用户所在地，由合同规定的检验机构在规定的时间内进行检验。货物的品质和重量（数量）等项内容以该检验机构出具的检验证书为准。

采取上述两种做法时，卖方实际上须承担到货品质、重量（数量）的责任，因此，对卖方极为不利。

三、在出口国检验、在进口国复验

出口国检验、进口国复验是指卖方在出口国装运货物时，以合同规定的装运港或装运地检验机构出具的检验证书，作为卖方向银行收取货款的凭证之一，货物运抵目的港或目的地后，由双方约定的检验机构在规定的地点和期限内对货物进行复验。复验后，如果货物与合同规定不符，而且属于卖方责任所致，买方有权凭该检验机构出具的检验证书，在合同规定的期限内向卖方索赔。由于这种做法兼顾了买卖双方的利益，较为公平合理，因而它是国际货物买卖中最常见的一种规定检验时间和地点的方法。

第三节　检验机构

在国际货物买卖中，交易双方除了自行对货物进行必要的检验外，通常还需要委托独立于买卖双方之外的第三方对货物进行检验。这种根据客户的委托或有关法律的规定对进出境商品进行检验、鉴定和管理的机构就是商品检验机构。

一、国外的检验机构

国际上的商品检验机构名称各异，有的称“公正行”（Authentic Surveyor）、“宣誓衡量人”（Sworn Measurer），有的称“实验室”（Laboratory）等。商品检验机构从组织的性质来分，可分为官方、半官方和非官方检验机构。

（一）官方检验机构

由国家或地方政府投资，按国家有关法律、法令对出入境商品实施强制性检验、检疫和监督管理的机构。如美国食品药品监督管理局，法国国家实验室检测中心、日本通商产业检查所等。

（二）半官方检验机构

有一定权威，由国家政府授权、代表政府行使某项商品检验或某一方面检验管理工作的民间机构。如美国保险人实验室（Underwriters' Laboratory，UL）。

（三）非官方检验机构

由私人创办的，具有专业检验、坚定技术能力的公正行或检验公司。如英国埃劳氏公正行（Lloyd's Surveyor），瑞士日内瓦通用鉴定公司（Societe Generale De Surveillance S.A.，SGS）。

二、我国的商品检验机构及其职能

中华人民共和国海关总署（简称“海关总署”）主管全国进出口商品检验工作。海关总署设在省、自治区、直辖市以及进出口商品的口岸、集散地的出入境检验检疫机构，管理所负责地区的进出口商品检验工作。

根据《中华人民共和国进出口商品检验法》(简称《商检法》)(2018年修正)和《中华人民共和国进出口商品检验法实施条例》(《商检法实施条例》)(2019年修订)的规定,出入境检验检疫机构的基本职能有三项:实施法定检验,对法定检验以外的进出口商品实施抽查检验,对进出口商品的质量和检验工作实施监督管理。

(一)实施法定检验

法定检验是指出入境检验检疫机构依据国家法律、行政法规,对规定的进出口商品或有关的检验检疫项目实施强制性的检验或检疫。属于法定检验的出口商品,未经检验合格的,不准出口;属于法定检验的进口商品,未经检验的,不准销售、使用。

实施法定检验的范围是指列入必须实施检验的进出口商品目录(以下简称目录)的进出口商品,以及法律、行政法规规定须经出入境检验检疫机构检验的其他进出口商品。目录由国家商检部门制定和调整。

(二)对目录外商品实施抽查检验

按照商检法及其实施条例的规定,出入境检验检疫机构对法定检验目录以外的进出口商品,根据国家规定实施抽查检验。

(三)对进出口商品的质量和检验工作实施监督管理

根据《商检法》和《商检法实施条例》规定,出入境检验检疫机构根据便利对外贸易的需要,对进出口企业实施分类管理,对实施许可制度和国家规定必须经过认证的进出口商品实行验证管理,对进出口货物收发货人、代理人办理报检手续进行备案管理。

链接 8-2 检验的基本程序

我国进出口商品的检验检疫的基本程序:进出口企业(生产企业)向检验检疫机构申报检验;检验检疫机构现场抽样;检验检疫机构制样并按合同或信用证规定的检验项目、检验方法、检验标准对样品进行检验;经检验合格的货物,检验机构签发出入境通关单、检验证书。

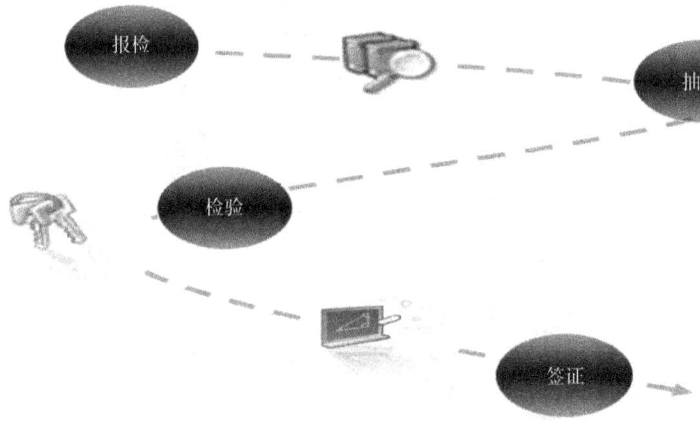

检验流程图

第四节　检验标准

检验标准是商品检验机构对进出口商品实施检验的基本依据。同一种商品，由于对其实施的检验所依据的标准和方法不同，检验结果会相差很远。因此，买卖双方在签订贸易合同时，要明确检验所依据的标准。

一、检验标准的分类

在国际货物买卖中，商品的检验标准可归纳为以下三类。

（一）买卖合同中规定的检验标准

买卖双方在买卖合同中明确规定的检验标准。这是国际货物买卖中普遍采用的检验标准。

（二）贸易有关国家制定的强制执行的法规标准

这里主要指商品生产国、出口国、进口国、消费国或过境国所制定的法规标准，如货物原产地标准、安全法规标准、卫生法规标准、环保法规标准、动植物检疫法规标准。

（三）权威性标准

权威性标准是指在国际上具有权威性的检验标准，包括国际专业化组织标准、区域性标准化组织标准和某国权威性标准三种。

1. 国际专业化组织标准

由国际标准化组织、国际电工委员会、国际计量局、国际海事组织、食品法规委员会、国际法定计量组织、国际羊毛局、国际橡胶协会等组织分别制定的标准。

2. 区域性标准化组织标准

由区域性组织制定的标准，如欧洲标准化委员会、欧洲电工标准委员会、泛美技术标准委员会等制定的标准。

3. 某国权威性标准

某些国家制定的具有国际权威性的检验标准，如《英国药典》《美国食品与药品管理局标准》《美国保险商实验室安全标准》《美国公职分析化学家协会标准》，等等。

根据《中华人民共和国标准法》和《中华人民共和国标准化法实施条例》的规定，商品的标准分为国家标准、行业标准、地方标准和企业标准。

二、我国商检机构对进出口商品实施检验的标准

根据《中华人民共和国进出口商品检验法》（2018年修正）第一章第七条规定，法定检验的进出口商品，按照国家技术规范的强制性要求进行检验；尚未制定国家技术规范的强制性要求的，应当依法及时制定，未制定之前，可以参照国家商检部门指定的国外有关标准进行检验。

海关总署根据进出口商品检验工作的实际需要和国际标准，可以制定进出口商品检验

方法的技术规范和标准。

第五节 检验证书

检验证书(Inspection Certificate)是检验机构对进出口商品进行检验、鉴定后签发的书面证明文件。

一、检验证书的种类

国际贸易中常见的检验证书有以下几种。

1)品质检验证书(Inspection Certificate of Quality),主要证明货物的品质状况。

2)重量或数量检验证书(Inspection Certificate of Weight or Quantity),主要证明货物的重量或数量状况。

3)兽医检验证书(Veterinary Inspection Certificate),证明出口动物产品经过检疫合格的证件。适用于冻畜肉、冻禽、禽畜罐头、冻兔、皮张、毛类、绒类、猪鬃、肠衣等出口商品。

4)卫生检验证书(Sanitary Inspection Certificate),又称“健康检验证书”(Inspection Certificate of Health),证明食用动物产品、食品在出口前已经过卫生检验、可供食用的证书。

5)消毒检验证书(Inspection Certificate of Disinfection),证明出口动物产品经过消毒处理,保证安全卫生的证件。适用于猪鬃、马尾、皮张、山羊毛、羽毛、人发等商品。

6)熏蒸证书(Inspection Certificate of Fumigation),证明出口粮谷、油籽、豆类、皮张等商品,以及包装用木材与植物性填充物等,已经过熏蒸灭虫的证书。

7)残损检验证书(Inspection Certificate on Damaged Cargo),证明进口商品残损情况的证件,适用于进口商品发生残、短、渍、毁等情况,可作为收货人向发货人或承运人或保险人等有关责任方索赔的有效证件。

8)价值证明书(Certificate of Value),证明出口商品价值的证书,通常用于证明发货人发票所载的商品价值正确、属实。

9)产地证书(Inspection Certificate of Origin),证明出口商品原生产地的证书,通常包括一般产地证、普惠制产地证、野生动物产地证等。

在实际业务中,卖方需要提供哪种检验证书,还需要买卖双方根据成交货物的种类、性质、有关国家的法律法规和贸易习惯来确定。

二、检验证书的作用

(一)证明卖方所交货符合合同规定的依据

在国际货物买卖中,交付与合同规定相符的货物是卖方的基本义务之一。因此,合同或信用证中通常都规定,卖方交货时必须提交规定的检验证书,以证明所交货物与合同规定一致。

(二)报关验放的依据

凡属法定检验范围的商品,在办理进出口清关手续时,必须向海关提供商检机构签发的检验证书。否则,海关不予放行。

(三)卖方办理货款结算的依据

当合同或信用证中规定在出口国检验,或规定在出口国检验、进口国复验时,一般合同中都规定,卖方须提交规定的检验证书。此种情况下,卖方在向银行办理货款结算时,在所提交的单据中,必须包括检验证书。

(四)办理索赔和理赔的依据

如果买方所收到的货物经指定的商检机构检验与合同规定不符时,检验机构签发的相关检验证书是买方向有关责任方提出索赔和相关责任方办理理赔的重要依据。

(五)解决争议的依据

在国际货物买卖中,当贸易双方发生争议未能协商解决,而提交仲裁或进行司法诉讼时,检验证书是当事人向仲裁机构或法院举证的重要凭证,也是仲裁机构或法院进行裁决的重要依据。

(六)计算关税的依据

检验机构出具的重量或数量检验证书是海关核查、征收进出口关税的重要依据。检验机构出具的产地证是进口国海关核定关税率的依据。

三、缮制检验证书的注意事项

(一)出证机关、地点及证书名称

如果合同或信用证未规定出具证书的机构,可由出口商自行决定;如果合同或信用证规定由"有关当局"出证,则应根据情况由有关的商检机构出具。出证地点除合同或信用证有特别规定外,原则上应在装运口岸(地)。证书名称应与合同或信用证的规定相符。

(二)出证日期

原则上应早于提单日期,至少不应晚于提单日期。

(三)证书内容

检验证书所载的检验项目及内容应与合同或信用证上以及发票等各种单据相一致。

第六节 国际货物买卖合同中的商品检验条款

国际货物买卖合同中的检验条款一般包括下列内容:检验权的规定、检验或复验的时间和地点、检验机构、检验项目和检验证书等。具体条款的规定,举例如下。

The Seller shall, before making delivery, carry out precise and comprehensive inspection of the goods as regards the quality, specifications, performance, quantity and weight and issue a quality certificate to the effect that goods have been inspected and in conformity with the stipulations in the Contract. The certificate shall form an integral part of the document to be presented to the negotiating bank for payment, but shall not be regarded as final in respect of quality specifications and quantity.

卖方应在发货前对货物的质量、规格、性能和数量 / 重量进行详细并全面的检验,并出具一份质量检验证书,证明货物已经过检验并与合同规定相符。该质量检验证书将作为向付款行提交的议付单据不可分割的一部分,但不得视为关于质量、规格、性能和数量 / 重量的最终检验。

在此例中,检验检疫条款确定了卖方的检验权和买方的复验权、检验的项目、证书的种类,对检验机构没有做具体规定,卖方可根据贸易习惯或由工厂检验或选择其他检验机构。实例中虽没有明确说明买方有复验权,通过对卖方提交的检验证书不视为最终检验间接表示了买方对货物的复验权。

检验条款中的买方复验货物的期限,应根据货物的性质、运输条件、检验的繁简程度而定。较易变质和损坏的货物,复验期限通常规定的短一些;不易变质或损坏的货物,可以长一些。需安装、调试的机械设备还可长至安装调试所需的合理时间。另外检验标准、检验方法可以根据业务需要在合同中作出规定。

思考题

1. 在进出口贸易业务中,货物的接收等同于买方接受货物吗?

2. 按照我国《商检法》规定,法定检验的商品仅指《商检机构实施检验的进出口商品种类表》所列的商品。这种说法正确吗?

3. 进出口商品的检验时间和地点通常有哪几种规定方法?

4. 在国际贸易中检验证书的作用主要有哪些?

第九章　争议的预防与处理

本章教学目的及要求

通过本章学习，应掌握索赔与理赔的概念，不可抗力及仲裁的概念及性质、不可抗力的构成条件及处理办法；理解仲裁的一般程序实务及仲裁的执行；熟悉国际货物买卖合同中的不可抗力、仲裁条款的内容。

国际货物买卖涉及面广、环节多，任何一个环节发生意外或差错都可能给合同的顺利履行带来影响。买卖双方分处在不同国家或地区，对合同条款的理解或商业习惯不同都会造成合同的履行困难。国际市场的变幻莫测等因素都可能会导致合同一方当事人不履行合同义务或不完全履行合同义务，使另一方当事人的权利受到损害，从而导致索赔和理赔，甚至引起争议。为了预防和事后公正处理合同争议，在国际货物买卖合同中，应约定索赔条款、不可抗力条款和仲裁条款。

第一节　索赔与理赔

一、索赔与理赔的概念

在国际货物买卖合同的履约过程中，由于情况发生变化或履约过程中的某一环节出现问题，可能导致合同一方当事人违约或无法正常履约，给另一方当事人造成损害。索赔（Claim）是指买卖合同的一方当事人因另一方当事人违约致使其遭受损失而向另一方当事人提出要求损害赔偿的行为。理赔（Claim Settlement）是指违约方对受损方所提出的赔偿要求的受理和处理。因此，索赔和理赔是一个问题的两个方面。

二、国际货物买卖合同中的索赔条款

国际货物买卖合同中的索赔条款，大致有两种：一种是异议和索赔条款，另一种是罚金条款。

（一）异议与索赔条款

异议与索赔条款（Discrepancy and Claim Clause），针对卖方交付货物的质量、数量或包装不符合合同规定而订立的。在一般商品的买卖合同中，多数只订立异议和索赔条款，或将异议与索赔条款和检验条款结合起来，订为“检验与索赔条款”（Inspection & Claim Clause）。

异议与条款的内容包括以下几个方面。

1)明确规定一方如违反合同,另一方有权提出索赔。

2)索赔依据。规定索赔时需提供的证件以及检验出证的机构。

3)索赔期限。包括索赔有效期和品质保证期(或称质量保证期),索赔期限通常与买方对货物的复验权相关。

4)赔偿损失的估损办法和金额等。例如,规定所有退货或索赔所引起的一切费用(包括检验费)及损失均由卖方负担等。

异议与索赔条款的具体规定,举例如下。

Any claim by the Buyer regarding the goods shipped should be filed within 30 days after the arrival of the goods at the port/place of destination specified in the relative Bill of Lading and/or transport document and supported by a survey report issued by a surveyor approved by the Seller. Claims in respect of matters within responsibility of insurance company, shipping company/other transportation organization will not be considered or entertained by the Seller.

买方关于装运货物的任何索赔,必须于货物到达提单/运输单据所载明的目的港(地)之日起30日内提出,并须提供卖方同意的公证机构出具的检验报告。属于保险公司、船运公司或其他运输机构责任范围内的索赔,卖方不予受理。

(二)罚金条款

罚金条款(Penalty Clause),又称"违约金条款"。违约金是指一方当事人违反合同,根据约定或法律规定,向另一方当事人支付一定数额的金钱的责任。交易双方为了确保订立的合同能够得到切实有效的履行,通常在国际货物买卖合同,特别是在大宗商品和机械设备进出口合同中约定违约金条款。在订有违约金条款的情况下,不论何方违约,也不论违约是否给对方造成实际损失,违约方都应向守约方支付约定的违约金。

关于合同中的罚金条款,各国法律有不同的解释和规定。有些国家的法律对于罚金条款是给予承认和保护的。他们认为,合同当事人事先可约定一方当事人如不履行或不适当履行合同,另一方可要求其支付一定金额的违约金,作为惩罚或作为预先约定的损害赔偿。但有些国家的法律则认为,对于违约只能要求赔偿,而不能予以惩罚。

我国《民法典》第五百八十五条规定:当事人可以约定一方违约时应当根据违约情况向对方支付一定数额的违约金,也可以约定因违约产生的损失赔偿额的计算方法。约定的违约金低于造成的损失的,人民法院或者仲裁机构可以根据当事人的请求予以增加;约定的违约金过分高于造成的损失的,人民法院或者仲裁机构可以根据当事人的请求予以适当减少。

当事人就迟延履行约定违约金的,违约方支付违约金后,还应当履行债务。

第二节 不可抗力

一、不可抗力的概念及构成条件

国际货物买卖合同成立后,有时客观情况会发生非当事人所能控制的根本变化,使之失去原有履行合同的基础,对此,法律可以免除其未履行或未完全履行合同一方对另一方的责任。

国际上对不可抗力(Force Majeure)的含义及称谓不统一。按照《联合国国际货物销售合同公约》第七十九条第(1)款的解释,不可抗力是由于某种非他所能控制的障碍,而且对于这种障碍,没有理由预期他在订立合同时能考虑到或能避免或克服它或它的后果。我国《合同法》第一百一十七条将不可抗力的定义为:不能预见、不能避免并不能克服的客观情况。

尽管具体说法不一,但一般都认为构成不可抗力应具备以下几个条件:

1)事件必须发生在相关合同成立之后;

2)事件不是由于任何一方当事人的故意所为、过失或疏忽造成的;

3)事件的发生及其造成的后果是当事人无法预见、无法避免、无法控制和无法克服的。

不可抗力事件的范围较广,通常可分为两类:一类是自然原因,如水灾、火灾、旱灾、大雪、台风、地震等人类无法控制的自然界力量引起的;另一类是社会原因,如战争、罢工、政府禁令等引起的。对不可抗力的认定必须慎重,并与诸如商品价格波动、汇率变化、班轮延期等正常的贸易风险严格区别开来。哪些事件属于不可抗力,国际上并无统一的认定,交易双方应在合同的不可抗力条款中约定,以免事后引起争议。

二、不可抗力条款的主要内容

(一)不可抗力事件的范围

不可抗力事件的范围较广,在实际业务中,通常采用概括式、列举式或综合式表示不可抗力事件的范围。

1. 概括式

If the shipment of the contracted goods is prevented or delayed in whole or in part due to Force Majeure, the Seller shall not be liable for non-shipment or late shipment of the goods of this contract...

如由于不可抗力的原因,致使卖方不能全部或部分装运或延迟装运合同货物,卖方对于这种不能装运或延迟装运份合同货物不负有责任……

概括式对不可抗力事件范围的表述过于笼统,在实际业务操作中,容易引起争议。

2. 列举式

If the shipment of the contracted goods is prevented or delayed in whole or in part by reason of war, earthquake, Flood, fire, storm, heavy snow, the Seller shall not be liable for non-shipment or late shipment of the goods of this contract...

如由于战争、地震、水灾、火灾、暴风雨、雪灾的原因,致使卖方不能全部或部分装运或延迟装运合同货物,卖方对于这种不能装运或延迟装运本合同货物不负有责任……

列举式对不可抗力的范围的表述过于烦琐且易出现遗漏,不利于事件的处理。

3. 综合式

If the shipment of the contracted goods is prevented or delayed in whole or in part by reason of war, earthquake, flood, fire, storm, heavy snow or other causes of Force Majeure, the Seller shall not be liable for non-shipment or late shipment of the goods of this contract...

如由于战争、地震、水灾、火灾、暴风雨、雪灾或其他不可抗力的原因,致使卖方不能全部或部分装运或延迟装运合同货物,卖方对于这种不能装运或延迟装运本合同货物不负有责任……

综合式结合了列举式和概括式的特点,既列举了具体的事件,又用总括式概述了不可抗力事件,便于实际业务中对不可抗力事件的认定。

(二)不可抗力事件的处理原则与办法

不可抗力事件发生后,双方应按约定的处理原则和办法及时进行处理。不可抗力的后果有两种:一种是解除合同;一种是延期履行合同。具体如何处理应视事故的原因、性质、规模及其对履行合同所产生的实际影响程度,由双方当事人酌情依约处理。

(三)不可抗力事件的通知和证明

不可抗力事件发生后,如影响合同履行,发生事件的一方当事人应按约定的通知期限和通知方式,将事件情况如实通知对方,对方在接到通知后应及时答复,如有异议也应及时提出。发生事件的一方当事人还应按约定办法出具证明文件。在国外这种证明文件一般由当地的商会或法定公证机构出具,在我国可由中国国际贸易促进委员会出具。

不可抗力条款的具体规定,举例如下。

Either party shall not be held responsible for failure or delay to perform all or any part of this agreement due to flood, fire, earthquake, draught, war or any other events which could not be predicted, controlled, avoided or overcome by the relative party. However, the party affected by the event of Force Majeure shall inform the other party of its occurrence in writing as soon as possible and thereafter send a certificate of the event issued by the relevant authorities to the other party within 15 days after its occurrence.

由于水灾、火灾、地震、干旱、战争或协议一方无法预见、控制、避免和克服的其他事件导致不能或暂时不能全部或部分履行本协议,该方不负责任。但是,受不可抗力事件影响的一方须尽快将发生的事件通知另一方,并在不可抗力事件发生 15 天内将有关机构出具的不可抗力事件的证明寄交对方。

第三节 仲裁

国际货物买卖中,买卖双方在合同履行过程中发生争议是难免的。如何妥善解决贸易争议,不仅影响买卖双方的切身利益,还会影响企业,甚至国家的对外声誉。

在实际业务中,当发生争议时,双方当事人一般会采用通过友好协商达成和解的方式解决。如果通过友好协商无法解决,可以根据情况,采取通过第三方调解(Conciliation)、提交仲裁机构仲裁（Arbitration）或进行司法诉讼（Litigation）等方式进行处理。

目前，仲裁是国际上普遍采用的解决贸易争议的方式。

一、仲裁的概念及特点

（一）仲裁的概念

仲裁是指由买卖双方当事人在争议发生之前或在争议之后，达成书面协议，自愿将他们之间友好协商不能解决的争议交给双方同意的第三者进行裁决（Award）。裁决对双方当事人都有约束力，双方必须执行。

（二）仲裁的特点

1. 自愿性

仲裁以双方当事人的自愿为前提，即当事人之间的纠纷是否提交仲裁、仲裁地、仲裁机构等都是在当事人自愿的基础上，由双方当事人协商确定的。

2. 程序简单

仲裁程序一般主要包括开庭、调解、收集证据、调查事实、保全和裁决等，程序比较简单，裁决速度快。

3. 终局性裁决

仲裁实行一裁终局制，仲裁裁决一经仲裁庭作出即发生法律效力。必要时胜诉方有权要求法院强制执行。

4. 费用低廉

仲裁费用比诉讼低，仲裁费用一般按照争议价值的 0.1% ~ 1% 收取。

二、仲裁协议的形式及作用

（一）仲裁协议的形式

仲裁协议必须是书面的，通常有两种形式。

1. 合同中的仲裁条款

在争议发生前，合同双方当事人在买卖合同中订立仲裁条款，表明在争议发生时，当事人自愿将争议交付仲裁解决。

2. 提交仲裁协议

双方当事人在合同争议发生后订立的提交仲裁的协议。

无论是合同中的仲裁条款，还是争议发生后双方当事人签订的仲裁协议，具有同等的法律效力。

《中国国家经济贸易仲裁委员会仲裁规则》确认了仲裁协议的独立性，其明确规定，合同中的仲裁条款应视为与合同 其他条款分离地、独立地存在的条款，附属于合同的仲裁协议也应视为与合同其他条款分 离地、独立地存在的一个部分；合同的变更、解除、终止、转让、失效、无效、未生效、被撤销以及成立与否，均不影响仲裁条款或仲裁协议的效力。

（二）仲裁协议的作用

1）表明双方当事人在争议发生时自愿提交仲裁。仲裁协议约束双方当事人在和解、调解不成时，只能以仲裁方式解决争议，不得向法院起诉。

2）使仲裁机构取得对争议案件的管辖权。任何仲裁机构都无权受理没有仲裁协议的案件，这是仲裁的基本原则。

3）可排除法院对争议案件的管辖权。世界上绝大多数国家的法律都规定法院不受理争议双方订有仲裁协议的争议案件。

三、仲裁程序

（一）仲裁的申请和受理手续

当事人提出要求仲裁，提供双方签字的仲裁协议。仲裁机构受理之后，填写仲裁申请书。

申请书的内容包括以下几个方面。

1）主诉人、被诉人的姓名、地址。

2）主诉人的要求。

3）选定一位仲裁员，如不挑选，由仲裁委员会委派。

4）提供双方有关的往来函电、合同副本等资料。

5）预付仲裁费用，最后由败诉的一方承担。

（二）仲裁庭的组成和裁决

争议案件提交仲裁后，由按约定或仲裁规则产生的仲裁员所组成的仲裁庭进行审理并作出裁决。在仲裁实践中，一般允许双方当事人在仲裁协议中规定仲裁员的人数和指定方法。如果仲裁协议没有规定，则按有关国家的仲裁法或仲裁机构的程序规则办理。

《中国国际经济贸易仲裁委员会仲裁规则》规定，除非当事人另有约定或本规则另有规定，仲裁庭由三名仲裁员组成。

双方当事人选定或指定仲裁员后，即由仲裁员组成仲裁庭，着手对争议案件进行审理。

（三）仲裁审理

各国仲裁机构对仲裁的审理过程基本相似，包括开庭、收集证据和调查事实，必要时，还须采取保全及临时措施。

1. 开庭

仲裁庭审理案件有两种形式：一是开庭审理，二是书面审理。

开庭审理是指仲裁庭召集当事人及 / 或其代理人在指定地点参加案件事实调查、质证、陈述意见、辩论的审理活动，必要时其他有关人士，例如证人、仲裁庭咨询的专家、指定的鉴定人等亦可参加。

2. 调解

采用仲裁与调解相结合的方法解决争议是我国涉外仲裁的一个重要特点。经仲裁庭调解达成和解的，双方当事人应签订书面和解协议；除非当事人另有约定，仲裁庭应按照双方当事人达成的书面和解协议的内容作出裁决书结案。当事人也可以在仲裁庭之外自行达成和解协议后请求仲裁庭根据其和解协议的内容作出裁决书或申请撤销案件。

调解不是仲裁的必要程序。

3. 收集、审定证据

在仲裁审理过程中，当事人双方应对其申请、答辩或反请求所依据的事实提供证据，并由仲裁庭审定。仲裁庭认为必要时，可以自行调查事实和收集证据，也可以就案件中的专门问题向有关专家咨询或指定鉴定人进行鉴定。

4. 采取保全及临时措施

保全措施，又称“临时性保护措施”（Interim Measure of Protection），是指仲裁程序开始至作出裁决前对争议的标的或证据，或有关当事人的财产采取临时性强制措施。有些国家（地区）认为保全措施是一种强制性措施，仲裁机构不具有实施该项措施的权力，只能经仲裁机构提出申请由法院作出保全措施的裁定；有些国家（地区）的仲裁规则则认为，仲裁庭有权对争议的标的物采取必要的保全措施。根据《中国国际经济贸易仲裁委员会仲裁规则》，当事人依据中国法律规定申请保全的，仲裁委员会应当依法将当事人的保全申请转交当事人指明的有管辖权的法院。

（四）仲裁裁决

仲裁裁决作出后，仲裁审理程序即告终结。

我国《仲裁法》与国际上大多数国家的做法一样，对仲裁实行一裁终局的制度。关于仲裁裁决的效力，《中国国际经济贸易仲裁委员会仲裁规则》明确规定，仲裁裁决是终局的，对双方当事人均有约束力。

四、仲裁裁决的承认与执行

仲裁裁决的承认是指法院根据当事人的申请，依法确认仲裁裁决具有可予执行的法律效力；仲裁裁决的执行是指当事人自动履行裁决事项，或法院根据一方当事人的申请依法强制另一方当事人执行裁决事项。

为了解决在执行外国仲裁裁决问题上的困难，国际上除通过双边协定就相互承认与执行仲裁裁决问题作出规定外，还订立了多边国际公约，1958年6月10日联合国在纽约召开了国际商事仲裁会议，签订了《承认与执行外国仲裁裁决公约》（Convention on the Recognition and Enforcement of Foreign Arbitral Award，简称《1958年纽约公约》）。该公约强调了两点：一是承认双方当事人所签订的仲裁协议有效；二是根据仲裁协议所作出的仲裁裁决，缔约国应承认其效力并有义务执行。只有在特定的条件下，才根据被诉人的请求拒绝承认与执行仲裁裁决。例如裁决涉及仲裁协议未提到的，或不包括在仲裁协议之内的一些争议；仲裁庭的组成或仲裁程序与当事人所签仲裁协议不符等。

1986年12月第6届全国人民代表大会常务委员会第18次会议决定中华人民共和国加入上述《1958年纽约公约》，并同时声明：

1）中华人民共和国只在互惠的基础上对在另一缔约国领土内作出的仲裁裁决的承认

和执行适用该公约；

2）中华人民共和国只对根据中华人民共和国法律认定为属于契约性和非契约性商事法律关系所引起的争议适用该公约。

我国政府对上述公约的加入和所作的声明，不仅为我国承认与执行外国仲裁裁决提供了法律依据，而且也有利于我国仲裁机构所作出的裁决在国外公约成员国内的执行。

五、国际货物买卖合同中的仲裁条款

国际货物买卖合同中的仲裁条款，内容一般包括仲裁地点、仲裁机构、仲裁规则、裁决的效力、仲裁费用的负担等。

（一）仲裁地点

仲裁地点是买卖双方在磋商仲裁条款时的一个重点。仲裁地点与仲裁所适用的程序法，以及合同适用的实体法关系至为密切。我国进出口贸易合同中的仲裁地点，视贸易对象和情况的不同，一般采用下述三种规定方法之一。

1）仲裁地点在我国。

2）仲裁地点在被申请一方的所在国。

3）仲裁地点在双方认同的第三者国。

（二）仲裁机构

国际贸易中的仲裁，可由双方当事人在仲裁协议中规定在常设的仲裁机构进行，也可以由当事人共同指定仲裁员组成临时仲裁庭进行仲裁。当事人双方选用哪个国家（地区）的仲裁机构审理争议，应在合同中作出具体说明。

（三）仲裁规则

按照国际仲裁的通常做法，原则上采用仲裁所在地的仲裁规则。在法律上也允许根据双方当事人的约定，采用仲裁地点以外的其他国家（地区）仲裁机构所制定的仲裁规则进行仲裁。在中国仲裁时，双方当事人通常都约定使用《中国国际经济贸易仲裁委员会仲裁规则》。

（四）裁决的效力

仲裁庭依法作出的裁决，通常都是终局性的，对争议双方当事人均具有法律效力，任何一方都必须依照执行，并不得向法院起诉要求变更裁决。即使当事人向法院起诉，法院一般也只是审查程序，而不审查实体。即只审查仲裁裁决在法律手续上是否完备、有无违反程序上的问题，而不审查裁决本身是否正确。如果法院审查后发现仲裁程序上确有问题，则可宣布仲裁裁决无效。

（五）仲裁费用的负担

通常在仲裁条款中明确规定出仲裁费用由谁负担。一般规定由诉方承担，也有规定由仲裁庭酌情决定。

国际货物买卖合同中的仲裁条款，具体规定见下例。

All disputes arising out of performance of, or relating to this contract, shall be settled amicably through friendly negotiation. In case no settlement can be reached through negotiation, the case shall be submitted to China International Economic and Trade Arbitration Commission of the China Council for the Promotion of International Trade for Arbitration in accordance with its Provisional Rules of Procedure. The award made by this commission shall be regarded as final and binding upon both parties. Arbitration fees shall be borne by the losing party, unless otherwise awarded.

凡因本合同引起的或与本合同有关的任何争议，双方应通过友好协商来解决，如果协商不能解决，应提交中国国际贸易促进委员会对外贸易仲裁委员会，根据该委员会仲裁程序规定进行仲裁。该委员会的裁决是终局的，对双方均有约束力。仲裁费用，除另有规定外，由败诉一方负担。

链接 9　国际著名仲裁机构

当前在国际上业务量大、知名度高、影响力广的著名仲裁机构主要有以下几个。

1. 伦敦国际仲裁院

伦敦国际仲裁院（LCIA）成立于 1892 年，是世界上最古老的仲裁机构。

2. 瑞士苏黎世商会仲裁院

瑞士苏黎世商会仲裁院（ZCC）成立于 1911 年，是瑞士苏黎世商会下属的仲裁机构。由于瑞士在政治上处于中立地位，因而其仲裁的公正性比较容易为其他国家和当事人所接受，许多国家的当事人都愿意选择该机构来解决纠纷。

3. 国际商会仲裁院

国际商会 1919 年成立于法国巴黎，是一个国家间商会，现有国家会员 60 多个；国际商会仲裁院成立于 1923 年，与任何国家没有关系，隶属于国际商会，其总部和秘书局设在巴黎，委员来自 40 多个国家，工作人员也来自不同的国家；其仲裁的一个主要特点，是可以在世界的任何地方进行仲裁程序。

4. 斯德哥尔摩商会仲裁院

斯德哥尔摩商会成立于 1917 年，其仲裁院（the Arbitration Institute of the Stockholm Chamber of Commerce, SCC）成立于 1949 年。该仲裁院主要解决工业、贸易和运输领域的国际争议，尤以解决涉及远东或中国的争议而著称。

5. 中国国际经济贸易仲裁委员会

中国国际经济贸易仲裁委员会（China International Economic and Trade Arbitration Commission, CIETAC），简称“仲裁委员会”，成立于 1956 年，从 1994 年起步入世界主要仲裁机构行列，其受案量一直排在世界各仲裁机构前列。

6. 解决国际投资争端中心

解决国际投资争端中心（ICSID）成立于 1965 年，总部设在美国华盛顿。该中心是根据《华盛顿公约》成立的，申请仲裁的争议的双方必须是华盛顿公约的成员国，争议主体为国家或国家机构或代理机构，解决的争议必须是直接由投资引起的法律争议。

7. 新加坡国际仲裁中心

新加坡国际仲裁中心（SIAC）于1990年成立，以解决建筑工程、航运、银行和保险等方面的争议见长。

8. 世界知识产权组织仲裁与调解中心

世界知识产权组织仲裁与调解中心是根据1967年在瑞典斯德哥尔摩签署的《关于成立世界知识产权公约》成立的政府组织，负责监管知识产权事务，其总部设在瑞士日内瓦，1974年成为联合国的一个专门机构，是迄今为止联合国的最大的国际组织。

思考题

1. 什么是不可抗力？哪些事件不属于不可抗力的范围？
2. 处理不可抗力事件需要注意哪些问题？
3. 什么是仲裁？简述仲裁协议的形式及其作用。
4. 简述仲裁的特点。
5. 我国参加《承认与执行外国仲裁裁决公约》的意义是什么？

第十章　国际货物买卖合同的签订

本章教学目的及要求

通过本章内容的学习，应掌握进出口合同履行的各环节的内容和做法；通晓主要结汇单据的缮制和处理；协调好各个环节所涉及的相关部门的业务工作。

国际货物买卖合同的签订是一项政策性、技术性很强的工作，签订合同前，买卖双方需要做大量的准备，了解市场动态、确定进入国际市场的渠道、制定企业的营销方案。双方需要就货物的品质（质量）、数量、包装、价格、交货和支付条件为主要内容，经过询盘、发盘、还盘和接受四个环节进行反复磋商，各项交易条件达成一致后，合同即告成立。合同成为双方之间法律关系的证明，也是双方后期履行各自义务的依据。因此，买卖合同的磋商和签订是国际贸易中非常重要的环节。

第一节　交易前的准备

一、国际商品市场调研

（一）国际商品市场调研的概念及作用

国际商品市场调研是指为了发现一种或一组产品的销售趋势，通过对市场状况和相关数据的全面分析与研究，找出取得合适的销售方法而进行的调查活动。目的是为企业的营销与经营管理提供科学决策。

国际商品市场调研的作用体现在以下几个方面。

1）了解消费者需要的产品，从而做到知己知彼，有的放矢地去开辟市场。

2）了解到特定市场的经济实力和消费水平，为企业提供、选择适当的产品推销的依据。

3）了解特定市场的供求关系与竞争对手的情况，从而为企业扩大销路、提高经济效益寻找可行途径。

（二）国际商品市场环境调研

市场环境调研是对市场外部影响因素的研究。国际市场环境错综复杂，各种环境因素都可能对企业的经营活动产生直接或间接的影响，企业无法改变这些环境因素，只能了解它们、适应它们，尽量避免不利因素，充分利用有利因素。国际商品市场环境通常包括自然环境、人口资源环境、政治环境、经济环境、文化环境以及竞争环境。

（三）国际商品市场行情调研

国际商品市场行情调研的内容包括市场营销活动的各个方面。目的是为了帮助企业在真正了解市场商品供求关系情况、出口商品的生产与消费以及选择合适的销售渠道和促销方式之后，使企业的产品进入国际市场而取得预期的经济效益。国际商品市场行情调研内容主要包括：

1)出口商品生产调研；

2)出口商品消费调研；

3)国际商品市场需求潜力调研；

4)商品价格调研；

5)营销方式调研；

6)商品销售渠道调研。

二、企业进入国际市场的渠道选择

企业进入国际市场的渠道多种多样，归纳起来，主要有三条渠道，即间接出口、直接出口和国外生产。在每条渠道之下，又有若干进入国际市场的具体方式。

(一)间接出口

间接出口是指企业通过本国中间商或者外国公司设立在本国的中介机构将自己的产品销往国外市场，企业本身并未从事实际的国际营销活动。

(1)出口管理公司

出口管理公司是一种专门为生产企业提供服务而从事出口贸易的公司。它们通常根据国际商品市场的供求状况和产品差异，利用自身拥有外贸人才、熟悉出口业务操作程序，了解国际市场行情发展变化、拥有一定的资金规模等优势，来帮助那些缺乏必要的出口资源的中小型生产企业将本企业的产品打入国际商品市场。

(2)国内出口商

这类中间商一般不从事生产制造，只是在本国市场购买制造厂商的产品后，再以自己的名义销往国外市场。

(3)外国企业在本国的采购处

本国企业可以把产品卖给这些采购处，由它们负责将产品输出或者出口到国际市场。

(4)国际贸易公司

国际贸易公司是高度多样化的大型贸易企业，通常既经营批发业务又经营零售业务，即从事国际贸易，又从事国内贸易，有些还有相当规模的生产性业务。许多中小型生产企业，甚至一些大型生产企业都通过国际贸易公司将自己的产品打入国际市场。

(5)合作出口

合作出口是指两家生产企业进行出口合作，根据协议，其中一家企业利用自己的出口力量和在海外的渠道为另一家企业出口产品。

间接出口是最简单经济的国际市场进入方式，是所有进入国际市场的方式中风险最低的一种，也是最脆弱、最容易的方式。比较适合小企业。

（二）直接出口

直接出口是指企业将国内生产的产品直接销售给国外的中间商或最终用户，或者委托国外中间商在国外市场上代为销售。

（1）直接向最终用户销售

不经过任何中间商和部门机构，将产品直接卖给国外的最终用户。

（2）设立驻外办事讥构

实际上是企业向其他国家和地区的延伸，其主要职能是搜集市场情报、推销产品、负责产品的实际分销、提供服务、维修及零部件等。但设立驻外办事机构需要前期大量的投资和后续的各种费用。

（3）建立国外营销子公司

子公司是作为一个独立的当地公司建立的，它以当地注册企业的身份进行经营和生产，受当地法律制约和保护，在法律上和赋税方面与母公司相分离，具有独立性。

（4）利用国外代理商或经销商

代理商的主要职能就是根据双方签订的代理合同，在当地为委托人推销商品或服务，同时向委托人提供商业情报、市场信息等，以获取佣金。国外经销商是通过购买产品并拥有所有权，通过自己的销售渠道将产品销售出去，赚取中间差价的中间商。

通过直接出口，企业不同程度地直接参与产品的国际市场营销活动，对产品出口拥有较高的控制权，同时也承担了各种经营风险，企业还需要拥有一大批精通国际营销能力的专业人才。因此，直接出口适合具备相当的实力和较大的国际市场规模的企业采用。

（三）国外生产

国外生产可分成两大类：一类是合同式进入模式，一类是投资进入模式。

（1）合同制造

合同制造是指企业通过与目标市场国家的企业签订合同或协议，将企业的专利、商标、专用技术或零部件的使用权归属于目标企业，允许其制造、销售产品或服务。合同制造属于合同式进入模式。

（2）海外合资经营

海外合资经营是指与目标市场国家的企业联合投资，共同经营，共同分享股权及管理权，共担风险。联合投资方式可以是外国公司收购当地的部分股权，或当地公司购买外国公司在当地的股权。也可以双方共同出资建立一个新的企业，共享资源，共担风险，按比例分配利润。

（3）海外独资经营

海外独资经营是指企业独自到目标国家投资建厂，进行产销活动。这是企业在国外投资的最高形式。独资经营的方式可以是单纯的装配，也可以是复杂的制造活动。其组建方式可以是收买当地公司，也可以是直接建新厂。

国外生产是企业进行国际营销的高级形态。企业可以充分利用东道国的原料、能源和劳动力等资源优势，减少运输费用，降低生产和销售成本，绕开贸易壁垒。但国外生产投资比例大,企业面临较大的经济风险和政治风险。因此,国外生产适合资金实力雄厚、国际经营经验丰富的大型企业采用。

三、进出口商品经营方案制定

进出口商品经销方案是企业根据国内外市场、企业经营决策及目标,对其所经营的进出口商品所做的一种业务计划安排。它可以使企业的进出口交易有计划、有目的地顺利进行,是企业同客户洽商交易的依据。

(一)出口商品经营方案

1. 货源情况

货源情况包括商品的特点、品质、规格、包装、生产数量、可供出口数量、国内需要量、库存情况等。

2. 国外市场情况

国外市场情况包括国外商品生产、消费、贸易情况,主要进出口国家的交易情况、今后发展变化的趋势、国外主要市场经营该商品的做法、销售渠道等。

3. 出口经营情况

出口经营情况包括出口商品在国际市场上所占地位,主要出口地区及销售情况,国内外客户的具体反映,经营该商品的经验、教训等。

4. 推销计划和措施

推销计划和措施包括客户利用措施、贸易方式的选择、销售原则及价格的掌握等。

此外, 出口商在出口交易前, 还应在国内外进行商标注册, 及时做好广告宣传工作。

(二)进口商品经营方案

进口商品经营方案包括以下几个方面:

1)数量的掌握;

2)采购市场的安排;

3)交易对象的选择;

4)价格的掌握;

5)贸易方式的运用;

6)交易条件的掌握。

(三)客户的资信调查

国际贸易中,导致企业遭遇收汇风险的重要原因就是对国外客户的信用状况不了解。交易前,客户资信调查是企业预防收汇风险不可或缺的环节。资信调查的内容主要包括以下几点。

1. 国外企业的组织机构情况

国外企业的组织机构情况包括企业的性质、创建历史、内部组织机构、主要负责人及担任的职务、分支机构等。

2. 政治情况

政治情况主要指企业负责人的政治背景,与政界的关系以及对我国的政治态度等。

3. 资信情况

资信情况包括企业的资金和信用这两个方面。特别是对中间商更应重视。

4. 经营范围

经营范围主要指企业生产或经营商品的品种、业务范围、经营的性质,以及是否与我国做过生意。

5. 经营能力

经营能力主要包括客户每年的营业额、销售渠道、经营方式以及在当地和国际市场上的贸易关系等。

四、出口商品商标的国外注册

商标权具有严格的地域性,只有注册才能在注册国家或者地区受到保护。从目前现有保护商标的国际公约和惯例看,中国企业到国外注册商标主要有两条途径。

(一)逐一国家商标注册

逐一国家商标注册是指申请人通过代理或其他方式,将自己的商标在需要保护的每一个国家或地区逐一分别办理注册申请手续的方法。

(二)商标国际注册

商标国际注册是指我国企业通过马德里协定和议定书办理商标国际注册。

我国分别于 1989 年 10 月 4 日和 1995 年 12 月 1 日成为《商标国际注册马德里协定》和《商标国际注册马德里协定有关议定书》的成员国。因此,我国企业可以通过国家商标局向世界知识产权组织(WIPO)的国际局提交国际注册申请,在马德里协定和议定书中的成员国取得商标的法律保护。目前,通过一个申请可以同时指定 74 个马德里系统成员国申请注册。

五、国际广告宣传

国际广告宣传可增进消费者对出口商品的了解,特别是新地区、新市场、新商品,广告宣传对国际贸易的发展起着重要的促进作用。企业可通过专业型的广告公司或通过国际展览公司利用国外报纸、杂志、视听媒体,或向国外客户寄送样品、样本等形式宣传产品,以促进国外客户对企业及产品的了解。

第二节　进出口交易的磋商

交易磋商是指买卖双方以买卖某种商品为目的,通过一定程序就交易的各项条件进行洽商并最后达成协议的过程。

一、交易磋商的内容与形式

交易磋商的内容主要包括买卖商品的品质、数量、包装、价格、运输、保险、支付、商品检验、索赔、不可抗力和仲裁等交易条件。其中商品的品质、数量、包装、价格、运输、支付是主要交易条件，是买卖双方欲达成交易，订立合同必须磋商并达成一致的内容。其他如商品检验、索赔、不可抗力和仲裁等交易条件属于共性交易条件，通常被视作一般交易条件。为了简化交易磋商的内容，加速磋商进程，节省交易费用和时间，企业通常将一般交易条件的内容、格式固定印制在合同上。因此，一般交易条件也称格式条款。

印制在合同（确认书）中的一般交易条件，虽然适用于所有的合同，并不意味着在日后具体交易中，不得对一般交易条件中的任何规定作任何变更。在磋商具体交易时，买卖双方可以根据交易的实际需要，提出与一般交易条件不同的条件。

交易磋商的形式可分为口头和书面两种。口头磋商通常指买卖双方面对面的磋商，可以是买卖双方的登门拜访，也可以是通过交易会、展览会的面对面磋商。通过电话、视频的磋商也属于口头磋商。根据《联合国国际货物销售合同公约》第十三条，书面磋商是指通过交换信件、电报和电传（TELEX）进行交易磋商。《中华人民共和国民法典》第四百六十九条规定"书面形式是合同书、信件、电报、电传、传真等可以有形地表现所载内容的形式。以电子数据交换、电子邮件等方式能够有形地表现所载内容，并可以随时调取查用的数据电文，视为书面形式"。

在实际业务中，无论采用口头磋商还是书面磋商，双方就各项交易条件达成一致后，通常会缮制合同书或确认书并由买卖双方签署或盖印，作为履行合同、日后处理争议的依据。

二、交易磋商的环节及步骤

交易磋商包括询盘、发盘、还盘和接受四个环节，其中发盘和接受是交易成立的基本环节，也是合同成立的必要条件。

（一）询盘

询盘（Inquiry）是指交易的一方打算购买或出售某种商品，向对方询问买卖该项商品的有关交易条件，或者就该项交易提出带有保留条件的建议。邀请发盘在通常的交易中并非必不可少的环节，然而在一些特殊的贸易方式下，如招标投标 、拍卖等，情况则有所不同。

询盘的内容可涉及：价格、品质、数量、包装、装运以及索取样品等，而多数只是询问价格，所以，业务上常把询盘称作询价。

例："We are interested in your 14 inches Black and White TV sets. Please offer."

我方对你方 14 英寸黑白电视机感兴趣，请报价。

询盘不是交易磋商的必经步骤，对于询盘人和被询盘人均无法律上的约束力。但是询盘往往是一笔交易的起点，所以作为被询盘的一方，应对接到的询盘给予重视，并作及时和适当的处理。

（二）发盘

发盘（Offer）又称“报盘”“发价”“报价”。法律上称之为“要约”。在实际业务中，发盘通常是一方在收到对方的询盘之后提出的，但也可不经对方询盘而径向对方发盘。

1. 发盘的定义及具备的条件

根据《联合国国际货物销售合同公约》（简称《公约》）对发盘的解释为：“向一个或一个以上特定的人提出的订立合同的建议，如果十分确定并且表明发盘人在得到接受时承受约束的意旨，即构成发盘”。

从以上解释可以看出，一项发盘的构成必须具备下列三个条件。

1）向一个或一个以上的特定人提出。

2）表明订立合同的意思。这种意思可以用发盘、递盘等术语和语句加以表明。

3）发盘的内容须十分确定。

2. 发盘的撤回和撤销

在法律上，“撤回”和“撤销”属于两个不同的概念。撤回是指发盘尚未生效，发盘人采取行动、阻止它的生效。而撤销是指在发盘已生效后，发盘人以一定方式解除发盘对其的效力。

《公约》规定：一项发盘，即使是不可撤销的，也可撤回，如果撤回的通知在发盘到达受盘人之前或同时到达受盘人。

根据《公约》的规定，发盘可以撤销，其条件是：发盘人撤销的通知必须在受盘人发出接受通知之前传达到受盘人。但是，在下列情况下，发盘不能再撤销。

1）发盘中注明了有效期，或以其他方式表示发盘是不可撤销的。

2）受盘人有理由依赖该发盘是不可撤销的，并且已本着对该发盘的依赖行事。

3. 发盘的失效

当受盘人不接受发盘提出的条件，并将拒绝的通知送到发盘人手中时，原发盘就失去效力，发盘人不再受其约束。

此外，以下情况也可造成发盘的失效。

1）受盘人作出还盘。

2）发盘人依法撤销发盘。

3）发盘中规定的有效期届满。

4）不可抗力的意外事故造成发盘的失效，如政府禁令或限制措施。

5）在发盘被接受前，当事人丧失行为能力、死亡或法人破产等。

（三）还盘

受盘人在接到发盘后，不能完全同意发盘的内容，对发盘提出修改意见，用口头或书面形式表示出来，就构成还盘（Counter Offer）。

还盘可以针对价格，也可以针对支付方式、交货期等重要条件提出修改意见。一方在接到对方的还盘后，可以表示接受，也可以进行再还盘，即针对对方的还盘再提出修改意见。有时一笔交易往往要经过许多回合，才能达成。

还盘有两个法律后果:其一是还盘是对发盘的拒绝,还盘一经作出,原发盘即失去效力,发盘人不再受其约束;其二是还盘等于是受盘人向原发盘人提出的一项新的发盘。

还盘作出后,还盘的一方与原发盘的发盘人在地位上发生了变化。还盘人由原发盘的受盘人变成新发盘的发盘人,而原发盘的发盘人则变成了新发盘的受盘人。

新受盘人有权针对还盘的内容进行考虑,决定接受、拒绝或是再还盘

(四)接受

接受(Acceptance)是指交易的一方在接到对方的发盘或还盘后,以声明或行动向对方表示同意的行为。法律上将接受称作承诺。接受和发盘一样,既属于商业行为,也属于法律行为。对有关接受问题,在《公约》中也作了较明确的规定。

1. 构成有效的接受要具备的条件

(1)接受必须是由受盘人作出

发盘是向特定的人提出的,因此,只能由特定的人对发盘作出接受。由第三方作出的接受,不视为有效接受,只能作为一项新的发盘。

(2)受盘人表示接受,要采取声明的方式

受盘人表示接受要以口头或书面的声明形式向发盘人明确表示出来。接受还可以用行为表示。

(3)接受的内容要与发盘的内容相符

一项有效的接受必须是同意发盘所提出的交易条件,只接受发盘中的部分内容,或对发盘条件提出实质性的修改,或提出有条件的接受,均不能构成接受,而只能视作还盘。

(4)接受的通知要在发盘的有效期内送达发盘人才能生效

受盘人必须在发盘规定的时限内作出接受方为有效。如果发盘没有规定接受的时限,则受盘人应在合理时间内表示接受。

2. 有条件接受

接受应是无条件的。但业务中,常有这种情况,受盘人在答复中使用了“接受”的字眼,但又对发盘的内容作了增加、限制或修改,这在法律上称为有条件的接受。它是否是有效接受,关键问题是看这种变更是否属于实质性的。

“有关货物价格、付款、货物质量和数量、交货地点和时间、一方当事人对另一方当事人赔偿责任范围或解决争端等的添加或不同条件,均视为实质上变更发盘的条件”。

实质性变更是对发盘的拒绝,构成还盘。

非实质性变更的后果又是什么呢?除非发盘人在不过分迟延的期间内以口头或书面通知反对其差异外,就构成接受。

这就是说,如果受盘人对发盘内容所做的变更不属于实质性的,能否构成有效的接受,要取决于发盘人是否反对。如果发盘人不表示反对,合同的条件就包含了发盘的内容以及接受通知中所做的变更。

3. 迟到的接受

在贸易中,由于各种原因,导致受盘人的接受通知晚于发盘人规定的有效期送达,在法

律上称为“迟到的接受”。对于这种迟到的接受，发盘人不受其约束，不具有法律效力。但也有例外的情况。《公约》规定过期的接受在下列两种情况下仍具有效力。

1）如果发盘人毫不迟延地用口头或书面形式将此种意思通知受盘人。

2）如果载有逾期接受的信件或其他书面文件表明，它在传递正常的情况下是能够及时送达发盘人的，那么这项逾期接受仍具有接受的效力，除非发盘人毫不迟延地用口头或书面方式通知受盘人，认为该发盘已经失效。

总而言之，在接受迟到的情况下，不管受盘人有无责任，决定该接受是否有效的主动权在发盘人。

4. 接受的撤回

接受的撤回与发盘的撤回基本相同，《公约》规定：“如果撤回的通知于接受原应生效之前或同时送达发盘人，接受得予撤回”。这就是说，撤回的通知只要与接受的通知同时，或先于到达发盘人，就可以将接受撤回。

第三节　国际货物买卖合同的订立

一、合同有效成立的条件

买卖双方就各项交易条件达成协议后，并不意味着此项合同一定有效。根据各国合同法规定，一项合同，除买卖双方就交易条件通过发盘、接受达成协议后，还需具备以下要件，才是一项有效的合同，才能得到法律上的保护。

（一）当事人必须在自愿和真实的基础上达成协议

“契约自由”是合同法的基本原则。合同成立必须是在双方当事人自愿基础上进行的，不存在一方采取强制、威胁、暴力、诈骗手段，迫使对方就范。

（二）买卖双方当事人应具有法律行为的资格和能力

1）自然人订立合同的资格和能力。

2）法人的行为能力。

（三）合同必须以双方互惠、有偿为原则

国际货物买卖是互为有偿的交换，即在合同中一方享有的权利，以另一方负有的义务为基础，双方应互有权利与义务，卖方负有交付约定实物的义务，买方必须受领货物并支付价金。如果其中任何一方不按合同履行义务都将负有赔偿的责任。

（四）合同的标的和内容必须合法

当事人订立、履行合同，应当遵守法律、行政法规，尊重社会公德，不得扰乱社会经济秩序，损害社会公共利益。凡是违反法律、违反善良风俗与公共秩序的合同一律无效。

（五）合同的形式必须符合法律规定的要求

《公约》对国际货物买卖合同的形式原则上不加限制，无论采用书面形式还是口头形式，均不影响合同的效力。《中华人民共和国民法典》（简称《民法典》）第四百九十六条规定，当事人订立合同，可以采用书面形式、口头形式或者其他形式。

二、书面合同的签订

买卖双方经过磋商，一方的发盘被另一方有效接受，交易即达成，合同即告成立。但在实际业务中，买卖双方达成协议后，通常还要制作书面合同将各自的权利和义务以书面形式加以明确。《民法典》第四百九十条规定：当事人采用合同书形式订立合同的，自当事人均签名、盖章或者按指印时合同成立。在签名、盖章或者按指印之前，当事人一方已经履行主要义务，对方接受时，该合同成立。

（一）书面合同的意义

1. 合同成立的证据

合同是否成立，必须要有证明，书面合同即可作为合同成立的证明。

2. 履行合同的依据

交易双方通过口头谈判或函电磋商达成交易后，通过书面合同将磋商一致的内容集中在一起，便于双方当事人作为履行合同的依据。

3. 可作为合同生效的条件。

在国际贸易实务中，有时合同的生效是以书面签订合同作为条件的。特别是在一方当事人要求签订确认书时，只有当签订确认书后，合同才告成立。

（二）书面合同的类型

合同的名称与格式并无统一规定，合同的繁简程度也不同。

1. 合同（Contract）

合同又称“繁式合同”。

内容比较明确、详细、具体。

2. 确认书（Confirmation）

确认书又称“简式合同”。包括销售确认书和购货确认书。

3. 协议（Agreement）

协议在法律上是合同的同义词。只要协议对买卖双方的权利和义务作出明确、具体和肯定的规定，即使书面文件上被冠以“协议”或“协议书”的名称，一经双方签署确认，即与合同一样对双方具有约束力。

（三）书面合同的内容

书面合同的内容通常包括约首、基本条款和约尾三部分。

1. 约首

合同的序言部分，其中包括合同的名称、订约双方当事人的名称和地址（要求写明全称）。除此之外，在合同序言部分常常写明双方订立合同的意愿和执行合同的保证。

合同的序言对双方均具约束力。因此，在规定该序言时，应慎加考虑。

2. 基本条款

合同的主体部分，具体列明各项交易的条件或条款，如品名、品质规格、数量、单价、包装、交货时间与地点、运输与保险条件、支付方式以及检验、索赔、不可抗力和仲裁条款等。这些条款体现了双方当事人的权利和义务。

3. 约尾

一般列明合同的份数，使用的文字及其效力，订约的时间和地点及生效的时间。合同的订约地点往往要涉及合同准据法的问题，因此要慎重对待。我国的出口合同的订约地点一般都写在我国。有时，有的合同将“订约时间和地点”在约首订明。

（三）合同的解除

当事人有订立合同的自由，也就有解除合同的自由。《民法典》第五百六十二条规定“当事人协商一致，可以解除合同”。《民法典》第五百六十三条规定，有下列情形之一的，当事人可以解除合同：

1）因不可抗力致使不能实现合同目的；

2）在履行期限届满前，当事人一方明确表示或者以自己的行为表明不履行主要债务；

3）当事人一方迟延履行主要债务，经催告后在合理期限内仍未履行；

4）当事人一方迟延履行债务或者有其他违约行为致使不能实现合同目的；

5）法律规定的其他情形。

一方主张解除合同，应当通知对方，合同自通知到达对方时解除。

思考题

1. 交易前应做哪些准备工作？
2. 什么是“发盘”？一项发盘应具备哪些条件？
3. 发盘的撤回与撤销有什么不同？
4. 什么是“接受”？一项接受应具备哪些条件？

第十一章　进出口合同的履行

本章教学目的及要求

通过本章学习，应掌握买卖合同项下买卖双方的履行义务和进出口合同履行的基本程序，熟悉货物的托运、报验、报关、投保的具体做法，理解信用证项下的各种单据的缮制；了解在履行合同中，买卖双方可能出现违约的形式及相应救济方法。

在国际贸易中，买卖双方经过交易磋商，合同依法有效成立后，有关当事人就必须履行合同规定的义务，履行合同是当事人双方共同的责任。

第一节　出口合同的履行

出口合同的履行是指国际货物买卖合同成立后，卖方按照合同的规定履行其交货义务，直至其收回货款的整个过程。我国的出口合同目前大多采用 CFR 或 CIF 贸易术语，信用证是国际货款结算的重要方式。本章所讲出口合同的履行，以 CIF 贸易术语和信用证结算方式为例。其过程主要包括备货、催证、审证、改证、租船订舱、报验、报关、投保、装船和制单结汇等。其中，货（备货）、证（催证、审证、改证）、船（租船订舱）、款（制单结汇）四个环节最为重要。

一、备货和报检

备货就是出口商根据出口合同的规定，按时、按质、按量准备好应交付的货物，并做好报验工作，以保证按时出运。

（一）备货

出口商按合同和信用证的要求，向生产企业或部门下达生产或采购出口货物的过程。

出口部门及时与生产部门或供货部门安排货物的生产、加工、收购和催交，核实应交货物的品质、规格、数量和交货时间，并进行必要的包装、整理和刷制运输标志等工作。

备货时应注意的问题包含以下几点。

1. 备货时间

货物备妥的时间，应严格按照销售合同以及信用证上规定的交货期限，同时结合船期进行安排。为防止意外，一般应留有适当余地，以免产品延误装运期的违约行为，造成不必要的纠纷和经济损失。

2. 货物的品质、规格

货物的品种、规格等应与合同和信用证规定相符。如果对外交货的品质、规格与合同规

定不符,不仅会导致对方的拒收或索赔,同时还会损害公司甚至国家的声誉,造成不良影响;

3. 货物的数量

货物的数量要与合同和信用证的规定相符,如无其他约定,多装或少装均不可。同时为防止在搬动过程中可能发生意外损失,备货的数量要留有适当的余地。

4. 货物的包装

货物的包装要结合货物本身的特性和具体运输方式,最大限度地保护好货物;包装方式、包装材料均应符合合同和信用证的规定,做到既能保护商品和便利运输,又要与规定相符。

5. 货物的运输标志

运输标志应符合运输要求和有关国家海关的规定,包装上的运输标志应与出口单据上的运输标志描述保持一致;刷制运输标志时要注意图形字迹清楚,位置要醒目,大小要适当。

(二)报检

凡属国家法定检验的商品,或合同规定必须经中国检验检疫机构检验出证的商品,在货物备齐后,应向检验检疫机构申请检验。只有取得出入境检验检疫机构签发的合格检验证书,海关才准放行,不合格的货物一般不得出口。

需检验的出境货物最迟应于报关或装运前 7 天报检。对于个别检验检疫周期较长的货物,应留有相应的检验时间。经检验检疫机构检验合格发给检验证书或者放行单的出口商品,一般应在证单签发之日起两个月内装运出口,鲜活类出口商品应当在两周内装运出口。超过上述期限的应向检验检疫机构重新报验,并交回原签发的所有检验证书和放行单。

我国出口商品检验的程序,主要包括四个环节:报检资格认定、申请报检、检验、签证与放行。

1. 报检资格认定

1)报检单位首次报检时须持本单位营业执照和批准证书办理登记备案手续,取得报检单位代码。其报检人员经检验检疫机构培训合格后领取“报验员证”,凭证报检。

2)代理报检单位须按规定办理注册登记手续,其报检人员经检验检疫机构培训合格后领取“代理报检员证”,凭证办理代理报检手续。

3)代理报检的,须向检验检疫机构提供委托书,委托书由委托人按检验检疫机构规定的格式填写。

2. 申请报检

1)应施行出口检验的商品,报检人应于出口前,详细填写《出境货物报检单》(Application for Certificate of Export Inspection),每份出境货物报检单仅限填报一个合同、一份信用证的商品。对同一合同、同一信用证,但标记号码不同者,应分别填写相应的报检单。

2)除了报检单,还应同时提交有关的单证和资料,如双方签订的外贸合同与合同附件、信用证、商业发票、装箱单以及厂检单、出口商品运输包装性能检验分批核销单等必要的单证,向商品存放所在地的检验机构申请检验,缴交检验费。

3. 检验

检验机构在审查上述单证符合要求后，受理报检。

(1)检验机构抽样

检验机构接受报检之后，及时派员赴货物堆存地点进行现场检验、鉴定。现场检验一般采取国际贸易中普遍使用的抽样法(个别特殊商品除外)。抽样时，要根据不同的货物形态，按照规定的方法和一定的比例，在货物的不同部位抽取一定数量的、能代表全批货物质量的样品(标本)供检验之用。报验人应提供存货地点情况，并配合检验人员做好抽样工作。

(2)检验机构检验

检验机构依据合同(信用证)中关于品质、规格、包装的规定，确定检验标准、方法，对出口商品进行检验。

4. 签证与放行

检验检疫机构对检验合格的商品签发《出境货物通关单》与相应的检验检疫证书，出口企业即凭此在规定的有效期内报关出口。经检验检疫不合格的，签发《出境货物不合格通知单》。

二、落实信用证

在采用信用证支付方式时，进口商能否按合同规定及时、正确地开立信用证是出口合同如期履行交货的关键，也是出口商及时收回货款的基本保证。落实信用证工作包括催证、审证和改证。

(一)催开信用证

在按信用证付款条件成交时，进口商按约定时间开证是出口商履行合同的前提条件。如果进口商不及时开出信用证，出口商将无法安排生产和组织货源。为此，出口商应结合备货情况做好催证工作，及时提请对方按约定时间开出信用证。

(二)审核信用证

信用证是依据买卖合同开立的，信用证内容应与合同内容保持一致。在实际业务中，由于各种原因，进口商开来的信用证常有与合同条款不符，为确保收汇安全和合同的顺利履行，出口商应按合同条款对国外来证进行认真的核对和审查。

在实际业务中，银行和出口商共同承担审证任务。其中，银行着重审核信用证的真实性、开证行的政治背景、资信能力、付款责任和索汇路线等方面的内容。出口商则着重审核信用证内容与买卖合同是否一致。

出口商审核信用证时，具体要注意以下条款的内容。

1. 信用证的性质和开证行对付款的责任

要注意审查信用证是否可保兑，开证申请人、受益人的名称地址是否正确，对开证行的付款责任是否加了“限制性”条款或其他“保留”条件。

2. 信用证金额

信用证金额的大小写是否应一致，是否与合同金额一致，如合同订有溢短装条款，则信用证金额还应包括溢短装部分的金额；信用证中采用的货币与合同规定的货币一致；信用证规定的汇票要求等。

3. 有关货物的记载

来证中对有关品名、数量或重量、规格、包装和单价等项内容的记载与合同的规定是否相符，有无附加特殊条款，如发现信用证与合同规定不符，应酌情作出是否接受或修改的决策。

4. 有关装运期，信用证有效期和到期地点的规定

信用证应注明装运期和信用证的到期日。装运期必须与合同规定相一致。信用证的有效期应与装运期有一定的合理间隔，以便出口商在装运货物后有充足时间办理制单结汇工作。信用证有效期与装运期规定在同一天的称为“双到期”。但是，“双到期”是不合理的，受益人是否就此提出修改，应视具体情况而定。信用证的到期地点通常要求规定在出口国，如信用证的到期地点规定在国外，一般不宜接受。

5. 装运单据

信用证中要求的单据种类、份数及出证机构应与合同相符，如发现有不适当的规定和要求，应及时向开证申请人指出。

6. 其他特殊条款

审查信用证中有无与合同规定不符的其他特殊条款，如发现有对出口商不利的附加特殊条款，一般不宜接受，如无不利之处，而且也能办到也可酌情灵活掌握。

（三）修改信用证

在审证过程中如发现信用证内容与合同规定不符，应区别问题的性质，分别同有关部门研究，作出妥善的处理。

一般地说，如发现不能接受的条款，应及时提请开证人修改，在同一信用证上如有多处需要修改的，应当一次提出，多次的修改不仅增加改证费用，还会延误装运，影响合同的履行。对信用证中可改可不改的，或经过适当努力可以办到而并不造成损失的，则可酌情处理，对通知行转来的修改通知内容，如经审核不能接受时，应及时表示拒绝，如一份修改通知书中包括多项内容，只能全部接受或全部拒绝，不能只接受其中一部分，而拒绝另一部分。

三、托运、报关和投保

出口商在备妥货物后，及时办理货物的托运、报关和投保等手续。

（一）托运

托运（Cargo Shipping），又称“委托运输”，是指出口商委托货运代理办理出口货物运输事宜。出口货物托运主要包括以下工作。

1. 选择货运代理公司

随着技术的进步，货主越来越少地与运输工具承运人联系业务，而是由专业化较强的货

运服务机构为其提供“门到门”的运输一体化的中介服务。出口商根据货物的特性及运输方式，选择合适的货运代理公司办理货物的运输工作。

2. 托运订舱

出口商（托运人）编制出口托运单后，即可向货运代理办理委托订舱手续。货运代理根据托运人的具体要求按航线分类整理后，及时向船公司或其代理订舱。出口商也可直接向船公司或其代理订舱。当船公司或其代理签出装货单后，即完成订舱工作。

3. 装船

在装船前，理货员代表船方按照积载图和舱单分批接货装船。在装船过程中，托运人委托的货运代理应有人在现场监装，随时掌握装船进度并处理临时发生的问题。装货完毕，理货员要与船方大副共同签署收货单交与托运人。

4. 取得海运提单

装船完毕，出口商凭收货单向船公司或其代理换取已装船提单，与此同时，出口商向收货人发出装船通知，以便收货人办理保险并做好收货准备。

（二）报关

报关是指出口货物出运前，由发货人或其代理在规定的期限内向海关交验有关单证，办理出口货物申报手续的法律行为。按照我国海关法规定：凡是进出国境的货物，必须通过设有海关的港口、车站、国际航空站进出，接受海关的监管，经过海关查验、放行后，货物才可提取或者装运出口。

目前，我国的出口企业在办理报关时，可以自行办理报关手续，也可以通过专业的报关经纪行或国际货运代理公司来办理。无论是自行报关，还是由报关行来办理，都必须填写出口货物报关单，还需提供出口合同副本、发票、装箱单或重量单、商品检验证书及其他有关证件，向海关申报出口。办理出口货物报关一般需经过以下程序。

1. 申报

出口商按照实际出口的货物，填写“出口货物报关单”，一式三份，其中两份连同出口许可证、出口合同副本、发票、装货单、装箱单、出口收汇核销单、商品检验证及其他有关证件，一并向装运口岸海关申报出口。

2. 查验

海关对各种申报单据进行核实，必要时要拆箱（包）查验货物种类、品质、数量、包装等项目。查验时货物所有人或其他代理人必须在场，以便及时处理发现的问题。经核查确定，出口货物符合国家有关法令，海关在有关货运单据上签署放行。

3. 纳税

指出口货物的发货人或其代理人在规定的期限内向海关缴纳税款。

4. 放行

经海关审核单证和查验货物未发现问题，在应纳税货物完成出口纳税或提供担保后，由海关在有关报关单证和查验货物记录上签章，并在装货单加盖放行印章，准予货物出境。海关放行后，出口商或其代理发运货物。

(三)投保

凡按 CIF 或 CIP 条件订立的出口合同,出口商负责办理保险手续。

出口商应根据出口合同及 / 或信用证规定,在备妥货物,确定运输工具和装运日期后,按规定格式填写投保单,送交保险公司,交付保险费并取得保险单。投保人交付保险费是保险合同生效的前提条件。

四、制单结汇、出口退税

制单结汇是指出口货物装运后,出口商按照合同或信用证的规定,正确缮制各种单据,持单向当地银行结汇的过程。

(一)制单应遵循的原则

在信用证付款条件下,必须做到单单一致、单证相符,否则,银行和进口商就可能拒收单据和拒付货款。因此,缮制结汇单据时应做到以下几点。

1. 正确

单据内容必须正确,既要符合信用证的要求,又要能真实反映货物的实际情况,且各单据的内容不能相互矛盾。

2. 完整

单据份数应符合信用证的规定,不能短少。单据本身的内容应当完备,不能出现项目短缺情况。

3. 及时

制单应及时,以免错过交单日期或信用证有效期。

4. 简明

单据内容应按信用证要求和国际惯例填写,力求简明,不必要的内容尽量不出现在单据中。

5. 整洁

单据的布局要美观大方,缮写或打印的字迹要清楚醒目,不宜轻易更改,尤其对金额、件数和重量等更不宜改动。

(二)主要出口单据的制作

1. 汇票

国际贸易中,主要使用的是跟单汇票,作为出口方要求付款的凭证。制作汇票时应注意下列问题。

(1)出票条款

信用证支付方式下的汇票,应填写的出票条款包括:开证行名称,信用证号码和开证日期。

(2)付款人

汇票的付款人应按信用证的规定填写。若信用证未加说明,则以开证行为付款人。如果采用托收房市,一般汇票的付款人是进口商。

(3)收款人

信用证方式下,收款人通常为议付行;托收方式下,收款人可以是托收行,均作成指示式抬头。托收中也可将出口方写成收款人(已收汇票),然后由收款人作委托收款背书给托收行。

2. 商业发票

商业发票(Commercial Invoice)是出口商开立的包括货物名称、规格、数量、价格等内容的清单,是买卖双方交接货物和结算货款的主要单据,也是进出口报关完税的主要单据之一。

发票没有统一的格式,其内容应符合合同规定,在以信用证方式结算时,还应与信用证的规定严格相符。发票是全套货运单据的中心,其他单据均参照发票内容缮制。

制作内容及注意事项如下。

(1)出口商名称

发票顶端必须有出口商名称、地址、电传、传真和电话号码,其中出口商名称和地址应与信用证一致。

(2)发票名称

在出口商名称下,应注明“发票”(Commercial Invoice 或 Invoice)字样。

(3)发票抬头人

发票抬头人通常为国外进口商。在信用证方式时,除非另有规定,应为开证申请人。

(4)发票号码、合同号码、信用证号码及开票日期

发票号码由出口商自行按顺序编制。合同号码和信用证号码应与信用证所列的一致,如信用证无此要求,亦应列明。开票日期不应与运单日期相距太远,但必须在信用证交单期和有效期之内。

(5)装运地和目的地

装运地和目的地应与信用证所列一致,目的地应明确具体,若有重名,应写明国别。

(6)运输标志(唛头)

凡来证有指定唛头的,按来证制作。如无规定,由托运人自行制定。以集装箱方式装运,可以集装箱号和封印号码取代。运输单据和保险单上的唛头,应与发票一致。

(7)货物名称、规格、包装、数量和件数

关于货物的描述应符合合同要求,还必须和信用证所用文字完全一致。如用列明重量,应列明总的毛重和净重。

(8)单价和总值

附加证明单价和总值必须准确计算,与数量之间不可有矛盾,应列明价格条件(贸易术语),总值不可超过信用证金额的超值发票,银行可以接受,也有权拒收。

(9)附加证明

附加证明大致有以下几种:①加注费用清单,包括运费、保险费和 FOB 价;②注明特定号码,如进口许可证号、布鲁塞尔税则号;③注明原料来源地的证明文句。

（10）出单人名称

发票由出口商出具，在信用证方式下，必须是受益人。商业发票可以只标明出单人名称而不加签署。如需签字，来证中应明确规定，如 Signed Commercial Invoice。

除了商业发票，发票根据用途不同，还有海关发票、领事发票、厂商发票和形式发票等。

3. 运输单据

运输单据因不同贸易方式而异，有海运提单、海运单、航空运单、铁路运单、货物承运收据及多式联运单据等。

我国外贸运输方式以海运为主，这里着重介绍海运提单（Bill of Lading）的缮制及注意事项。

1）托运人（Shipper），一般即为出口商，也即信用证的受益人，如果开证申请人为了贸易上的需要，在信用证内规定作成第三者提单也可照办，例如请货运代理做托运人。

2）收货人（Consignee），又称“提单抬头”，应严格按信用证规定制作。如以托收方式结算，则一般做成指示式抬头，即写成“凭指定”（To order）或“凭发货人指定”（To the order of Shipper）字样。这种提单必须经过发货人背书，才可流通转让。一般不做成以买方为抬头的记名提单或以买方为指示人的提单，以免影响提单的流通转让。

3）通知人（Notify Party），是指货物到达目的港时，船方发送到货通知的对象，通常为进口方或其代理人。但无论如何，应按信用证规定填写。如果信用证没有规定，则正本提单以不填为宜，但副本提单中仍应将进口方名称地址填明，以便承运人通知。

4）提单号码（B/L No.），提单上必须注明编号，以便核查，该号码与装货单（又称大副收据）或（集装箱）场站收据的号码是一致的。没有编号的提单无效。

5）船名及航次（Name of Vessel; Voyage No.），填列所装船舶及航次。如中途转船，只填写第一程船名航次。

6）装运港（Port of Loading）和卸货港（Port of Discharge），应填写具体港口名称。卸货港如不同国家有重名，则应加注国名。

7）唛头，与发票所列一致。

8）包装件数和种类（Number and Kind of Packages）与货物描述（Description of Goods），按实际情况列明。一张提单有几种不同包装应分别列明，托盘和集装箱也可作为包装填列。裸装有捆、件，散装货应注明“In bulk”。货物名称允许使用货物统称。但不得与信用证中货物的描述有抵触。危险品应写清化学名称，注明国际海上危险品运输规则号码、联合国危规号码、危险品等级。冷藏货物注明所要求的温度。

9）毛重和尺码（Gross Weight & Measurement），除信用证另有规定外，重量以千克或公吨为单位，体积以立方米为计算单位。

10）运费和费用（Freight & Charges），本栏填运费支付情况，CFR 和 CIF 条件成交，应填写运费预付（Freight Pre-paid），FOB 条件成交，一般填写运费到付（Freight Collect），除非买方委托发货人代付运费。程租船一般只写明“As Arranged”（按照约定）。如信用证另有规定，按信用证规定填写。

11）正本提单份数（Number of Original B/L），根据《跟单信用证统一惯例》规定，银行接受全套正本仅有一份的正本提单，或一份以上正本提单。如提单正本有几份，每份正本提单的效力是相同的，但是，只要其中一份凭以提货，其他各份立即失效。因此，合同或信用证中规定要求出口商提供“全套提单”（Full Set or Complete Set B/L），就是指承运人在签发的提单上所注明的全部正本份数。

12）提单日期和签发地点，除备运提单外，提单日期均为装货完毕日期，不能迟于信用证规定的装运期。

13）签署，海运提单表面应注明承运人名称，并由承运人或其代理人、船长或其代理人签署。签署人亦须表明其身份。若为代理人签署，尚须表明被代理一方的名称和身份。

14）其他，指信用证要求在提单上加注的内容。如信用证规定“每份单据上均应显示信用证号码”“提单需提供贸促会证明”等，必须按信用证规定处理。

4. 保险单

保险单（Insurance Policy/Certification）是保险人与被保险人之间订立的保险合同的凭证。是被保险人索赔、保险人理赔的依据，在 CIF 或 CIP 合同中，出口商在向银行或进口商收款时，提交符合销售合同及 / 或信用证规定的保险单据是出口商必不可少的义务。

保险金额按信用证规定金额投保，若信用证未规定，则按 CIF 或 CIP 价格的 110% 投保。保险单签发日期不迟于提单或其他货运单据签发日期，以表示货物在装运前已办理保险。

5. 原产地证明

原产地证明（Certificate of Origin）是用以证明货物原产地或制造地，是进口国海关计征税率的依据。产地证主要有以下两种。

1）普通产地证（Certificate of Origin），用以证明货物的生产国别，进口国海关凭以核定应征收的税率。产地证一般由出口地公证行或工商团体签发。在我国，可由国家出入境检验机构或中国国际贸易促进委员会签发。

2）普惠制原产地证，全称为“普惠制原产地证明书（申报与证明之联合）格式 A”（Generalized System of Preference Certificate of Origin（Combined Declaration and Certificate）Form A，Form A），是受惠国的原产品出口到给惠国享受普惠制减免关税待遇时所需提供的正式官方凭证。在我国，普惠制产地证由各地出入境检验检疫机构签发。

6. 检验证书

国际贸易中检验证书（Inspection Certification）种类很多，分别用以证明货物的品质、数量、重量和卫生条件等方面的情况。检验证书一般由国家指定的检验机构出具，也可根据不同情况，由出口企业或生产企业自行出具。应注意出证机构检验货物名称和检验项目必须符合信用证的规定。

7. 装箱单 / 重量单

装箱单 / 重量单（Packing List/Weight Memo）是对商业发票内容的补充说明。主要描述货物的包装、数量、种类等，便于进口商在货物到达目的港时，供海关检查、核对货物。

(三)交单结汇

1. 交单

交单是指出口商(信用证受益人)在规定时间内向银行提交信用证规定的全套单据,这些单据经银行审核,根据信用证条款不同付汇方式,由银行办理结汇。

交单应注意三点:其一是单据的种类和份数与信用证的规定相符,其二是单据内容正确,包括所用文字与信用证一致,其三是交单时间必须在信用证规定的交单期和有效期之内。

2. 结汇

信用证项下的出口单据经银行审核无误后,银行按信用证规定的付汇条件,将外汇结付给出口企业。目前我国出口商在银行办理出口结汇的方式有三种。

(1)收妥结汇

信用证议付行收到出口商提交的出口单据后,经审查无误,将单据寄交国外付款行,待付款行将货款划给议付行后,议付行再向出口商结汇。

(2)定期结汇

议付行收到单据后,在一定期限内向出口商结汇,此期限为议付行根据向国外付款行索偿需要的时间。

(3)押汇

押汇,又称"买单结汇",即议付行审核出口商提交的出口单据无误,以这些单据作为质押,按汇票或发票面值,扣除从议付日起到估计收到开证行或偿付行票款之日的利息,将货款先行垫付给出口商。

(四)单证不一致的处理办法

在出口业务中,由于种种原因造成单据不符,即单据存在不符点,而受益人又因时间条件的限制,无法在规定期限内更正,则有下列处理方法。

1. 凭保议付

受益人出具保证书承认单据瑕疵,声明如开证行拒付,由受益人偿还议付行所垫付款项和费用,同时电请开证人授权开证行付款。这种做法也称为"表提"或"表盖提出"。凭保议付一般用来处理单证不符的情况不严重,或受益人已与开证人事先沟通确认接受单证的不符点。

2. 电提

电提又称"电报提出"。即在单证不符的情况下,议付行暂不向开证行寄单,而是用电报或电传列明单证不符点,如开证行同意付款,再行议付并寄单;若不同意,受益人可及早采取措施对运输途中的货物进行处理。电提通常用来处理单证严重不符或所涉金额较大的情况。

3. 有证托收

单据有严重不符点,议付行不愿用表提或电提方式征询开证行的意见,或信用证有效期已过,已无法利用手上的信用证。出口商只能委托银行在向开证行寄单函中注明"信用证项下单据作托收处理”。

无论是采用“表提”“电提”还是“有证托收”方式,信用证受益人都失去了开证行在信用证下的付款保证,从而使出口收汇从银行信用变成商业信用。

(五)出口退税

货物出口后,出口商应在规定期限内(货物报关出口之日起90天内),收齐出口货物退(免)税所需的有关单证(包括出口货物报关单、代理出口证明、增值税专用发票、消费税税收缴款书等),使用国家税务局认可的出口货物退(免)税电子申报系统生成的电子申报数据,如实填写出口货物退(免)税申报表,向税务机关办理出口货物退(免)税手续。

企业在正式申报出口退(免)税之前,应向主管税务机关进行预申报,在主管税务机关确认申报凭证的内容与对应的管理部门电子信息无误后,方可提供规定的申报退(免)税凭证、资料及正式申报电子数据,向主管税务机关进行正式申报,税务机关受理申报后,在规定时间内使用出口货物退(免)税电子化管理系统以及出口退税率文库,对申报凭证、资料的合法性和准确性进行审查,并核实申报数据之间的逻辑对应关系。

第二节 进口合同的履行

进口合同的履行是指国际货物买卖合同成立后,买方按照合同的规定履行其支付货物价款、收取货物的整个过程。同时,买方还要随时注意卖方履行合同的情况,督促卖方按合同规定履行其交货、交单和转移货物所有权的义务。我国的进口合同目前大多题用FOB贸易术语,信用证是国际货款结算的重要方式。本章所讲进口合同的履行,以FOB贸易术语和信用证结算方式为例。其过程主要包括开立信用证与修改信用证、租船订舱、保险、审核单据与付款、报验、报关、验货、提货环节等。

一、开立信用证、修改信用证

进口合同签订后,进口商应按照合同规定填写开立信用证申请书(Application for Letter of Credit),向银行办理开证手续。开证申请书是开证银行开立信用证的依据。进口商申请开立信用证,应向开证银行交付一定比例的押金(Margin)或抵押品,进口商(开证人)还应按规定向开证银行支付开证手续费。

信用证的内容,应与合同条款一致,例如品质、规格、数量、价格、交货期、装货期、装运条件及装运单据等,应以合同为依据,并在信用证中作出规定。

信用证的开证时间,应按合同规定办理。如合同规定在出口商确定交货期后开证,进口商应在接到出口商上述通知后开证;如合同规定在出口商领到出口许可证或支付履约保证金后开证,则进口商应在收到出口商已领到许可证的通知,或银行转知保证金已照收后开证。

出口商收到信用证后,如提出修改信用证的请求,进口商如果同意修改,即可向银行办理改证手续。如不同意修改,进口商应及时通知出口商,敦促其按原证条款履行装货和交单。

二、租船订舱和保险

（一）租船订舱

FOB条件下的进口合同，进口商应负责租船订舱到对方口岸接运货物。出口商在交货前一定时间内，将预计装运日期通知进口商。进口商收到出口商的通知后，应及时向船公司或货运代理办理租船订舱手续。在办妥租船订舱手续后，应及时将船期、船名通知出口商，以便对方备货装船。

CIF和CFR条件下的进口合同，系由出口商负责租船、订舱，安排装运。进口商也应及时与出口商联系，掌握对方的备货和装运情况。

（二）保险

凡按FOB、CFR、FCA、CPT条件订立的进口货物买卖合同，由进口商方负责投保。为了防止漏保和延误投保，也为了简化手续，进口商可以采用预约保险做法，即由进口商与保险公司事先签订进口预约保险合同（Open Cover），又称预约保单（Open Policy）。按照预约保险合同规定，进口商无须逐笔填送投保单。在进口货物时，只需将国外客户的装运通知送交保险公司，即视为办理了投保手续。

三、审单和付款

进口业务如果采用信用证支付方式，进口商必须与银行密切联系，加强配合，认真做好审单工作。

审单和付款是指开证行或付款行在收到国外寄来的汇票和单据后，经验核认为符合信用证规定，向议付行偿付票款的行为。

1. 审单

在信用证方式下，审核进口单据的工作是银行的职责，开证行审核单据无误后，就应当直接对外办理付款，不必事先征得开证申请人的同意。

2. 付款

银行对单据核对无误后，凭议付行寄来的索偿通知书，填制进口单据发送清单，并附全部单据送交进口商验收。经进口商对全套单据进行全面细致审核无误后，银行即根据信用证的种类，采用所规定的付款方式付款。与此同时，通知进口商按当日国家外汇管理局公布的人民币外汇牌价，向银行付汇赎单。

银行审核单据，发现单据与信用证条款不符，通常会先征询进口商的意见，看其是否愿意接受不符点。进口商或通过寄单行通知受益人更正单据或由国外银行书面担保后付款；或改为货到检验认可后付款。如进口商在三个工作日内没有提出异议，银行即按信用证规定的付款期限对外承付或向指定银行偿付。

四、进口报关

进口报关是指进口货物的收货人或其代理人向海关交验有关单证，办理进口货物申报手续的法律行为。进口报关必须由海关准予注册登记的报关企业或者有权经营进口业务的企业负责办理，报关单位指派的报关员应经海关培训并考核认可。未经海关准予注册登记的单位和未经海关考核认可的人员，不得直接向海关办理报关手续。

进口报关程序分为申报、货物查验、缴纳税费和货物放行四个阶段。

（一）申报

进口货物的收货人或者其代理人，在货物抵达卸货港后，在海关规定的期限内，按海关规定的格式填写进口货物报关单，并向海关提供齐全、正确、有效的单据。法定申报时限为自运输工具申报进境之日起 14 天内，超过 14 天期限未向海关申报的，由海关按日征收进口货物 CIF（或 CIP）价格的 0.5% 的滞报金。超过 3 个月未向海关申报的，由海关提取变卖，所得价款在扣除运输、装卸、储存等费用和税款后，尚有余款的，自货物变卖之日起 1 年内，经收货人申请予以发还。

向海关申报，应提交的主要单证有以下几种。

1）进口货物报关单；

2）随报关单交验的货运、商业单据（合同、发票、装箱单、提单等）；

3）进口货物许可证；

4）检验检疫证；

5）进口货物批准单证。

（二）货物查验

进口货物，除海关总署特准查验的以外，都应接受海关查验。查验的目的是核对报关单证所报内容与实际到货是否相符，有无错报、漏报、瞒报、伪报等情况，审查货物的进口是否合法。海关查验货物，应在海关规定的时间和场所进行。如有特殊理由，事先报经海关同意，海关可以派人员在规定的时间和场所以外查询。申请人应提供往返交通工具和住宿并支付费用。

（三）缴纳税费

进口货物的收货人是进口税费的纳税义务人。进口税费是指在进口环节中由海关依法征收的关税、消费税、增值税等税费。

进口货物的收货人或其代理人收到海关的税款缴纳证书后，应在规定的期限内缴纳进口税款。我国《海关法》对进口货物纳税期限的规定与出口货物的相同。进口货物以海关审定的正常 CIF 价格为完税价格。CIF 价格不能确定时，完税价格由海关估定。

计算进口关税税款的基本公式是：进口关税税额 = 完税价格 × 关税税率

（四）货物放行

海关对进口货物的报关，经过审核报关单据、查验实际货物，并依法办理了征收货物税费手续或减免税手续后，在有关单据上签盖放行章，货物的所有人或其代理人才能提取或装运货物。此时，海关对进口货物的监管才算结束。另外，进口货物因各种原因需海关特殊处理的，可向海关申请担保放行。海关对担保的范围和方式均有明确的规定。

五、验货与提货

进口货物运达港口卸货时，港务局要进行卸货核对。如发现短缺，应及时填制《短卸报告》交由船方签认，并根据短缺情况向船方提出保留索赔权的书面声明。卸货时如发现残损，货物应存放于海关指定仓库，待保险公司会同商检部门检验后作出处理。凡列入《商检机构实施检验的进出口商品种类表》的进出口商品和其他法律、法规规定须经检验的进出口商品，必须经过海关部门或其指定的检验机构检验。进口商品应检验而未检验的，不准销售、使用。

在办完上述手续后，进口商可自行或通过货运代理提取货物自用或拨交给订货部门，货运代理通知订货部门在目的地办理收货手续。至此整个进口手续办理完毕。

第三节　违约及其救济方法

买卖双方在履行合同的过程中，因各种原因不能履行自己的义务，从而发生争议和纠纷，当事人为了维护自己的合法权益，往往要援引法律规定来解释合同、主张权利。

一、违约的主要救济方法

（一）违约的概念

违约（Breach of Contract）是指合同的一方当事人没有履行或没有完全履行其合同规定的义务的行为。《联合国国际货物销售合同公约》（简称《公约》）第二十五条规定："如果一方当事人违反合同的结果，使另一方当事人蒙受损害，以至于实际上剥夺了他根据合同有权期待得到的东西，即属于根本违反合同，除非违反合同的一方并不预知而且一个同等资格、通情达理的人处于相同情况下也没有理由预知会发生这种结果。"

构成根本性违约的两个条件如下。

1. 客观要件

一方违约对另一方当事人的利益造成了重大损害。

2. 主观要件

违约的后果是违约方可以预知或一个同等资格、通情达理的第三人处于相同情况下可以预知的。

（二）违约的救济方法

救济方法（Remedies）是指一个人的合法权利被他人侵害时，法律上给予受害一方的补偿方法。各国法律都规定，如果合同一方当事人违反合同规定，另一方当事人有权采取相应的救济方法。

1. 实际履行

实际履行有两重含义：一是指一方当事人未履行合同义务，另一方当事人有权要求他按合同规定完整地履行合同义务，而不能用其他的补偿手段，如以金钱代替。另一重含义是指一方当事人未履行合同义务，另一方当事人有权向法院提起实际履行之诉，由法院强制违约当事人按照合同规定履行他的义务。

大陆法系和英美法系对实际履行的规定有很大的不同。《公约》在肯定这一补救措施的同时，允许法院在确定是否采取这一措施时可依本国国内法作出判决。

2. 损害赔偿

损害赔偿(Damages)是指违约方用金钱来补偿另一方由于其违约所遭受到的损失。各国法律均认为损害赔偿是一种比较重要的救济方法。在国际货物买卖中，损害赔偿是使用最广泛的一种救济方法。

损害赔偿的方法有两种：即恢复原状和金钱赔偿。恢复原状是指用实物赔偿损失，使恢复到损害发生前的原状。如通过修复、用同类货物替换等方法。金钱赔偿是指用支付一定金额的货币来弥补对方遭受的损害。

赔偿额计算的限制有以下两种。

(1)可预见损失的限制

损害赔偿不得超过违反合同一方在订立合同时，依照他当时已知道或理应知道的事实和情况，对违反合同预料到或理应预料到的可能损失(参见《公约》第七十四条)。

(2)采取合理措施的限制

一方当事人违反合同时，没有违反合同的另一方有义务采取必要的措施，以减轻因违约而引起的损失。如果他不采取这种措施，违反合同一方可以要求从损害赔偿中扣除原应可以减轻的损失数额(参见《公约》第七十七条的规定)。

3. 解除合同

解除合同(Rescission)是指合同当事人免除或中止履行合同义务的行为。

(1)解除合同的条件

《公约》要求合同的解除必须以一方违约已构成根本性违约为前提；或者在一方没有按规定的时间履行合同义务时，他在另一方给予的一段合理时限的额外时间(宽限期)内仍未履行或声明将不在该时间内履行，另一方也可以解除合同(参见《公约》第四十九、六十四、七十二、七十三条的规定)。

(2)解除合同的程序

解除合同必须向对方发出通知。该通知发出时解除生效。《公约》第二十六条规定“宣告合同无效的声明，必须向另一方当事人发出通知，方始有效”。

根据《公约》第八十条规定，解除合同只是解除了双方在合同中的义务，但应负责的任何损害赔偿仍应负责。合同的解除不影响合同中关于解决争端的任何规定，也不影响合同中关于双方在宣告合同无效后权利和义务的任何其他规定。

二、买方违约及其救济方法

在国际货物买卖合同中，买方的基本义务是按合同规定受领货物并支付货款。在实际业务中，买方的违约通常表现为不按时开立信用证、不付款、不受领货物。根据《联合国国际货物销售合同公约》规定,卖方可以行使以下各种救济方法。

(一)实际履行

卖方可要求买方支付价款,收取货物或履行其他义务;卖方可以规定一段合理时限的额外时间,让买方履行义务。除非卖方已采取了与此项要求相抵触的救济方法。

(二)损害赔偿

违约方用金钱来补偿另一方由于其违约所遭受到的损失。各国法律均认为损害赔偿是一种比较重要的救济方法。在国际货物买卖中,它是使用最广泛的一种救济方法。但是各国法律对损害赔偿的规定,往往只涉及违约一方赔偿责任的成立、赔偿范围和赔偿办法等问题,而且差异较大。

(三)宣告合同无效

下列情况下,卖方可以宣布合同无效:买方不履行其在合同或公约中的义务构成根本违反合同;买方不在卖方给予的宽限期内履行合同;买方声明不履行合同。

如果买方已支付了价金,卖方则不能宣布合同无效,除非:

1)在得知买方迟延履行义务前,宣布合同无效;

2)对于其他违反合同的事件,卖方在得知这种情况后的合理时间内宣告合同无效;或在给予卖方的宽限期届满或在得知买方声明不履行合同的一段合理时间内宣布合同无效。

对于未收货款的卖方,在不同的情况下,可以行使以下四种权利:停止交货权;留置权;停运权;再出售权。

三、卖方违约及其救济方法

在国际货物买卖合同中,卖方的基本义务包括按合同规定的时间交付符合合同规定的货物、交付符合合同规定的各种单据和转移货物的所有权。在实践中,卖方违约的情况通常表现为不交货、延迟交货以及所交货物与合同规定不符等。依据《联合国国际货物销售合同公约》,买方可行使以下救济方法。

(一)实际履行

采用这一办法的前提条件是:买方不得采取与这一要求相抵触的救济方法;买方应给与卖方履行合同的宽限期。当卖方交货不符时,只有这种不符构成根本违反合同时,买方才能要求提交替代物,并将这一要求及时通知对方;法院是否作出实际履行的判决取决于该国国内法。

(二)减少价金

当卖方交货不符合合同规定时,买方可要求减少价金。

(三)解除合同

卖方根本性违约,买方可以解除合同:卖方不交付货物、延迟交货或交货不符合合同规定或货物所有权存在瑕疵;卖方声明它不在规定的时间内履行交货义务;在买方给予的宽限期届满后仍不履行合同。

当卖方交付的货物中有部分符合合同时,买方应接受符合规定的部分;只有当卖方完全不交货或不按合同规定交货构成根本违反合同时，才能宣布整个合同无效。

如果卖方已交货，买方则丧失宣告合同无效的权利，除非：

1）在迟延交货的情况下，买方在得知交货后的合理时间内宣告合同无效；

2）在交货不符的情况下，买方在检验货物后的合理时间内提出合同无效；

3）在给予卖方作出履行合同或作出补偿的宽限期届满后仍不履行合同。

根据《公约》第八十条规定，解除合同只是解除了双方在合同中的义务，但应负责的任何损害赔偿仍应负责。合同的解除不影响合同中关于解决争端的任何规定，也不影响合同中关于双方在宣告合同无效后权利和义务的任何其他规定。

（四）请求损害赔偿

按《公约》第七十四条的规定，卖方应付的赔偿责任，应与买方因他违反合同而遭受的包括利润在内的损失相等。买方不因行使了其他的救济方法而丧失请求损害赔偿的权利。按《公约》第七十五、七十六条的规定，如果解除合同后，一段合理时间内买方以合理方式购买替代货物，卖方应赔偿买方合同价格与替代货物价格之间的差额；如果买方在解除合同后未购买替代货物，买方可以取得合同规定价格和解除合同时货物的时价之间的差额。

思考题

1. 采用 CIF 条件和信用证支付方式的出口合同履行过程中一般包括哪些环节？
2. 出口企业在备货过程中应注意哪些事项？
3. 当前我国出口结汇有哪几种方式？
4. 简述租船订舱的程序。
5. 制单结汇过程中应做到哪几点？
6. 违约行为发生后，可以采取哪些方式进行救济？

第二部分
国际贸易方式

国际贸易方式是指营业地分处在不同国家或地区的当事人之间进行货物买卖所采取的做法。在国际货物贸易活动中，每一项货物进出口交易都需要通过一定的贸易方式来进行。

常用的国际贸易方式有：逐笔售定、经销、代理、招标与投标、寄售、拍卖、商品期货交易、来料加工与来件装配、对等贸易等等。

第二部分介绍的是我国对外贸易实践中常用的国际贸易方式。

第十二章　经销与代理

本章教学目的及要求

通过本章学习,应掌握经销与代理的概念及特点;熟悉经销、代理相关协议的基本内容;了解经销、代理贸易方式的基本运作方式。

第一节　经销

一、经销的概念及种类

(一)经销的概念

国际贸易中的经销(Distribution)是指出口商(供货商, Supplier)就某一种商品的售价、数量、销售地区、期限和其他主要事项与国外进口商(经销商, Distributor)达成协议,利用国外经销商推销商品的一种方式。

经销业务中有两个当事人:出口商和经销商,双方是买卖关系。经销商利用自己的信誉和资金购买出口商的货物,自行销售,自负盈亏,自担风险。双方通过签订经销协议确定对等的权利和义务。

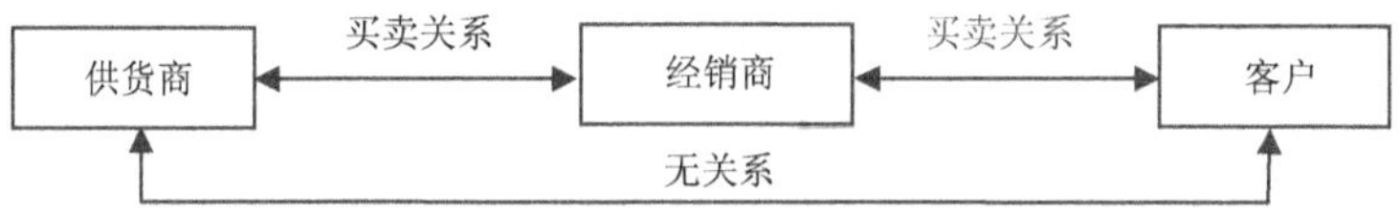

图 12-1　经销方式中当事人关系图

(二)经销的种类

1. 一般经销

一般经销是指供货商与国外经销商签订经销协议,向国外经销商提供在一定地区、一定时期内经营某项(或某几项)商品的销售权,经销商则有义务维护供货商的利益,必要时,还要对经销商品组织技术服务、进行宣传推广。供货商也需向经销商提供必要帮助。经销商虽享有经销权,在购货上能得到一些优惠,但没有专营权利,供货商可以在同一地区指定多个经销商。

2. 独家经销

(1)独家经销的概念

独家经销也称为包销,是指供货商通过协议把某一商品或者某一类商品在某一地区和期限内的经营权单独给予国外某个客户或公司的做法,即国外的某个客户或公司拥有独家经营权。

(2)独家经销的优点和缺点

通过独家经销协议,确定了双方在一定期限内互相协作关系:在规定的期限内,在规定地区的经营和市场开发上,双方有着共同的目标和一致的利益,从而能在平等互利的基础上同舟共济。这样就能充分调动经销商的经营积极性,促使对方专心销售约定的商品,并向用户提供必需的售后服务。供货商能够对市场销售进行全面、系统、长期的规划和安排,采取近期和远期的推销措施。

采用独家经销方式也存在着风险:如果独家经销商还经销其他供货商的商品,就无法专心经营约定的商品;如果独家经销商的经营能力较差,就有可能虽然努力,仍无法完成协议规定的最低限额。倘若独家经销商作风不正、居心不良,只是企图凭借专营权压低价格,就会使供货商蒙受损失。

二、经销协议的内容

经销协议(Distributorship Agreement)是经销商和供货商规定双方权利与义务,确定双方法律关系的契约。其内容的繁简可以根据商品的特点、经销地区的情况以及双方当事人的意图加以确定。在实际业务中,许多经销协议只是原则性地规定双方当事人的权利、义务和一般交易条件,之后对每批货的交付,经销商与供货商双方根据经销协议再订立具体买卖合同。

一般来说,经销协议主要包括以下几方面的内容。

(一)经销商品的范围

经销商品可以是供货商经营的全部商品也可以是其中一部分。因此,在协议中要订明经销商品的范围以及同一类商品的不同牌号和规格。确定经销商品的范围要与供货商的经营意图、经销商的经营能力和资信状况相适应。

(二)经销数量和金额

经销协议还应规定经销商在一定时期内的经销数量和金额。经销数量或金额的规定对协议双方都有约束力,它既规定了经销商应承购的数额,也规定了供货商应保证供应的数额。经销数额一般采用最低承购额的做法,规定一定时期内经销商应承购的数额下限,并明确经销数额的计算方法。

(三)经销地区

经销地区是指经销商行使经营权的地理范围。它可以是一个或几个城市或某一地区,也可以是一个甚至几个国家。其大小的确定,除应考虑经销商的经营规模、经营能力和销售网络以外,还应考虑地区的行政划分、地理和交通条件以及市场差异程度等。在独家经销协议中,供货商在独家经销区域内不得再指定其他经销商经营同类商品,同时,独家经销商也不得将独家经销商品跨区销售。

(四)作价方法

经销商品可以在规定的期限内一次作价,结算时以协议规定的固定价格为准。这种方法由于交易双方要承担价格变动的风险，故很少采用。大多数经销协议都是采用分批作价的办法，也可由双方定期根据市场情况加以商定。

（五）经销期限和终止条款

经销期限即协议的有效期，可以规定为签字生效起一年或若干年。一般还要规定延期条款，可以经双方协商后延期，也可规定在协议到期前若干天如没有发出终止协议的通知，可以延长一期。除了协议期限届满可以终止外，如遇到下列情况之一，也可以终止协议。

1）任何一方有实质性的违约行为，并在接到另一方的要求纠正该违约行为的通知后的一段时期内，未能加以纠正。

2）任何一方发生破产清理或公司改组等严重事项，另一方提出终止协议的书面通知。

3）由于发生了人力不可抗拒的意外事件，造成协议落空，而且遭受事件的当事人事后仍无法履行协议规定的义务，另一方发出终止协议的书面通知。

（六）经销商的其他义务

在许多经销协议中，往往要求经销商要负责做好广告宣传、市场调研和维护供货商的合法权益等工作。

除上述内容外，经销协议中还应规定不可抗力及仲裁条款等一般交易条件，规定方法与一般买卖合同大体相同。

三、采用经销方式应注意的问题

与其他方式相比，经销方式的优点在于可以调动经销商的经营积极性，有力地拓展国外市场，扩大出口绩效，但也存在一定风险。如果经销方式运用不当，后果会适得其反。因此，采用经销方式出口时需注意以下问题。

1）慎重选择国外经销商，尤其是独家经销商。

2）合理规定经销商品和经销地区。

3）明确规定经销数量或金额。

4）明确经销商品的作价方法。

5）注意知识产权保护方面的内容。

6）要注意订好经销协议。

第二节　代理

一、代理的概念及种类

（一）代理的概念

代理（Agency）是指代理人（Agent）按照委托人（Principal）的授权，代表委托人与第三人订立合同或实施其他法律行为，由此产生的权利和义务由委托人直接负责。

在国际贸易中，因行业性质不同，有不同的代理。如货运代理、船方代理、保险代理、商业代理等。进出口商在国外指定的代理为商业代理。进出口商与国外代理商达成协议,在约定的期限和地区内,由国外代理商以进出口商的名义采购或推销商品的最低限额,以及承担其他市场调研、反馈市场信息等义务,进出口商直接负责由此产生的后果。

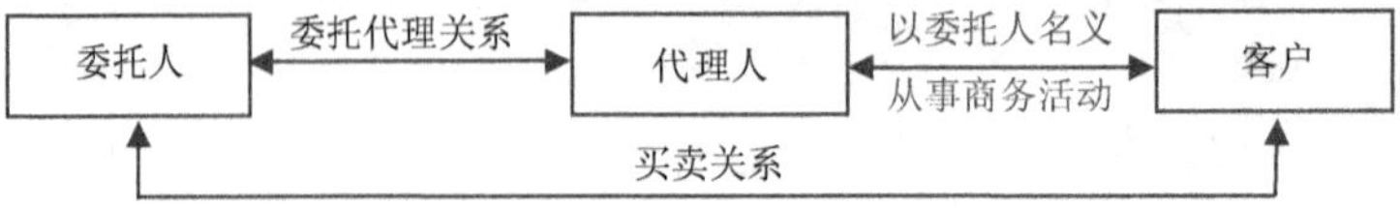

图 12-2 代理方式中当事人关系图

(二)代理的种类

以委托人对代理人授权的大小,代理可分为一般代理、独家代理和总代理。

1. 一般代理

一般代理(Agency),又称“普通代理”或“佣金代理”(Commission Agency),是指在同一地区和期限内,委托人同时委派几个代理人,委托人自己也可以直接向该地区销售,委托人仅按代理人的实际购销业绩支付佣金。

2. 独家代理

独家代理(Sole Agency; Exclusive Agency)是指在约定的时间和地区范围内,由代理人独家从事约定商品的购销活动,享有专营权。委托人在该地区不得再指定第二个代理人,代理人也不得再做其他委托人的代理。但是,独家代理人的专营权与包销商所具有的专营权并不完全相同,除非协议有特别规定,委托人一般也可直接与指定地区的买主进行直接交易,但为不损害独家代理商的利益,此类交易仍要向其支付一定费用。

3. 总代理(General Agency)

总代理是指代理人在指定地区内,除了代表委托人购销指定商品、签订买卖合同、处理货物外,还可以代表委托人处理其他商业活动和事务。

二、代理协议的主要内容

代理协议,也称“代理合同”,用以明确委托人和代理人之间权利与义务的法律文件。国际贸易中的代理种类繁多,代理协议的形式和内容也各不相同。常见的销售代理协议一般包括以下内容。

(一)协议名称及双方当事人

签订代理协议时,一定要明确注明代理协议的性质,是独家代理、总代理还是一般代理。协议必须清楚规定双方当事人的全称、地址。

(二)指定代理的商品、地区和期限

在代理协议中,要明确、具体地对代理人代理商品的种类、名称、规格以及代理的地区、期限等作出规定。

代理地区是独家代理人享有专营权的地区范围。代理地区的大小应根据代理人的经营能力及其购销网络来决定,此外,还应考虑地区的政治区域划分、地理和交通条件以及市场差异程度。合理决定代理地区,是保护双方利益的重要问题。另外,为维护委托人的权益,

还应规定代理商不得将约定商品越区代理。

（三）专营权

在上述范围内，委托人承诺所指定的独家代理为唯一同买主 / 卖主进行交易的中间商，若委托人与买主 / 卖主直接发生交易，仍应按交易金额向独家代理支付佣金，是否授予专营权是独家代理与一般代理的主要区别。

（四）最低代购销额

委托人授予独家代理人对于约定商品的专营权后，即使代理人不努力推销，委托人也无法在代理区域内越过代理人主动地去购销约定商品。所以，为保障委托人的权益，应在协议中规定最低代购销额。如届时代理人由于其本身的能力而未能完成最低代购销额，也应在协议中规定如何处理的方法。

（五）代理佣金

代理佣金是代理人为委托人推销商品所得的报酬，支付代理佣金也是委托人的一项主要义务。在独家代理协议中，应就佣金率，佣金的计算方法和佣金的支付时间和方法作明确规定。

1. 代理人有权索取佣金的时间

实际上，该内容明确了代理人在完成何种代理业务活动时，可向委托人收取佣金。一般做法是，只要代理人履行了其代理职责，即有权收取佣金。

2. 佣金率

佣金率的大小，直接关系协议双方的利益。因此，在协议中必须明确约定佣金率，通常为 1%～5%。高者可达 10%。

3. 计算佣金的基础

计算佣金的基础，可以有不同的做法。例如，在销售代理协议中，有些以实际出口的数量为准，有些则以发票总金额作为计算佣金的基础，也有的以 FOB 总值为基础计算佣金。不论采取何种办法，都应事先在协议中订明。

4. 支付佣金方法

有的可按约定时间根据累计的销售数量或金额，按累计的佣金汇总支付；有的则在委托人收汇后逐笔结算或从货价中直接扣除。

（六）宣传推广、商情报告和保护商标

对独家代理人来说，对代理商品进行宣传推广是他的应尽义务。为明确责任，独家代理协议应当规定独家代理人有促进销售和宣传推广的义务，以及卖方应提供宣传推广所必需的资料。

独家代理人应承担定期或不定期向委托人提供商情报告的义务。报告的内容，通常是关于代理人的工作情况、市场供销、竞争、有关进出口国的政策法令及客户的反映等。

三、采用代理方式应注意的问题

(一)代理方式的选择

权衡各种代理方式的利弊,结合商品特点、市场竞争程度及企业的营销意图,选择合适的代理方式。

(二)慎重指定代理人

对代理人的资信能力、经营能力及其在代理地区的商业地位做好市场调查。

(三)代理商品的选择

对代理商品的种类、代理地区和代销数量或金额的确定

(四)对中止或索赔条款的规定

为了防止独家代理人垄断市场或经营不力等现象的出现,最好在协议中有中止或索赔条款的规定。

思考题

1. 什么是经销方式?什么是代理方式?
2. 独家经销方式与独家代理方式的主要区别是什么?
3. 在国际贸易业务中,采用经销方式和代理方式各有什么利弊?
4. 独家经销协议和独家代理协议主要包含哪些内容?

第十三章　寄售与展卖

本章教学目的及要求

通过本章学习，应掌握寄售、展卖的概念及特点；熟悉寄售、展卖相关协议的基本内容；了解寄售、展卖贸易方式的基本运作。

第一节　寄售

一、寄售的概念及特点

（一）寄售的概念

寄售（Consignment）是一种委托代销的贸易方式，是寄售人（Consignor）把货物运往国外，委托事先约定的代销人（Consignee）按照寄售协议规定的条件在国外市场代为销售，货物售出后，代销人向委托人结算货款的一种做法。

寄售协议属于信托合同性质。寄售业务是按寄售人和代销人签订的寄售协议进行的。在国际贸易寄售业务中，寄售人即委托人，也是出口商；代销人作为受托人，是接受委托从事寄售业务的商号或公司。

（二）寄售的特点

与一般的出口业务相比较，寄售方式具有以下特点。

1）一般出口贸易是先签订出口合同，然后根据合同规定的装运期装运货物；寄售则是寄售人先将货物运至目的地市场（寄售地），然后由代销人在寄售地向当地买主销售，是凭实物进行买卖的现货交易。

2）寄售人与代销人之间是委托代售关系，而非买卖关系。代销人只能根据寄售人的指示处理货物，除非另有规定，他对货物具有控制权而不享有所有权。在货物卖出之前，货物所有权一直属于寄售人。

3）风险及费用划分也有别于一般出口贸易。在寄售方式下，代销人不承担市场价格下跌与商品滞销的风险和费用，仅收取佣金作为报酬。货物在寄售地售出之前的一切风险和各种费用均由寄售人承担。

4）寄售货物装运出口后，在到达寄售地之前也可先行销售；也就是说，当货物尚在运输途中，即可由代销人或寄售人寻找买主出售，出售不成则仍运至原定目的地。

二、寄售的利弊

(一)寄售方式的优点

1)对寄售人来说,寄售有利于开拓市场和扩大销路。通过寄售可以与实际用户建立关系,扩大贸易渠道,便于了解和适应当地市场需要,不断改进商品品质。寄售人还可以根据市场供求情况,把握有利的推销时机。

2)寄售基本上属于凭实物进行的现货买卖,买方可以看货成交,节省了交易时间,减少了风险和费用。

3)代销人不需要垫付资金,也不需要承担风险和费用。因此,寄售方式有利于调动经营作风好、推销能力强,但资金不足的客户的积极性。

(二)寄售方式的缺点

1)资金占压时间长,不利于资金周转。

2)寄售人承担的风险较大。寄售人需要承担货物售出前的一切风险,包括运输途中和到达目的地后货物的损坏和灭失的风险,市场价格下跌、货物不能售出、代销人资信不佳等一系列商业风险。

三、寄售协议的主要内容

寄售协议是寄售人和代销人之间为了开展寄售业务,就双方的权利、义务和有关寄售的条件与具体做法而签订的书面协议。寄售协议中应处理好寄售商品的价格、各种费用的负担及安全收汇三个方面的问题。

1)协议名称及双方的义务与责任。一般应明确列明“寄售协议”(Agreement of Consignment),以表示协议的性质。应注明在售出前货物的所有权仍属寄售人,费用一般也由寄售人承担,并规定寄售货物售出时,所有权由寄售人直接转移给买方。

2)寄售区域及寄售商品。

3)定价方法。寄售商品的定价,一般有三种方法:①由寄售人限价,即寄售人在寄售时确定最低售价,代销人只能以此价格或高于此价格出售,否则,必须事先征得寄售人同意;②由代销人按市价自行定价出售,寄售人不作限价;③在销售前逐笔征求寄售人的同意,这种定价方法弹性较大,实践中使用较多。

4)佣金的支付。寄售人需要向代售人支付一定数量的佣金作为服务的回报,佣金的比率通常为1%~5%不等。佣金结算的基础一般是发票净售价。

佣金支付的时间和方法。代销人可在货物售出后从所得货款中直接扣除代垫费用和应得佣金,再将余款汇给寄售人,也可先由寄售人收取全部货款,再按协议规定计算出佣金汇给代销人。佣金多以汇付方式支付,也有采取托收方式收取。

5)付款。寄售货物售出后的货款,一般由代销人扣除佣金及代垫费用后付给寄售人。为了保证及时收汇、减少资金占用,在寄售协议中一定要对汇付方式和时间进行明确规定,还应要求代销人提供银行保函或备用信用证。

第二节　展卖

一、展卖的概念

展卖(Fairs and Sales)是利用展览会、博览会、展销会、交易会及其他会展形式,对商品实行展销结合,以展促销的一种贸易方式。

展卖是最古老的交易方式之一,其最早的雏形是区域性的集市。随着国际贸易不断扩大和现代科技、交通、通信条件日益完善,展卖日趋国际化、大型化和综合化,成为当前国际贸易中的一种重要贸易方式。

展卖可有多种形式,进出口企业可以到国外参展、利用国外举办的各种展卖会推销商品,还可以参加国内举办的国际型的展卖会。

作为一种商品推销方式,展卖的特点可概括为:将出口商品的展览和推销有机地结合起来,边展边销,以销为主。展卖方式的优点主要表现在以下几个方面。

1)有利于宣传出口商品,扩大影响,招揽潜在买主,促进交易。

2)有利于建立和发展客户关系,扩大销售地区和范围。

3)有利于开展市场调研,听取消费者的意见,改进产品质量,增强出口竞争力。

随着互联网技术的发展,又出现了虚拟展卖会(Virtual Exhibitions),又称"网上展卖会""在线展卖会"(Online Exhibitions)。它是指将产品以信息的方式在网上展示或交易。虚拟展会突破了时间和空间的限制,将传统会展业务向线上延伸,通过线上线下互动,让供应商和买家能够快速地相互了解,提高贸易效率,增加贸易机会。

二、展卖的方式

(一)参加国际展卖会

国际展卖会或国际博览会又称国际集市,是指在一定地点定期由一国或多国联合组办、邀请各国商人参加交易的贸易形式。参加国际展卖会不仅可以展示商品、宣传商品,也是与同行进行面对面技术交流,了解客户的需求的重要方式。

国际博览会可分为两种形式。

1)综合性国际博览会,又称"水平型博览会",即各种商品均可参展并洽谈交易的博览会。这种博览会的规模较大,产品齐全,且会期较长。

2)专业性国际博览会,又称"垂直型博览会",是指仅限于某类专业性产品参加展览和交易的博览会,规模较小,会期较短。

(二)参加国内展卖会

1. 中国进出口商品交易会

1957年春季,我国举办了首届中国出口商品交易会(Chinese Export Commodities Fair),又称"广州商品交易会"(Guangzhou Trade Fair),简称"广交会"。是由中国各进出口公司在广州联合举办的、邀请国外客户参加的一种集展览与交易相结合的商品展销会。每年春秋两季各举办一次。随着中国经济的发展,为满足国内市场的需要,同时也为了加强中国同世界各国的经济联系,自2007年春季第101届起中国出口商品交易会改名为中国进出口商品交易会。

2. 其他各地的交易会

除广交会外,我国各地和口岸定期开展各种类型的会展业务均产生了巨大的社会影响和经济效益。

(三)在国外举办展卖会

1. 自行举办展卖会

国内企业结合自身产品特点及购销意图,在目标市场国举办展卖会的做法也日渐流行。采取在国外自行举办展卖会时,相关的广告宣传费、展品的运费、保险费、展出场地的租用费以及其他杂项费用,均应由主办方自行负担。展卖结束后,剩余的展品,也由主办方自行处理。

2. 支持外商举办或与外商联合举办展卖会。

支持外商在国外举办我国出口商品展卖会或与外商联合举办我国出口商品展卖会,是我国出口商品在国外展卖所采取的两种主要方式。

其中前一种方式是国内企业将展卖商品通过签约的方式卖断给外商,由外商在国外举办或参加展览会;后一种方式是由国内企业同外商合作,国内企业提供展品,在展卖时展品所有权仍属国内企业,展品的运输、保险、劳务以及其他费用一般由外商承担,展台租赁、设计、施工以及展出期间的宣传广告费用,也由外商承担,展卖的商品出售后,提供合作的外商可以从出售所得货款中得到一定的手续费作为报酬。

在合办展卖情况下,由于展品所有权不属于外商,展卖结束后剩余展品通常采用的处理方法有:将未售出展品折价卖断给合作的外商,同时在付款条件方面给予一定的方便;将这部分货物改为寄售,交由外商代销;由双方另找合适地点,继续展卖;确定无法销售的产品,运回国内另行处理。

一般来说,展品卖断的展卖方式比较合适于该展卖品有比较密切的客户关系或代理关系的市场。合办展卖的方式比较多地应用于开辟新地区、新市场,尤其适用于一些地理上与展卖品生产国距离遥远、无直达航线、货物在途时间长的地区。

三、采用展卖方式应注意的问题

(一)选择适当的展卖商品

展卖方式适合于品种规格复杂,用户对造型、设计要求严格,产品性能发展变化较快的商品,如机械、电子、轻工、化工、工艺、玩具、纺织产品等。选择参展商品时,要注意先进性、新颖性和多样性,能反映企业科技水平并且在展卖地适销的商品。

(二)选择好合作的客户

企业到国外参加展卖会之前,应选择合适的客户作为合作伙伴。选择的客户必须具有一定的经营能力,对当地市场十分熟悉,并有较为广泛的业务联系或销售系统。

(三)选择合适的展出地点

应考虑选择一些交易比较集中、市场潜力较大、有发展前景的集散地进行展卖。同时还应考虑当地的各项设施,如展出场地、旅馆、通讯、交通等基本设施所能提供的方便条件和这些服务的收费水平。

(四)选释适当的展卖时机

展卖时机对于一些销售季节性强的商品尤为重要。一般来说,应选择该商品的销售旺季进行展卖,每次展出的时间不宜过长,以免耗费过大,影响经济效益。

思考题

1. 什么是寄售?寄售方式有哪些特点?
2. 寄售协议的主要内容有哪些?
3. 什么是展卖?展卖的方式有哪些?
4. 采用展卖应注意哪些问题?

第十四章　拍卖、招标与投标

本章教学目的及要求

通过本章学习，应掌握拍卖、招标与投标的相关概念和特点；了解他们的运作程序及在操作过程中需要注意的问题；了解拍卖、招标与投标在国际贸易中的应用。

第一节　拍卖

一、拍卖的概念及特点

（一）拍卖的概念

国际贸易中的拍卖是由经营拍卖业务的拍卖行接受货主的委托，在规定的时间和场所，按照一定的章程和规则，以公开叫价的方法，把货物卖给出价最高的买主的一种贸易方式。拍卖适用于品质难以标准化、难以保存，或按传统习惯难以拍卖出售的商品，如裘皮、茶叶、烟草、羊毛、木材、水果以及古玩和艺术品等。

（二）拍卖的特点

国际货物的拍卖方式具有以下特点。

1. 拍卖是一种公开竞买的现货交易

它实际上是由众多竞买人事先看货，然后在规定的时间、地点对目的标的进行公开竞价，最终由出价高者获得。

2. 拍卖是在一定的机构内有组织地进行

一般情况下，拍卖都是在拍卖行的统一组织下进行。也就是说，在拍卖活动中，委托人不是直接把拍卖标的转让给买受人，而是通过拍卖行的中介服务来实现。

3. 拍卖具有独特的法律和规章

《民法典》第六百四十五条规定："拍卖的当事人的权利和义务以及拍卖程序等，依照有关法律、行政法规的规定"。我国在1996年颁布了《中华人民共和国拍卖法》对拍卖标的、拍卖当事人、拍卖程序、法律责任等作了详细规定。

链接 14-1　逆向拍卖

逆向拍卖（Reverse Auction Technology，RAT），即"逆向拍卖采购技术"，又称"拍购""拍买"或"反拍卖"。在逆向拍卖中，买方会提供商品以供出价，潜在卖方持续喊出更低的价格，直到不再有卖方喊出更低价为止。逆向拍卖技术（Reverse Auction Technology）是一种在采购方法上具有革命性和跨时代意义的技术或者模式。逆向拍卖是指采购商发布标准的采购需求，供应商在有效时间内通过专门的网络平台进行交互实时竞价，竞价结束时的报价为各个供应商的最终报价，买方根据报价，结合该供应商的供应实力给予综合考评，从而选出一名或几名最具竞争力的供应商作为自己的合作伙伴。

"逆向拍卖"与"拍卖"具有很多相同之处，但又有区别。二者都是一种一对多的商务过程，都是一种价格激烈竞争的过程。不同的是，拍卖是为卖方销售服务的，逆向拍卖是为买方采购服务的；拍卖是逐级向上竞价，逆向拍卖是逐级向下竞价；拍卖是最高价成交，逆向拍卖是最低价成交；拍卖是卖方主动，买方竞争；逆向拍卖则是买方主动，卖方竞争。

二、拍卖的出价方式

拍卖的出价方法有以下几种。

（一）增价拍卖

增价拍卖是最常见的一种拍卖方式。拍卖时，由拍卖人宣布预定的最低价，然后竞买者相继出价竞购。拍卖行可规定每次加价的金额限度。至某一价格，经拍卖人三次提示而无人加价时，则为最高价，由拍卖人击槌表示成交。按拍卖章程规定，在拍卖人落槌前，叫价人可以撤销出价。如果货主与拍卖人事先商定了最低限价，而竞买人的叫价低于该价，拍卖人可终止拍卖。

（二）减价拍卖

减价拍卖又称"荷兰式拍卖"。这种方式先由拍卖人喊出最高价格，然后逐渐减低叫价，直到有竞买者认为已经低到可以接受的价格，表示买进为止。由于这种拍卖方式起源于荷兰，故称为荷兰式拍卖。在现代交易中，为了准确判断哪位先喊出接受，不用口头呼喊，而采用按动座位上的电钮方式，由计时器判定。减价拍卖，成交迅速，特别适合于数量大，批次多的鲜活商品，如花卉、水果、蔬菜等易腐商品。

（三）密封递价拍卖

密封递价拍卖又称"招标式拍卖"。采用这种方法拍卖时，先由拍卖人公布每批商品的具体情况和拍卖条件等，然后由各买方在规定时间内将自己的出价密封递交拍卖人，以供拍卖人进行审查比较，决定将该货物卖给哪一个竞买者。这种方法不是公开竞买，拍卖人有时要考虑除价格以外的其他因素。有些国家的政府或海关在处理库存物资或没收货物时往往采用这种拍卖方式。

三、拍卖的一般程序

拍卖业务进行的程序，一般可分为三个阶段。

（一）准备阶段

货主先把货物运到拍卖地点，存入仓库，然后委托拍卖行进行挑选、分类和分级并进行分批编号。货主与拍卖行订立委托拍卖合同。拍卖行根据货主的商品分类编号及要求编印拍卖目录并刊登拍卖广告。欲参加拍卖的买主可以到指定仓库查看货物，听取介绍，必要时可以对货物进行抽样检验。

（二）正式拍卖

拍卖在规定的时间和地点，按照拍卖目录通过逐批叫价进行。在拍卖会场中，买主一般按照事先登记的座位号对号入座。在拍卖会主席台上就座的主要有拍卖主持人和工作人员。拍卖主持人又称拍卖师，作为货主的受托人掌握拍卖业务的进行。

拍卖一般多采用由低到高的增价拍卖方式。增价拍卖可以由竞买人喊价，也可以由拍卖人喊价竞买人举牌应价。货主对于要拍卖的货物可以提出保留价，也可以无保留价。对于无保留价的，拍卖主持人在拍卖开始前要予以说明；对于有保留价的，竞买人的最高价未达到保留价时，主持人要停止拍卖。

关于竞买人喊价是否能撤回的问题，不同国家的拍卖法规定有所不同。有的拍卖法规定："在拍卖主持人落槌之前，竞买人可以撤回其出价"。我国的拍卖法则规定："竞买人一经应价不得撤回。当其他竞买人有更高应价时，其应价即丧失约束力。"

（三）成交与交货

拍卖以其特有的方式成交后，拍卖行的工作人员即交给买方一份成交确认书，由买方填写并签字，表明交易正式达成。此时，买方即须支付货款金额的一定百分比。在规定的期限内付清货款后，货物的所有权转移至买方，买方在指定期限内凭提货单到指定的仓库提货。

拍卖行为交易的达成提供了服务，它要收取一定的报酬，通常称为"佣金"（Commission）或"经纪费"（Brokerage）。佣金的多少没有统一的规定，一般根据当地习惯，或按商业机构、经纪人协会的规章加以确定。佣金的计算方法有所不同，有的按销售金额的百分比计算，有的按销售数量的百分比计算。佣金一般由卖方支付，也有的规定由买方支付，或者双方各支付一定百分比的佣金。这些都要在拍卖条件中予以明确规定。

拍卖会结束后，由拍卖行公布拍卖名单，其内容主要包括售出商品的简单说明、成交价、拍卖前公布的基价与成交价的比较等。拍卖结果通常在报刊上公开发表。在拍卖期间，有的拍卖行还公布每天的拍卖实况。这些材料反映了拍卖商品的市场情况及国际市场价格，也是两次拍卖会的间隔期内，商人进行交易、掌握价格的重要参考资料。

第二节　招标与投标

招标与投标是一种传统的贸易方式。一些政府机构、市政部门和公用事业单位经常用招标方式采购物资、设备、勘探开发资源或招包工程项目。世界银行贷款项目和国际间政府贷款项目，通常也在贷款协议中规定，运用这些贷款采购物资、设备、发包工程时，必须采用国际竞争性招标投标方式。世界各国进行的招标程序和条件基本相同，但由于各国的招标法令或传统习惯的不同，各国的招标程序和条件也有差异。通常招标是在招标人的所在国，按该国的有关法令和传统习惯进行的，但招标人也可在其他国家进行招标，这样就得遵照该国的有关法令和习惯办理。

一、招标与投标的概念

招标(Invitation to Tender)是指招标人(买方)发出招标通知,说明拟采购的商品名称、规格、数量及其他条件,邀请投标人(卖方)在规定的时间、地点按照一定的程序进行投标的行为。

投标(Submission of Tender)是指投标人(卖方)应招标人的邀请,按照招标的要求和条件,在规定的时间内向招标人递价,争取中标的行为。

招标与投标不是两种交易方式,投标是针对招标而来的,所以招标与投标是一种交易方式的两个方面,属于竞卖方式。

二、国际招标的方式

国际招标是指招标人邀请国内外企业,根据招标条件提出报价,参加投标竞争,招标人从中择优选定中标人,以达成交易并签订合同。

目前,国际上采用的招标方式主要有以下几类。

(一)国际竞争性招标(International Competitive Bidding)

国际竞争性招标(International Competitive Bidding)是指招标人邀请众多国内外企业参加投标竞争,从中选择对其最有利的投标人达成交易。国际竞争性招标有以下两种做法。

1. 公开招标

公开招标(Open Bidding)由招标人通过国内外报纸、杂志、电视、广播发出招标通告,使所有具备投标资格并对该项招标有兴趣的投标人,都有均等机会购买标书,参加投标。这种做法又称“无限竞争性招标”(Unlimited Competitive Bidding)。世界银行贷款项下的采购大都采用这种招标方式。

公开招标的优点是:可以按事先公布的各方所知的准则公开地进行采购,参加投标的人比较广泛,招标人有充分条件进行比价,从中选择最为优惠的价格,从而获得较好的经济效益;对投标人机会均等,公平竞争。

公开招标的缺点是可能排斥履约态度严肃、技术条件好,但报价较高的大企业、大厂商参与竞争。

2. 选择性招标

选择性招标(Selected Bidding)由招标人根据自己的经验和掌握的资料,或通过咨询公司的介绍,有选择地邀请某些最有信誉、最有经验或有一定关系的投标人,经资格预审合格后参加投标。这种做法不公开刊登招标通告,而是有选择地邀请招标,所以又被称为“邀请招标”或“有限竞争性招标”(Limited Competitive Bidding)。

选择性招标的优点是:参加投标的人在技术、经验和信誉方面都比较可靠,履约率较高。为保证价格的竞争性,邀请参加投标的厂商应广泛一些。这种招标的授标,应在评估至少三家投标的基础上确定。

按照世界银行的规定. 这种选择性投标主要适用于采购金额小、所需货物或服务的供应厂商数目有限,或因其他特殊理由而不能完全报国际竞争性公开招标方式进行采购。如采用这种招标方式进行采购,必须事先征得世界银行的同意。

(二)谈判招标

谈判招标(Negotiated Bidding),又称“议标”,它属于非竞争性招标。采用这种招标方式时,由招标人直接同卖方进行谈判,确定标价、达成交易、签订合同。严格地说,这种谈判招标类似于一般交易方式,它也是通过谈判达成交易,并直接签订合同。

谈判招标适用于专业性强、交货期紧迫的交易,如某些军事、保密工程所需的物资和设备的采购,或所需设备具有独占性,只能从一家厂商采购。谈判招标有利于招标人直接物色较信得过的卖方,从而比较容易达成交易,同时还可避免公开招标过程中的一些复杂程序,并可以尽快交货。谈判性招标的缺点是:容易被投标人垄断,招标人难以获得有竞争性的报价。在世界银行贷款项下的采购,如采用此种直接签订合同方式,应事先征得世界银行的同意。

(三)两段招标

两段招标(Two-stage Bidding),又称“两步招标”,它是在采购某些复杂的货物,因事先不能准备完整的技术规格而采用的招标方法。采用此法要分为两步走:第一步,邀请投标人提出不包括报价的技术投标;第二步,邀请投标人进行价格投标。

在第一步投标中,招标人邀请投标人根据一般招标文件规定提出技术投标,技术投标的封面应注明“技术投标,没有价格”;然后在投标文件规定的时间开启技术投标,宣布中标者名称。在开标之后,招标人可以同投标人进行会谈,修改、补充技术投标内容,制定最终标准的技术规格,并交给每个中标者。在第二步投标中,中标者再根据标准技术规格准备最终的投标文件,包括商务投标和技术投标。最后在规定时间和地点进行公开开标,选择最优惠者中标,并与中标人达成交易签订合同。

三、招投标的一般程序

组织一次招标需要有一个专门的招标机构,对招标的全过程进行全权管理。招标可以委托一个胜任的专业招标机构代办,也可以自行抽调一些人员,组织一个固定的或临时的机构专责处理招标事务。一次具体的招标通常要经历:招标,投标,开标、评标及中标,签约等环节。

(一)招标

1. 编制招标文件

招标人首先要编制招标文件,招标文件是采购物资和设备或招标承建工程项目的法律文件,是投标人准备投标文件和投标的依据,也是评标的依据。投标文件的大部分内容通常要列入文本文件中。

2. 发布招标公告

通过国际公开广告予以通告,使所有投标者都有同等机会了解投标要求。

3. 资格预审

资格预审是招标人对投标人各方面的内容进行评估,以决定其是否有资格参加投标的程序。招标人对投标人的情况包括投标人公司的形式、等级、资本、注册地、近两三年的财务报告、人员能力、施工设备、财务能力等。

(二)投标

投标人首先要取得招标文件,认真分析研究之后,编制投标书。投标书实质上是一项有效期至规定开标日期为止的发盘,内容必须十分明确,中标后与招标人签订合同所要包含的重要内容应全部列入,并在有效期内不得撤回标书、变更标书报价或对标书内容作实质性修改。因此,投标人必须综合各种因素慎重考虑。

为防止投标人在投标后撤标或在中标后拒不签订合同,招标人通常都要求投标人在投标时提供一定比例或金额的投标保证金。招标人决定中标人之后,未中标的投标人已缴纳的保证金即予退还。现今国际招标投标业务中一般都以银行保函或备用信用证代替保证金。

投标书应在投标截止日期之前送达招标人或其指定的收件人,逾期无效。投标书一般采用密封挂号邮寄,也可派专人送达。按照一般的惯例,投标人在投标截止期之前,可以书面提出修改或撤回标书。撤回的标书在开标时不予宣读,所缴纳的投标保证金也不没收。

(三)开标、评标及中标

开标有公开开标和不公开开标两种方式。招标人应在招标通告中对开标方式作出规定。公开开标是指招标人在规定的时间和地点当众启封投标书、宣读内容,投标人都可参加,监视开标。不公开开标则是由开标人自行开标和评标,选定中标人,投标人不参加。

开标还要经过评标、决标。按照国际惯例,招标人在评标过程中,如不能选定中标人,则宣布招标失败,拒绝全部投标。招标人规定时间,另做招标。出现下列情况之一者,可以拒绝全部投标:

1)最低标价超过国际市场的价格水平;

2)投标书与招标书文件要求不符;

3)投标人太少,缺乏竞争。

(四)签约

招标人选定中标人之后,要向其发出中标通知书,约定双方签约的时间和地点。中标人签约时要提交履约保证金,一般为投标金额的 10%,用以担保中标人将遵照合同履行义务。

对于大型复杂的成套设备或技术转让,除买卖双方签字,还需报请买卖双方政府有关部门批准才能生效。在我国,政府合同审批的期限最长为 90 天。

链接 14-2　招投标中的串标、流标

1. 串标

在招投标活动中,投标人之间或投标人与招标人相互串通骗取中标就是串标,串标是一种投机行为。串标分为两种情况。

(1)投标者之间串标

投标人之间相互约定,在招标项目中分别以高、中、低价位报价。投标人之间先进行内部“竞价”,内定中标人,然后再参加投标;某一投标人给予其他投标人以适当的经济补偿后,这些投标人的投标均由其组织,不论谁中标,均由其承包。

(2)投标人与招标人串标

招标人在开标前开启投标文件,并将投标情况告知其他投标人,或者协助投标人撤换投标文件,更改报价;招标人向投标人泄露标底;招标人商定,投标时压低或抬高标价,中标后再给投标人或招标者额外补偿。招标人预先内定中标人;招标者为某一特定的投标者量身定做招标文件,排斥其他投标者。

2. 流标

按照国际惯例,至少有三家投标者才能带来有效竞争。因此,如果投标人少于三个的,应当重新招标。这种情况在国外称之为“流标”。《中华人民共和国招标投标法》(2020年版)第二十八条也明确规定:投标人少于三个的,招标人应当依照本法重新招标。也就是说,如果流标,整个招标就无效,招标必须重新进行。

四、国际招标与投标应注意的问题

(一)国际招标中应该注意的问题

招标人要取得招标工作的成功,必须注意以下三个方面的问题。

1. 选择适当的招标方式

国际竞争性招标程序比较复杂,但确实有很多的优点。首先,由于投标竞争激烈,一般可以对买主有利的价格采购到需要的设备和工程。其次,可以引进先进的设备、技术和工程技术及管理经验。再次可以保证所有合格的投标人都有参加投标的机会。由于国际竞争性招标对货物、设备和工程的客观的衡量标准,可促进发展中国家的制造商和承包商提高产品和工程建造质量,提高国际竞争力。第四,保证采购工作根据预先指定并为大家所知道的程序和标准公开而客观地进行,因而减少了在采购中作弊的可能。但公开招标也有一定的缺陷,比如,由于投标人众多,一般耗时较长,需花费的成本也较大,对于采购标的较小的招标来说,采用公开招标的方式往往得不偿失;另外,有些项目专业性较强,有资格承接的潜在投标人较少,或者需要在较短时间内完成采购任务等,也不宜采用公开招标的方式。邀请招标的方式则在一定程度上弥补了这些缺陷,同时又能够相对较充分地发挥招标的优势。所以对于招标方来说,要根据项目的特点,选择适当的招标方式。

2. 制定符合实际的招标文件

招标文件的内容应明确具体,例如招标文件在规定对投标人的业绩要求时,应明确说明,所要求的业绩是投标人的业绩还是产品制造商的业绩、是国内业绩还是国外业绩、是所投型号产品的业绩还是同类产品的业绩、是否需要提供业绩证明等事项。招标文件的条件要求要符合项目实际,防止条件过高或者过低。

3. 防止腐败和欺诈

国际招标腐败主要体现在主管招标工作的领导以及参与评标的专家等人,他们为了人情或私利,左右评标工作,让那些与自己有关系的人中标。这样的结果是增加了招标成本或者采购了质次、价高的产品和服务。欺诈主要是投标人“串标”,或者提供虚假的商务技术资料等不法行为。腐败和欺诈都会导致招标人的利益受到损失,所以招标方一定要严格关注,采取必要的防范措施。

(二)国际投标中应该注意的问题

在国际投标中,投标人往往需要花费大量的人力、物力和财力,能否中标关乎投标人的根本利益。然而在实际投标过程中,经常出现不是因为产品性能或价格问题而导致投标失败的案例,特别是一些非常有竞争力的投标人,往往因为一些疏漏而导致落标。因此审慎地处理好投标的每个细节关乎投标的成败。

1. 认真细致研究招标文件

招标文件是招标过程中对招投标双方都具有约束力的法律文件,招标人对拟招标货物和投标人资质的要求完全体现在招标文件当中,因此,投标人在编制投标文件时,必须认真研究、正确理解招标文件的全部内容,仔细分析招标文件的每一项要求,特别是标注“*”的关键条款,编制的投标文件应当对招标文件提出的实质性要求和条件一一作出响应。可以说,投标时出现的疏漏,绝大多数是因为没有仔细研读招标文件造成的。

2. 提供合格的投标保函

在实际投标过程中,很多投标人在开标时就是因为投标保函不合格而当场被宣布“废标”。开立投标保函时要注意两个方面的内容:一是标书规定的投标保函条款不要随便改动;二是保证期限不要算错,这个期限可以长于但不能短于标书规定的期限。

3. 注意投标文件的格式及签署要求

编制投标文件时,投标人一定要按照《投标文件格式》的要求编制,不能随意变更、自创。所有“签字盖章处”,尤其是“投标函”和“授权书”,都应该按照要求盖章签字,特别要注意的是由法人代表签字还是由授权代表签字;招标文件是否允许用“投标专用章”等其他公章代替“投标单位公章”,是否允许用盖章代替签字,是否要求“页签”等。

4. 重视招投标过程中的澄清

一般在开标之前,投标人就招标文件中的一些有疑问的技术参数及条件向招标人提出问题,招标人在开标前向投标人作出解答和澄清。这些澄清构成了招标文件的一部分,投标人必须按照澄清后的条件制作投标文件。另外,在评标过程中,招标人或评标委员会如果就投标人的投标文件中的某些问题要求投标人予以澄清,投标人就必须按照招标人的要求在规定的时间内作出回复。

5. 按时递交投标文件

投标人应当在招标文件要求提交投标文件的截止时间以前,将投标文件送达投标地点。招标人在投标截止时间以后提交的投标文件将被拒绝。还应注意,投标保证金也应当在投标截止时间之前送达,通过电汇、转账等形式提交的,应以款项实际到账时间为送达时间;以现金或见票即付的票据形式提交的，则以实际交付时间作为送达时间。

案例分析

1. 在一次拍卖会上，由于事先宣传得力，加上著名拍卖师主持，拍卖现场竞价非常激烈，一辆底价3万的车辆经过几十轮的竞价，最后举7号牌的张某以9万的价格拍得。然而，当拍卖师要求与张某签署成交确认书的时候，张某却称自己是被现场气氛感染，并非真正想买车，拒不签署成交确认书。

问：①张某的理由是否成立？

②没有签署成交确认书，本次拍卖是否成交？

2. 某单位UPS电源采购项目，采购预算是73万元，由于采购文件要求"提供原厂商现场安装和调试；提供原厂商三年7×24质保服务；要求在供货时提供原厂服务承诺函"等，导致投标人不足三家而流标，从该案例作为招标人该汲取什么教训？

思考题

1. 什么是拍卖？它有哪些特点？
2. 拍卖的出价方法有哪几种？
3. 拍卖方式有哪些特点？
4. 拍卖交易是如何成立合同关系的？
5. 什么是招标、投标？
6. 招标、投标如何成立合同关系？
7. 国际竞争性招标包括哪两种不同做法？
8. 国际招标与投标中应该注意哪些问题？

第十五章　加工贸易与对等贸易

本章教学目的及要求

通过本章学习，应了解加工贸易和对等贸易的概念、特点；了解来料加工合同的主要内容及有关问题；了解进料加工的做法；了解对等贸易的主要形式；掌握补偿贸易的概念及特点；了解易货贸易、互购贸易、转手贸易的概念及特点；了解在运用这几种贸易方式时需要注意的问题。

第一节　加工贸易

20 世纪 90 年代以来，我国的加工贸易有了迅速的发展，受到世人的广泛关注。近年来，加工贸易在我国对外经济贸易活动的舞台上扮演了十分重要的角色。尽管加工贸易这一词语由于新闻媒体的广泛使用，已为公众所熟悉。然而，在学术界尚未形成统一权威的解释。我国海关统计中使用的加工贸易概念包括来料加工和进料加工两种方式。20 世纪 90 年代后期我国企业在海外投资中开展的境外加工贸易方式，也被视为加工贸易的新形式。

一、来料加工业务

来料加工在我国又称为“对外加工装配业务”。广义的来料加工包括来料加工和来件装配两个方面，是指由外商提供一定的原材料、零部件、元器件、由承接方按对方的要求进行加工或装配，成品交由对方处置，承接方按照约定收取工缴费作为报酬。

（一）来料加工业务的性质

来料加工业务与一般进出口贸易不同。一般进出口贸易属于货物买卖，来料加工业务虽有原材料、零部件的进口和成品的出口，但却不属于货物买卖。因为原料和成品的所有权始终属于委托方，并未发生转移，承接方只提供劳务并收取约定的工缴费。因此，可以说来料加工这种委托加工的方式属于劳务贸易的范畴，是以商品为载体的劳务出口。

（二）来料加工业务的作用

来料加工业务是我国积极参与国际分工的一种具体体现，它促进了我国对外经济合作，加强了合作国家之间经济的相互依赖和联系。开展这项业务，不论是对于我方（承接方）还是外商（委托方）均有其积极的作用。

对承接方的作用：可以发挥本国的生产潜力，补充国内原材料的不足，为国家增加外汇收入；引进国外的先进技术和管理经验，有利于提高生产、技术和管理水平；有利于发挥本国劳动力众多的优势，增加就业机会，繁荣地方经济。

对委托方来讲，来料加工业务也可降低其产品成本，增强竞争力，并有利于委托方所在国的产业结构调整。

（三）来料加工合同的主要内容及有关问题

来料加工合同包括三个部分：约首部分、本文部分和约尾部分。约首和约尾主要说明订约人的名称、订约宗旨、订约时间、合同的效力、有效期限、终止及变更办法等问题。本文部分是合同的核心部分，具体现定双方的权利和义务。在商谈合同的主要条款时，应注意下列问题。

1. 对来料来件的规定

来料加工业务中，能否按时、按质、按量交付成品很大程度上取决于委托方能否按质、按量、按时供料。因此，在合同中要明确规定来料来件的质量要求、具体数量和到货时间。为了明确责任，一般同时规定验收办法和委托方未能依规定提供料件的处理办法以及未按时间到达造成承接方停工、生产中断的补救方法。

2. 对成品质量的规定

委托方为了保证成品在国际市场上的销路，对成品的质量要求比较严格，因此承接方在签订合同时必须从自身的技术水平和生产能力出发、妥善规定，以免交付成品时发生困难。质量标准一经确定，承接方就要按时按质按量交付成品，委托方则根据合同规定的标准验收。

3. 关于耗料率和残次品率的规定

耗料率，又称为“原材料消耗定额”，是指每单位成品消耗原材料的数额。残次品率是指不合格产品在全部成品中的比率。这两个指标如定得过高，则委托方必然要增加成本，减少成品的收入；如定得过低，则承接方难以完成。因此，这一问题的规定直接关系到双方的利害关系和能否顺利执行合同。一般委托方要求耗料不得超过一定的定额，否则由承接方负担；残次品不能超过一定比例，否则委托方有权拒收。

4. 关于工缴费标准的规定

工缴费是直接涉及合同双方利害关系的核心问题。由于加工装配业务本质上是一种劳务出口，所以工缴费的核定应以国际劳务价格为依据，要具有一定竞争性，并考虑承接方所在国当前劳动生产率及其与其他国家的差距。

5. 对工缴费结算方式的规定

来料加工业务中关于工缴费的结算方法有两种。一是来料、来件和成品均不作价，单收加工费，由委托方在承接方交付成品后通过汇付、托收或信用证方式向承接方支付。二是对来料、来件和成品分别作价，两者之间的差额即为工缴费。采用这种方式，承接方应坚持先收后付的原则，承接方开立远期信用证或以远期托收的方式对来料、来件付款；对方以即期信用证或即期托收方式支付成品价款。远期付款的期限要与加工周期和成品收款所需时间相衔接并适当留有余地，以免垫付外汇。

6. 对运输和保险的规定

来料加工业务涉及两段运输，原料运进和成品运出须在合同中明确规定由谁承担有关的运输责任和费用。由于原料和成品的所有权均属于委托方，所以运输的责任和费用也应由委托方承担。但在具体业务中可灵活掌握,承接方也可代办某些运输事项。涉及的保险包括两段运输险以及货物加工期间存仓的财产险。同运输一样,从法律上讲,承接方只承担加工装配,保险应归委托方负责。但从实际业务过程看,由承接方投保较为方便,有时委托方也要求承接方代办保险,保险费可连同工缴费向委托方结算。如由承接方代办保险,双方还应约定保险险别、保险金额等条件。在我国,中国人民保险公司为适应来料加工业务发展的需要,开设了来料加工一揽子综合险,投保这一险别后,保险公司即承担了两段运输和存仓财产险。

此外,来料加工合同还应订立工业产权的保证、不可抗力和仲裁等预防性条款。

二、进料加工业务

(一)进料加工的概念

进料加工一般是指从国外购进原料,加工生产出成品再销往国外。由于进口原料的目的是为了扶植出口,所以,进料加工又可称为“以进养出”。我国开展的以进养出业务,除了包括进口轻工、纺织、机械、电子行业的原材料、零部件、元器件,加工、制造或装配出成品再出口外,还包括从国外引进农、牧、渔业的优良品种,经过种植或繁育出成品再出口。

(二)进料加工与来料加工的区别

进料加工与前面所讲到的来料加工有相似之处,即都是“两头在外”的加工贸易方式,但两者又有明显的不同。

第一,来料加工在加工过程中均未发生所有权的转移,原料运进和成品运出属于同一笔交易,原料供应者即是成品接受者;而在进料加工中,原料进口和成品出口是两笔不同的交易,均发生了所有权的转移,原料供应者和成品购买者之间也没有必然的联系。

第二,在来料加工中,承接方不用考虑原料的来源和成品销路,不担风险,只收取工缴费;而在进料加工中,我方是赚取从原料到成品的附加价值,要自筹资金、自寻销路、自担风险、自负盈亏。

(三)进料加工业务的做法

进料加工的具体做法,大致有以下三种。

1)先签订进口原料的合同,加工出成品后再寻找市场和买主。这种做法的好处是进料时可选择适当时机,低价时购进,而且,一旦签订出口合同,就可尽快安排生产,保证及时交货,交货期一般较短。但采取这种做法时,要随时了解国外市场动向,以保证所生产的产品能适销对路,否则产品无销路,就会造成库存积压。

2)先签订出口合同,再根据国外买方的订货要求从国外购进原料,加工生产,然后交货。这种做法包括来样进料加工,即由买方先提供样品,我方根据其样品的要求再从国外进口原料,加工生产。这种做法的优点是产品销路有保障,但要注意所需的原料来源必须落实,否则会影响成品质量或导致无法按时交货。

3)对口合同方式,即与对方签订进口原料合同的同时签订出口成品的合同,原料的提供者也就是成品的购买者。但两个合同相互独立,分别结算。这样做原料来源和成品销路均有保证,但适用面较窄,不易成交。在实际做法中,有时原料提供者与成品购买者也可以是不同的人。

链接 15 OEM,ODM 和 OBM 业务

1. OEM 业务

OEM(Original Equipment Manufacturing)在我国俗称“定牌生产”“贴牌生产”或“代工生产”,一般是指本国生产厂商按国外委托方设计好的或确认的商品图样、规格、零件、半成品或成品,以及国外委托方规定的加工程序、方法和质量标准,加工生产产品,然后将生产的产品贴上委托方的品牌或商标,在国际市场上销售的做法。

2. ODM 业务

ODM(Original Design Manufacturing)在我国俗称“设计代工”或“原厂委托设计”,指本国生产厂商自行设计、开发并生产产品,经国外品牌商的同意,以原样或经修改后,贴上其品牌或商标,并由国外品牌商买断销售国外市场的业务做法。

3. OBM 业务

OBM(Original Brand Manufacturing)在我国俗称“自有品牌”,即代工厂经营自有品牌,或者说生产商自行创立产品品牌,生产、销售拥有自主品牌的产品。

OEM、ODM、OBM 方式是跨国制造企业充分利用其品牌和营销渠道优势,减少生产投入和降低生产成本的重要战略之一。ODM 和 OBM 被认为是 OEM 加工贸易升级的方式,使用 ODM、OBM 方式,代工企业重视研发投入和技术改造力度,通过协同创新,创建和收购品牌,提高生产自动化、智能化水平,从而实现从被动接单转向主动营销进而增加附加值。

应当注意的是,OEM、ODM 、OBM 方式下,国外生产商与国内生产厂商之间的法律关系表面看起来是一种委托加工方式,实质上却是一种有关特定商品依约生产和交付的买卖关系,产品生产加工过程中所需的原材料、零部件,一般由本国生产厂商依据国外生产厂商要求的质量标准,或者在本国市场,或者在国外市场上采购获得。

三、境外加工贸易

境外加工贸易是指我国企业以现有设备及成熟技术投资为主,在境外以加工装配业务的形式,带动和扩大国内设备、技术、原材料、零配件出口的一种国际经贸合作方式,是企业以实物资本的形式对外直接投资。其目的是引导和促进企业到境外投资办厂、开发资源、承包工程或进行加工贸易等经营活动,带动产品、设备、技术和劳务出口。我国企业作为投资者在境外开展加工贸易,并不一定是在设备投资后自营加工,而是以委托加工、合作生产、补偿贸易、租赁所在国厂房设备等形式发生。作为境外投资的一个组成部分,境外加工贸易是我国企业走出国门的重要方式,对推动企业国际化经营、国家产业结构的调整以及出口具有重要的意义。我国企业开展境外加工贸易标志着我国生产力水平有了迅速提高,企业经济实力增强。

第二节 对等贸易

对等贸易(Counter Trade),又称“返销贸易”“互抵贸易”或“反向贸易”,是指在互惠的前提下由两个或两个以上的贸易方达成协议,规定一方的进口产品可以部分或者全部以相对的出口产品来支付,其主要目的是以进带出,开辟各自的出口市场,求得每宗交易的外汇收支平衡或基本平衡。对等贸易买卖的标的除有形的财产货物以外,也可包括劳务、专有技术和工业产权等无形财产。

一、对等贸易的主要形式

对等贸易可以运用在各种交易中,其主要形式可以归纳为以下几种:补偿贸易(Compensation Trade)、易货贸易(Barter Trade)、互购贸易(Counter Purchase)、抵销贸易(Offset Trade)和转手贸易(Switch Trade)。

(一)补偿贸易

1. 补偿贸易的概念及种类

补偿贸易(Compensation Trade),在国际上又称“作产品回购”(Product Buyback),是指在信贷基础上进行的,进口与出口相结合的贸易方式,即进口设备,然后以回销产品和劳务所得价款,分期偿还进口设备的价款及利息。

补偿贸易主要分为以下五大类。

(1)直接产品补偿

双方在协议中约定,由设备供应方向设备进口方承诺购买一定数量或金额的由该设备直接生产出来的产品,这是补偿贸易最基本的做法。但是这种做法有一定的局限性,它要求生产出来的直接产品及其质量必须是对方所需要的,或者在国际市场上有销路,否则不易为对方所接受。

(2)间接产品补偿

当所交易的设备本身不生产物质产品,或设备所生产的直接产品非对方所需或在国际市场上不好销时,可由双方根据需要和可能进行协商,用回购其他产品来代替。

(3)劳务补偿

这种做法常见于同来料加工和来件装配相结合的中小型补偿贸易中。按照这种做法,双方根据协议,往往由加工贸易委托方代承接方购进所需的技术、设备,贷款由委托方垫付。承接方按对方要求加工生产后,从应收的工缴费中分期扣还所欠款项。

(4)多边补偿

多边补偿,又称“转手补偿”,指由第三国替代首先进口的一方承担或提供补偿产品的义务。这种形式的补偿贸易形式比较复杂。

(5)综合补偿

在实践中经常将上述做法有机结合起来使用,即进行综合补偿。这种做法是根据实际情况的需要,部分用直接产品或其他产品或劳务补偿,部分由现汇支付等。

2. 补偿贸易的特征与作用

(1)补偿贸易的特征

1)补偿贸易以信贷作为前提条件。信贷可以是商品信贷,也可以是银行信贷,在实际业务中,大部分体现为商品信贷。

2)设备供应方必须同时承诺回购设备进口方的产品或劳务,这是构成补偿贸易必须的条件,也是补偿贸易与延期付款的根本区别。如果延期付款的货款偿还与产品销售没有直接联系,就不能称为补偿贸易。

(2)补偿贸易的作用

1)对设备进口方而言:首先,补偿贸易是一种较好地利用外资的形式;其次,通过补偿贸易,可以引进先进的技术和设备,加快企业的技术改造,使产品不断更新及多样化,增强出口产品的竞争力;再次,通过对方回购,可以得到一个较稳定的销售市场和销售渠道。

2)对设备供应方而言:首先,可以扩大其资本货物的销售市场,克服买方支付能力不足的困难;其次,承诺回购可以取得竞争上的优势;再次,可以从回购中取得比较固定的原材料供应来源,或从经营产品转售中获得一定的利润。

虽然补偿贸易方式在国际贸易中运用比较广泛,但也存在其自身的局限性:一是设备进口方要能找到愿意承担回购义务的设备出口方,这项业务将受到一定限制,这对一些产品在国际市场已趋于饱和的工业部门来说,开展起来有很大困难;二是由于补偿贸易是在信贷基础上进行的,通过赊销购进来的设备一般来说不可能是最先进的设备。

3. 开展补偿贸易应注意的问题

补偿贸易是一种比较复杂的交易,涉及贸易、信贷和生产,而且持续时间又比较长,在履约期间,往往会发生一些难以预料的变化。因此,进行一项补偿贸易,尤其是大型的补偿贸易,要特别注意以下几个问题。

1)必须做好项目的可行性研究,立项时必须慎重考虑。

2)合理计算贷款的成本和安排偿还期。对于贷款成本,既要考虑利率的高低,又要考虑所使用的货币是软币还是硬币,还要考虑设备价格的高低。只有从这三个方面进行综合核算,才可能得到比较合乎实际的成本。

3)正确处理补偿产品和正常出口的关系。原则上应该以不影响我国的正常出口为前提。为此,必须在出口数量、销售市场和定价方面予以充分注意。

(二)易货贸易

1. 易货贸易的概念

易货贸易(Barter Trade)有广义和狭义之分。狭义的易货贸易是纯粹的以货换货方式,不用货币支付。其特征是交换商品的价值相等或相近,没有第三者参加,并且是一次性交易,履约期较短。这种传统的直接易货贸易是一种古老的贸易方式,可以追溯到很久以前,在作为一般等价物的货币出现之前,人们就是用这种方式交换各自的劳动产品。但这种易货方式具有很大的局限性，在现代国际贸易中很少采用。

现代的易货贸易都是采用比较灵活的方式，即所谓广义的易货贸易。这种易货贸易方式主要有以下两种不同的做法。

（1）记账易货贸易

一方用一种出口货物交换对方出口的另一种货物，双方都将货值记账，互相抵冲，货款逐笔平衡，无须使用现汇支付。或者在一定时期内平衡（如有逆差，再以现汇或商品支付）。采用这种方式时，进出口可以同时进行，也可以先后进行，但一般说来，时间间隔都不长。如建国初期我国与斯里兰卡的米胶协议，我方以大米交换对方的橡胶。

（2）对开信用证方式

这是指进口和出口同时成交，金额大致相等，双方都采用信用证方式支付货款，也就是双方都开立以对方为受益人的信用证，并在信用证中规定一方开出的信用证，要在收到对方开出的信用证时才生效。也可以采用保留押金方式，具体做法是先开出的信用证先生效，但是结汇后，银行把款扣下，留做该受益人开回头信用证时的押金。需要说明的是，在这种做法下，虽然通过对开信用证并且有货币计价，但双方进行的仍然是以货换货的交易，而非现汇交易。先出口的一方出口后并得不到信用证中以一定货币所表现的货款，而只是取得对方承诺供应的双方约定好的货物作为补偿，然后自己使用这些货物或再进行转售。因此，先出口方往往要求对方银行出具后出口方按期履约的担保，以保证其经济利益的按期实现。

2. 易货贸易的优缺点

（1）易货贸易的优点

易货贸易的突出优点在于，能促成外汇支付能力缺乏的国家和企业间进行贸易，调剂余缺，从而有利于国际贸易的发展；此外，易货贸易还有利于以进带出或以出带进。由于易货贸易是进出口相结合的一种贸易方式，交易双方都以对方承诺购买自己的商品作为购买对方商品的条件，于是，当对方推销商品时，可以把对方同时购买自己的商品作为购买的交换条件，即以进口带动本国商品的出口；当对方急需己方商品时，可以要求对方也提供己方所需商品作为交换条件，即以出口带动进口。

（2）易货贸易的缺点

以直接易货为本质内容的易货贸易，有其局限性。首先，易货贸易中进行交换的商品、无论在数量、品质、规格等方面都必须是对方所需要的和可以接受的。在实际业务中，尤其是在当前的国际贸易中，商品种类繁多，规格复杂，从事国际贸易的商人专业化程度较高，要找到这种合适的交易伙伴有时是相当困难的，这就给这种贸易方式在国际贸易中的应用带来了一定难度。其次，易货贸易的开展还要受到双方国家经济互补性的制约。一般而言，两国的经济发展水平、产业结构差异越大，其互补性也越强，产品交换的选择余地越大，反之，要交换彼此产品的难度则越大。各国的贸易实践已充分证实了这一点。由于上述种种局限性，故这种单纯的物物交换方式在对等贸易中所占比例不大。

(三)互购贸易

1. 互购贸易的概念

互购(Counter Purchase),顾名思义,就是交易双方互相购买对方的产品。互购贸易涉及使用两个既独立而又相互联系的合同。在这种方式下,交易双方先签订一个合同,约定由先进口国(往往是发展中国家)用现汇购买对方的货物(如机器、设备等),并由先出口国(通常为发达国家)在此合同中承诺在一定时期内(例如:12个月)买回头货;之后双方还需再签订一个合同,具体约定由先出口国用所得货款的一部分或全部从先进口国购买商定的回头货。

2. 互购贸易的特点

互购贸易的特点是:两笔交易都用现汇支付,并且不一定等值。先出口方在第一份合同中所做的回购承诺由于种种原因,往往只是一些原则性的承诺,有关商品的种类、规格和价格等具体内容,一般都留待以后磋商,所以先进口方会面临一定的风险。因此,互购贸易对于先出口方来说是比较有利的,发达国家由于其技术上的优势,比较愿意采用这种做法。互购贸易已成为目前对等贸易中的主要方式之一。

(四)抵销贸易

抵销贸易(Offset Trade)是20世纪80年代开始盛行的一种贸易方式,这种方式目前多见于军火和大型设备,如飞机等的交易。

抵销贸易可以分为两种类型:直接抵销(Direct Offset)和间接抵销(Indirect Offset)。在直接抵销的情况下,先出口的一方同意从进口方购买再出售给进口方的产品中所使用的零部件或与该产品有关的产品。有时,先出口方对进口方进行生产这些零部件会提供技术或进行投资。这种直接抵销有时也被称为“工业参与”或“工业合作”。在间接抵销的情况下,先出口方同意从进口方购买与其出口产品不相关的产品。由于抵销贸易的客体往往是军火,所以尽管这类交易的批次少,但金额巨大,因此,它在对等贸易中,也占相当大的比重。

(五)转手贸易

转手贸易(Switch Trade)又称“三角贸易”或“转账贸易”,是在记账贸易条件下贸易商取得硬通货的一种手段。这种转手贸易内容复杂,涉及许多方面,关系较复杂,需要环环相扣。因此,通常要通过专门的转手贸易商(Switcher)来进行。在转手贸易方式下,顺差方为了取得现汇或自己真正需要的产品,可以采取两种方式。

一种方式是简单的转手贸易。顺差方直接将记账贸易下购进的货物运到国际市场上转售以取得硬通货,从而增加流动性。这种贸易方式实际上是一种简单的转手贸易。另一种方式是复杂的转手贸易。顺差方将记账贸易中结算盈余的部分或全部金额,转让给第三方(往往是发达国家的企业)以换取自己需要的商品(通常是机械设备),而第三方则可以利用这笔顺差从逆差国进口货物供自己消费,也可将用这一顺差换取的货物运到国际市场上转售,以取得硬通货偿还给顺差方。顺差方为了尽快取得急需的商品,往往低价转让自己的顺差,或高价购买第三方的商品,所以采用这种方式的发展中国家通常会因此遭受一定的经济损失。不过在实践中,获得顺差或购买权的第三方在相应的逆差国采购时,往往也很难换取自己外汇的商品，所以第三方要取得资金回流，还要将这些商品运往其他发展中国家继续转售，直到能够在国际市场上换取自由外汇为止。

二、对等贸易在国际贸易中的作用

对等贸易在20世纪六七十年代大规模兴起并以多样化的内容和形式迅速发展，适应了国际经济贸易在一定发展阶段的客观需要，对世界经济的持续发展，特别是国际贸易的稳定增长，起到了积极的促进作用。主要表现在以下几个方面。

（一）有利于减少外汇使用

对等贸易这种独特的作用，使一国在外汇支付能力缺乏时仍能保持或扩大进出口，保持或扩大其对外贸易的规模；从另一个角度讲，通过开展对等贸易，可以保持或增加一国的外汇储备，改善其国际收支状况。

（二）有助于国际合作

比如在专业技术的转移和投资项目的执行过程中，通过回购、抵销贸易等形式的对等贸易安排，使合作各方的利益关系更趋密切合理，从而形成更有效的合作形式。

（三）以利于各国扩大产品出口

对发展中国家而言，通过对等贸易的方式，可以促进本国产品特别是工业制成品的出口，改善本国出口商品结构，也在一定程度上打破发达国家的贸易壁垒。

对发达国家而言，通过对等贸易的方式，提供回购承诺、信贷或投资等条件，可以增强其市场竞争力。促进一些用现汇方式难以销售的产品、技术、设备的出口，换取所需的原材料和军部件，对于维持和扩大本国的生产、就业具有显著作用。

（四）吸引国外的资金和技术

对等贸易中产品回购和抵销贸易等形式还具有吸引外国的资金和技术的作用，可以用来促进某些产业或部门的技术提高和生产发展。同时，这种融资的功能，是除正常融资渠道外，一国吸引外国资本流入的有效方法。

（五）对等贸易中商品定价具有灵活性和隐蔽性

对等贸易形式下，经济效益一般是进出口统括核算，以总体盈利为目标。这时，进口和出口的商品价格是通过二者相对的比价体现的。而在总体盈利的条件下，提高进口商品的价格，就使出口商品价格相对降低，从而加强出口国的竞争能力，比较隐蔽地补贴了出口。这种定价灵活性成为促进出口的一种手段；同时，与任何其他贸易形式一样，对等贸易有其自身的局限性，从而给国际贸易中自由贸易发展和市场机制的发挥带来一定的负面影响。对等贸易的消极作用，表现在其进出结合的形式是带有浓厚的双边性和封闭性。对等贸易以限制性的措施来带动出口，冲破了保护主义的壁垒，客观上却增强了保护主义。同时，在这种双边和封闭的模式下，市场机制的作用被削弱，决定贸易的主要因素不再是商品的价格和质量，而是回购的承诺，这就不是按最佳价格、从最理想的市场购得最佳产品；也不是按理想价格，把产品销往最佳的目标市场。这种模式可能使对等贸易难以实现最大的经济效益，对国际贸易格局和世界资源的合理配置产生消极影响。

案例分析

我国多次以补偿贸易方式从日本进口渔轮,用直接渔产品偿付渔轮进口价款。某省外贸公司曾进口一艘渔轮,其具体做法是先出口鱼品积存外汇,在达到一定金额后,即用以购买新渔轮。该公司把这种做法报请主管机关给予补偿贸易的优惠待遇,遭到拒绝。

问:①该外贸公司的做法是否符合补偿贸易方式成立的条件?为什么?

②该公司如按补偿贸易方式去做此笔业务,应如何去做?

思考题

1. 试比较来料加工与进料加工的区别。
2. 对等贸易有哪些形式?
3. 补偿贸易的含义是什么?有哪些种类?
4. 开展补偿贸易时应注意哪些问题?

第十六章　商品期货交易

本章教学目的及要求

通过本章学习，应了解期货市场的构成，掌握期货交易的概念和特点、期货交易与现货交易的区别与联系；理解套期保值和投机交易的概念及做法；了解进出口商的套期保值做法。

期货交易是一种特殊的交易方式，需要在专门的商品交易场所由特定人员进行。由于期货市场价格和现货市场价格变化均受商品供求关系的影响，因此，在从事现货交易时可以利用期货交易市场转移现货交易价格波动的风险。国际商品期货交易所公布的商品成交价格，虽然包含一定的主观成分，但也在一定程度上反映出实际的供求关系，是公认的国际市场价格，常常成为现货交易价格的重要参考数据。

第一节　商品期货交易的概述

一、商品期货交易的概念

商品期货交易（Futures Trading）是指在期货交易所内，按一定的程序和规则进行的商品期货合同（Futures Contract）的买卖。

商品期货交易是在期货交易所进行的。目前世界上比较有名的期货交易所有：英国的伦敦金属交易所（LME），美国的芝加哥商品交易所（CBOT）、芝加哥商业交易所（CME）、纽约商品交易所（COMEX）、纽约商业交易所（NYMEX）。亚洲著名交易所有：日本的东京工业品交易所、谷物交易所，新加坡的国际金融交易所，中国香港的期货交易所。国内目前的交易所主要有：大连商品交易所、郑州商品交易所、上海期货交易所、中国金融期货交易所等。

商品期货交易的品种基本上属于供求量较大、价格波动频繁的初级产品，如谷物、棉花、食糖、咖啡、可可、油料、活牲畜、木材、有色金属、原油，以及贵金属、金、银等。

链接 16　芝加哥商品交易所（CBOT）

芝加哥商品交易所（Chicago Board of Trade，CBOT）成立于 1848 年，是一个具有领导地位的期货与期权交易所。

在交易所早期，CBOT 仅交易农产品，如玉米、小麦、燕麦和大豆。交易所的期货合约经过多年的发展演变，现包括非保存性农产品和非农产品，如黄金和白银。

CBOT 第一种金融期货合约于 1975 年 10 月推出，该合约为基于政府全国抵押协会抵押担保证券的期货合约。随着第一种金融期货合约的推出，期货交易逐渐被引进到多种不同的金融工具，其中包括美国国库中长期债券、股价指数和利率互换等。另一个金融创新，期货期权，于 1982 年推出。

在过去的 160 多年中，CBOT 的主要交易方式为公开喊价交易，即交易者在交易场内面对面的买卖期货合约。为了满足全球经济增长的需求，CBOT 于 1994 年成功地推出了第一个电子交易系统。

无论是电子交易还是公开喊价，CBOT 的主要角色是为客户提供一个具有透明性及流通性的合约市场，该市场的作用为价格发现、风险管理及投资。农场主、公司、小企业所有者、金融服务提供者、国际交易机构及其他个人或机构可通过套期保值来管理价格、利率和汇率风险。

二、商品期货交易的特点

商品期货交易是一种特殊的交易方式，具有如下特点。

（一）以标准期货合同作为交易的标的

商品期货交易市场不是买卖实际货物的市场，而是买卖品质、规格、数量、包装、交货地点和方式、检验、支付、解决争议等条款及内容都已经标准化了的期货合同的市场，买卖双方只需协商确定价格和交货期及合同份数。

人们通常把买进期货合同的一方称为“多头”，卖出期货合同的一方称为“空头”。在进行期货合同交易时，买卖双方并不直接见面，而是通过经纪人来进行。

（二）特殊的清算制度

商品期货交易所内买卖的期货合同由清算所进行统一交割、对冲和结算。清算所既是期货合同的买方，也是卖方。交易双方分别与清算所建立法律关系。

（三）严格的保证金制度

为确保期货交易合同的履行和清算制度的正常运行，商品期货交易市场中的清算所都实施严格的履约保证金制度。商品交易所的会员必须在清算所开立一个保证金账户，在开始进行期货交易时，按交易金额的一定百分比缴纳初始保证金（Original Margin）。以后每个交易日结束后，清算所都按当日结算价格对每位会员进行盈亏核算，如果亏损超过规定的百分比，清算所立即向该会员发出追加保证金通知，会员必须在次日交易开盘前缴纳追加保证金，否则清算所有权停止该会员的交易。

三、商品期货贸易与现货贸易的区别

现货贸易是传统的货物买卖方式，交易双方可以在任何时间和地点，通过签订货物买卖合同达成交易。在进出口业务中，无论是即期交货，还是远期交货，进出口商之间达成的交易均属于现货贸易的范畴。商品期货贸易是以现货贸易为基础发展起来的。尽管两种市场的商品价格都要受到同一经济规律的制约，商品期货贸易与现货贸易还是存在明显的区别。

（一）交易的标的物不同

现货交易买卖的是商品本身，期货交易买卖的是商品期货交易所制订的标准期货合同。

（二）商品的范围不同

现货交易的商品品种多于期货贸易所涉及的品种。现货贸易的品种是一切进入流通的商品，期货合同所代表的商品是现货贸易市场中的部分商品，绝大多数的商品是不能以期货合同的方式进行交易的。在国际期货市场上交易的期货商品是农副产品、石油、金属以及一些初级原材料和金融产品。

（三）成交的时间和地点不同

现货交易中贸易双方可以在任何时间和任何地点达成交易，期货贸易必须在期货交易所内，按交易所规定的开市时间进行交易。

（四）成交的形式不同

现货交易基本上是在封闭或半封闭的双边市场上私下达成的，交易双方在法律允许的范围内按“契约自主”的原则签订买卖合同，合同条款是根据交易双方的情况订立的，其内容局外人是不知道的。期货交易是在公开、多边的市场上，通过喊价或竞价的方式达成的。期货合同的条款是标准化的（除交易数量、交割月份和价格由交易双方达成），而且达成交易的信息，包括价格是对外公布的。

（五）履约方式不同

在现货交易中，无论是即期现货交易，还是远期现货交易，交易双方都要履行买卖合同所规定的义务，即卖方按合同规定交付实际货物，买方按规定支付货款。在期货贸易中，双方成交的是期货合同，卖方可以按期货合同的规定履行实际交货的义务，买方也可以按期货合同规定接受实际货物。但期货交易所都规定，履行期货合同不一定要通过实际交割货物来进行，只要在期货合同到期前，即交易所规定的该合同最后交易日前，交易者做一笔方向相反、交割月份和数量相等的相同合同的期货交易，交易者就可解除他实际履行合同的义务。这也就是期货市场上所称的对冲或平仓（Offset）。

（六）交易双方的法律关系不同

在现货交易中，买卖双方达成交易，就固定了双方的权利与义务，交易双方之间产生直接的货物买卖的法律关系，任何一方都不得擅自解除合同。期货贸易双方并不相互见面，合同履行也无须双方直接接触。清算所的替代功能使参加交易者通过有交易所会员资格的期货佣金商来代买或代卖期货合同，实际货物的交割、交易的清算和结算一律由清算所对交易双方负责。交易达成后，期货交易双方并不建立直接的法律关系。

（七）交易的目的不同

现货交易是在合同签订后，立即或一定时期内买卖双方进行实物交接和货款的结算，贸易双方的目的是转移货物的所有权，从卖方讲，是出售货物，取得货款；从买方讲，是取得一定经济价值的实际商品。期货交易参加者进行期货贸易的目的不同，有的是为了配合现货贸易，利用期货交易转移现货交易价格变动的风险；有的是专门从事投机，目的是取得相应的投机利润。

第二节　商品期货市场的构成

期货市场(Futures Market)是指按一定的程序和规则买卖期货合同的有组织的市场。期货交易就是在期货市场上进行的交易行为。

期货市场主要由期货交易所(Futures Exchanges)、期货佣金商(Futures Commission Merchant, FCM)和清算所(Clearing House)等构成。

一、期货交易所

期货交易所(Futures Exchanges)是具体进行期货合同买卖的场所,期货交易所是期货市场的核心。其主要职能有以下几种:

1)提供交易场地;

2)制订标准交易规则;

3)负责监督和执行交易规则;

4)制订标准的期货合同;

5)设立仲裁机构,解决交易争议;

6)负责收集和向公众传播交易信息。

二、期货佣金商

期货佣金商(Futures Commission Merchant, FCM),又称“经纪行”或“佣金行”,是代表金融、商业机构或一般公众进行期货交易的公司或个人组织,其目的就是从代理交易中收取佣金。

期货佣金商一般都是期货交易所的会员,有资格指令场内经纪人进行期货交易。他是广大非会员参加期货交易的中介,为期货交易所、清算所和客户负责。期货佣金商的主要业务包括:

1)代理客户完成交易指令;

2)管理客户的保证金;

3)提供详细的交易记录和会计记录;

4)向客户提供交易决策信息及咨询业务;

5)代理客户进行实物交割。

三、清算所

清算所(Clearing House)是负责对期货交易所内买卖的期货合同进行统一交割、对冲和结算的独立机构。在期货交易的发展中,清算所的创立完善了期货交易制度,保障了期货交易能在期货交易所内顺利进行,是期货市场运行机制的核心。

清算所的创立使期货交易者在交易所内达成交易，却不建立通常货物买卖中转移货物所有权的直接的法律关系。一旦期货交易达成，交易双方分别与清算所发生关系。清算所既是所有期货合同的买方，也是所有期货合同的卖方。这是因为清算所有特殊的“取代功能”。清算所这一功能得以实现，又是因为清算所的财力雄厚，而且实行了一套严格的无负债的财务运行制度——保证金制度。

保证金制度（Margin System），也称为押金制度，指清算所规定的达成期货交易的买方或卖方，应交纳履约保证金的制度。

清算所规定的保证金分初始保证金和追加保证金两种。

初始保证金（Initial Margin; Original Margin），是指期货交易者在开始建立期货交易部位（Trading Position）时，需要交纳的保证金。初始保证金的金额通常按交易金额的一定百分比计收，一般在5%~10%之间。该笔保证金一旦交纳，即存入清算所的保证金账户。

追加保证金（Variation Margin; Call Margin），是指清算所规定的，在会员保证金账户金额短少时，为使保证金金额维持在初始保证金水平，要求会员增加交纳的保证金。清算所为了防止出现负债情况，采取逐日盯市的原则，用每日的清算价格对会员的净交易部位核算盈亏。当发生亏损，保证金账户金额下降时，清算所便要求会员必须交纳追加保证金。

保证金制度使期货市场的整个运行机制更具有凝聚力，几乎达到了万无一失的地步。它使期货交易机制日趋完善，从而吸引更多的人来参加交易。

四、期货交易的参加者

期货交易者可以是任何个人或公司，根据参加期货交易的目的，交易者可分为两大类：套期保值者和投机者。

（一）套期保值者

套期保值者（Hedger）一般为实际商品的经营者、加工者和生产者。他们的主要目的是在现货市场中进行实际货物的买卖。为了保障现货交易的正常合理利润，他们在期货市场上采取适当的套期保值策略来避免或减少价格波动风险带来的现货交易的损失。

（二）投机者

投机者（Speculator）指在期货市场上通过“买空卖空”或“卖空买空”，希望以较小的资金来博取利润的投资者。与套期保值者相反，投机者愿意承担期货价格变动的风险，一旦预测期货价格将上涨，投机者就会买进期货合同（或称“买空”或“多头”）；一旦预测期货价格将下跌，就会卖出期货合同（或称“卖空”或“空头”），待价格与自己预料的方向变化一致时，再抓住机会进行对冲。

第三节 商品期货交易的种类

根据买卖双方交易目的不同，期货交易分为两种交易形式，即套期保值形式和投机交易形式。

一、套期保值

（一）套期保值的概念

套期保值（Hedging），又称“对冲交易”或“海琴”（Hedging），是期货市场交易者将期货交易与现货交易结合起来进行的一种市场行为。基本做法是在买进（或卖出）实际货物的同时或前后，在期货交易所卖出（或买进）相等数量的期货合同作为保值。套期保值的原理在于：对同一种商品，现货市场与期货市场具有相同的价格走势，涨时同涨，跌时俱跌，所以实际货物的亏（盈），可以期货市场的盈（亏）得到弥补或抵消，从而实现规避价格变动风险的目的。

（二）套期保值的操作

套期保值的具体做法有两种：卖期保值（Selling Hedge）和买期保值（Buying Hedge）。

1. 卖期保值

套期保值者根据现货交易情况，先在期货市场上卖出期货合同（空头），然后再在期货市场买入期货合同（多头）进行平仓的做法。由于从事套期保值者处于卖方地位，所以称为“卖期保值”。通常用于拥有库存的出口商、生产商，为了规避价格下跌带来的风险，经常采取卖期保值的做法。

例如：

若某出口商6月份拥有一批大豆库存，大豆价格为每蒲式耳7.35美元。出口商担心10月份大豆新货上市引起价格下跌，为避免价格下跌给自己带来损失，该出口商可以在大豆期货市场做卖期保值（Selling Hedge）。即先在期货市场上卖出大豆期货合同，至到期日前再购入多头部位对冲平仓了结。该出口商在现货与期货两个市场交易的具体数据变化及操作如表16-1所示。

表16-1 某出口商在现货与期货两个市场交易的具体数据变化及操作

日期	现货市场	期货市场
6月12日	库存大豆现价7.35美元/蒲式耳	售出10月份大豆期货价格为7.40美元/蒲式耳
9月23日	售出大豆价格为7.15美元/蒲式耳	购入10月份大豆期货价格为7.20美元/蒲式耳
结果	亏损0.20美元/蒲式耳	盈利0.20美元/蒲式耳

上例中，由于该出口商及时做了卖期保值，期货市场的盈利恰好弥补了现货市场由于价格下跌带来的损失，套期保值起到了转移风险的作用。

2. 买期保值

套期保值者根据现货交易情况，先在期货市场上买入期货合同（多头），然后再在期货市场卖出期货合同（空头）进行平仓的做法。由于从事套期保值者处于买方地位，所以称为“买期保值”。通常用于生产商预售商品后，为了规避原料价格上涨带来的风险，经常采取买期保值的做法。

与卖期保值恰好相反，买期保值常运用于市场行情看涨的场合。而卖期保值常运用于市场行情看跌的情况。故买期保值又可称为“多头（Long Side）套期保值”，或“看涨套期保值”，而卖期保值又可称为“空头（Short Side）套期保值”，或“看跌套期保值”。

例如：

某大豆加工商3月与某食品生产商达成协议，在6个月后加工商出售豆油给食品生产商，该豆油价格是在大豆价格为7.20美元/蒲式耳的基础上计算的。大豆加工商手头尚无加工豆油的原料，因而担心如果大豆价格上涨，其豆油销售利润将会减少。为了规避大豆原料价格可能上涨的风险，该大豆加工商在期货市场择期买进大豆期货合同，价格为7.15美元/蒲式耳。5个半月后，当大豆加工商在实际大豆市场上购买大豆时，价格已上涨为7.32美元/蒲式耳。与此同时，大豆期货价格也上涨至7.27美元/蒲式耳。于是，大豆加工商以出售大豆期货合同在期货市场上平仓。该大豆加工商在现货与期货两个市场交易的具体数据变化及操作如表16-2所示。

表16-2　某大豆加工商在现货与期货两个市场交易的具体数据变化及操作

日期	现货市场	期货市场
3月15日 8月30日	售出9月交货大豆价格为7.20美元/蒲式耳 购入大豆现货价格为7.32美元/蒲式耳	购入9月份大豆期货价格为7.15美元/蒲式耳 售出9月份大豆期货价格为7.27美元/蒲式耳
结果	亏损0.12美元/蒲式耳	盈利0.12美元/蒲式耳

以上交易看出，由于大豆价格上涨使大豆加工商在现货交易中蒙受0.12美元/蒲式耳的损失，由于适时做了买期保值，在期货市场上盈利0.12美元/蒲式耳。期货市场的盈利弥补了现货市场价格波动所带来的损失。

（三）套期保值应注意的问题

为了让大家直观感受套期保值的原理和做法，以上所举的例子均为理想化的套期保值。在实践中，影响现货市场和期货市场的因素较多，而且情况复杂，最典型的问题就是现货市场与期货市场不可能达到百分之百的衔接，套期保值多数都不会达到上述理想化的结果。因此，在套期保值业务的实际操作中应注意的以下问题。

1）套期保值虽可转移现货价格发生不利变动时的风险，同时也排除了交易者从现货价格有利变化中取得额外盈利的机会。

从套期保值的做法中得知，卖期保值是为了防止现货价格下跌；买期保值是为了防止现货价格上涨。但如果在卖期保值后，价格非但没有下跌，反而上涨；买期保值后，价格没有上涨反而下跌，那么套期保值的结果就会事与愿违。

①卖期保值后价格上涨(如表16-3所示)。

表16-3 卖期保值后价格上涨

日期	现货市场	期货市场
6月12日 9月23日	库存大豆现价7.35美元/蒲式耳 售出大豆价格为7.55美元/蒲式耳	售出10月份大豆期货价格为7.40美元/蒲式耳 购入10月份大豆期货价格为7.60美元/蒲式耳
结果	盈利0.20美元/蒲式耳	亏损0.20美元/蒲式耳

上例说明,卖期保值后,价格不跌反升,其结果现货交易每蒲式耳盈利0.20美元,期货交易每蒲式耳亏损0.20美元。通过卖期保值,期货交易的亏损反而抵消了现货交易盈利的机会。

②买期保值后价格下跌(如表16-4所示)。

表16-4 买期保值后价格下跌

日期	现货市场	期货市场
3月15日 8月30日	售出9月交货大豆价格为7.20美元/蒲式耳 购入大豆现货价格为7.05美元/蒲式耳	购入9月份大豆期货价格为7.15美元/蒲式耳 售出9月份大豆期货价格为7.00美元/蒲式耳
结果	盈利0.15美元/蒲式耳	亏损0.15美元/蒲式耳

由于价格下跌,在上例的现货交易中,本可以每蒲式耳盈利0.15美元,但因害怕价格上涨,事先做了买期保值,造成了期货交易损失每蒲式耳0.15美元。期货交易的亏损反而抵消了现货交易盈利的机会。

由上述两个例子,我们可以看出,套期保值对实物交易者而言,排除了现货市场价格变动风险,目的是为了保障实物交易中的合理利润免遭损失,但也丧失了不做套期保值可以取得更多现货盈利的机会。

2)套期保值的效果,往往取决于套期保值时和取消套期保值时实际货物和期货之间差价的变化,即基差的变化。

基差(Basis)指的是在确定的时间内,某一具体的现货市场价格与期货交易所达成的期货价格之间的差额。用公式来表示如下,

基差=现货市场价格-期货市场价格

在现货市场的实物交易中,商人之间经常用基差来表示现货交易的价格,特别是在签订非固定价格合同时,用基差来表示实际现货价格与交易所期货价格的关系。如"2 cents under Dec"表示现货价格比期货价格低2美分,如果12月份期货价格是每蒲式耳3.69美元,那么实际货物价格是每蒲式耳3.67美元。如果现货价格比期货价格高2美分,则以+2美分Dec(或2 cents over Dec)来表示。

以上所举例子中,由于套期保值时的基差是+5美分,基差没有变化,因此,套期保值的结果是盈亏相抵,达到了理想的套期保值效果。但在实际业务中,基差并不是固定不变的,

它时刻随两个市场的不同情况而发生变化，因此套期保值的效果也就有所不同。

具体实例如表 16-5 所示。

表 16-5　基差实例

日期	现货市场	期货市场	基差
6 月 12 日 9 月 23 日	大豆现价 7.35 美元 / 蒲式耳 售出大豆价格为 7.55 美元 / 蒲式耳	售出 10 月份大豆期货价格为 7.40 美元 / 蒲式耳 购入 10 月份大豆期货价格为 7.62 美元 / 蒲式耳	-5 美分 -7 美分
结果	盈利 0.20 美元 / 蒲式耳	亏损 0.22 美元 / 蒲式耳	(-5)-(-7)=2 美分

从上述例子中可以看出，套期保值的效果取决于基差的变化。套期保值能够转移现货价格波动的风险，但最终无法转移基差变动的风险。

3）期货合同的数量与现货合同的数量很难一致。由于期货合同都规定了固定的数量，每份合同代表一定量的期货商品，如芝加哥商品交易所的一张小麦期货合同代表 5000 蒲式耳的小麦；伦敦金属交易所的铜期货合同，一张是 25 公吨的铜。但是，在实物交易中，商品的数量是根据买卖双方的意愿达成的，不可能与期货合同的要求完全一致。这就使得在进行套期保值操作时，实物交易的数量与套期保值的数量不一致，从而会影响套期保值的效果。

二、投机交易

（一）投机交易的做法

期货市场的投机者是通过期货合同的频繁买卖以获取短期投机利润的期货市场交易者。

投机者根据自己对期货市场价格走势的预测，在预计价格上涨时，买进期货合同，即所谓买空或多头（Long Position）；在估计价格下跌时，抛出期货合同，即所谓卖空或空头（Short Position）。等到价格与预期变化方向一致时，便抓住时机对冲，取得两次交易的差额。投机者在这样的贱买贵卖中通常要承担很大的风险。

（二）投机交易与套期保值的区别

1）从交易场所来看，期货投机交易主要在期货市场操作，利用期货合约价格频繁波动进行卖空买空的交易活动。投机者一般不做现货交易，几乎不进行实物交割；而套期保值交易则在现货和期货两个市场同时操作。

2）从交易目的来看，期货投机交易以较少资金做高速运转，以获取较大利润为目的，不希望占用过多资金或支付较大费用；套期保值者的目的则是利用期货市场为现货市场规避风险。

3）从交易方式来看，投机交易主要是利用期货市场中的价格波动进行买空卖空，从而获得价差收益；套期保值者则是以期达到两个市场盈利和亏损基本平衡。

4）从交易风险来看，投机交易是以投机者自愿承担价格波动风险为前提进行期货投机，风险的大小与投机者收益的多少有着直接、内在的联系，投机者通常为了获得较高的收益，在交易时要承担很大的风险；套期保值者交易的目的就是为了转移或规避市场价格风险。

第四节 进出口商的套期保值做法

由于期货市场与现货市场的价格受同一经济规律的制约，变化趋势一般来说是一致的，现货市场的价格很大程度受期货市场价格的影响。因此，从事国际贸易的个人或企业，都会参照期货市场商品价格确定国际现货交易的价格，规避现货市场价格波动带来的风险。

一、出口商的套期保值做法

出口商利用期货交易进行套期保值，规避现货市场出口价格变化的风险。通常出口商进行套期保值的方法如下。

（一）签订固定价格的出口合同

出口商如果与进口商签订固定价格的合同，其出口价格一般都会参考与装运期最接近的期货市场的价格。为了避免在采购实际货物或原材料时价格上升，在签约时，出口商或生产商会在期货交易所购入与实际货物装运期相近的期货合同（多头）。在实际货物装运前，出口商或生产商寻找货源或原材料，购买实际货物装运出口。同时，在期货交易所以"空头"平仓。在出口交易中，进口商按合同规定的固定价格支付货款。一旦价格上升，出口商在期货市场上的盈利会弥补现货市场的亏损。

（二）签订固定基差的出口合同

固定基差的合同属于非固定价格合同，它是将合同价格的确定时间与出口合同的订立时间分割开。合同的价格是以基差的形式同交易所的期货价格挂钩。无论期货市场价格如何变化，交易双方的实际货物出口价格均按期货价格加上或减去固定基差来计算。期货价格可以由出口商在装运期前选定，也可以由进口商选择。例如，进出口商达成一项合同，交易双方就基差达成协议。合同价格暂定为"$0.13 under Dec CBOT"，即基差按芝加哥商品交易所的期货价格计算为 -0.13 美元（出口价格比芝加哥商品交易所 12 月份的期货价格低 0.13 美元）。

为了避免期货交易所 12 月份期货价格下跌给出口商带来损失的风险，在签订固定基差合同后，出口商采购货源，并且同时在交易所售出期货合同对现货进行保值。一旦出口价格下跌，出口商在期货交易所低价购入期货合同所取得的盈利，可以弥补其在现货交易的损失。

（三）签订固定基差合同和场外交易

这种保值做法与签订固定基差合同的做法基本一致，即在签订出口合同时，将基差固定下来，然后出口商采购货源，并同时在期货市场上做套期保值。所不同的是，进口商选定交易所期货价格时是在期货市场上以自己的账户买入期货合同。等装运期来临，出口商按期办理装运。进口商按约定将自己的期货交易部位与出口商的现货相互交换。

也就是进口商将原来在期货市场上以自己名义买入的期货合同转到出口商的名下。这种做法必须通过交易所的清算所操作，称为“场外交易”（Ex-pit Trade）或“期货换现货”（Exchange for Physicals / Actuals）。期货交易所和清算所一般允许这种场外交易。它是期货合同必须在交易所场内通过竞价方式进行交易的一种例外。只要交易者拥有相等的现货交易部位相配合，就可以同另一个交易者的期货交易部位在场外交换，以对冲前者在交易所已经建立的空头交易部位。场外交易的好处就是交易者可以在交易所闭市时照常进行，但要向清算所进行登记和报告。另外，对于出口商而言，这种做法可以充分保障套期保值的效果。

二、进口商的套期保值

进口商采用套期保值主要有两种情况。

（一）签订固定价格的进口合同

进出口商达成固定价格的合同，通常要参考装运期接近的期货交易所的期货价格来确定价格。进口商为了避免在转售货物时遭受价格下跌的损失，在签订进口合同时，在期货交易所内售出一定数量的期货合同。等到进口商签订转售合同时，再在期货交易所购入同等数量、相同交割月份的同样期货合同。一旦价格下跌，进口商就会在期货市场上盈利，从而弥补他在现货市场上出售货物时的损失。

（二）基差交易

基差交易是进口商经常采取的定价和套期保值策略。进口商采用期货市场价格来固定现货交易价格，从而将转售价格波动风险转移出去的一种套期保值策略。用这种方法，进口商在与出口商谈判时，可以暂时不确定固定价格，而是按交易所的期货价格固定基差，由进口商在装运前选择期货价格来定价。一旦进口商选择了某日的期货价格，他同时会在期货交易所售出期货合同（空头）。等到转售货物时，进口商再以等于或大于购入现货的基差价格售出货物，并在期货交易所购入期货合同（多头）。这样，无论期货价格如何变化，进口商都不会在现货交易中受到任何损失，而且如果售出现货的基差大于购入现货的基差，进口商还可以取得基差交易的盈利。

思考题

1. 什么是商品期货交易？它与商品现货交易有何不同？
2. 商品期货交易的主要特点是什么？
3. 什么是买空？什么是卖空？
4. 什么是套期保值？ 套期保值与投机的主要区别是什么？
5. 买期保值与卖期保值有什么不同？
6. 什么是基差？基差是如何影响套期保值的效果的？

第十七章　国际租赁贸易

本章教学目的及要求

通过本章学习，应掌握国际租赁的概念及作用；了解国际租赁的种类；理解国际租赁的业务程序及合同的内容。

第一节　国际租赁概述

国际租赁是在第二次世界大战期间开始发展起来的，最早出现于美国。20 世纪五六十年代，西方国家纷纷建立租赁公司，并在国外设立分支机构。后来扩展到日本、澳大利亚及一些发展中国家。20 世纪 70 年代后一些国际金融组织成立租赁公司，并设立分支机构，经营国际租赁业务。

一、国际租赁的概念及当事人

(一)国际租赁的概念

国际租赁(International Lease)是指一国承租人(Leasee)以支付一定租金的方式向他国出租人(Leasor)租用所需生产设备的交易活动。国际租赁是商品信贷与金融信贷相结合的一种新型国际合作方式。

在国际租赁业务中，租赁物一般为价值较高的动产或不动产，如工厂的成套设备、建筑设备、采矿设备、炼油钻井设备、轮船、码头港口设备以及飞机、机场等。在国际租赁业务中，租赁物的所有权始终归出租人，承租人通过支付租金享有对该租赁物的使用权与收益权。

(二)国际租赁的当事人

国际租赁业务中的主要当事人有：出租人、承租人和供货人。

1. 出租人

出租人，即出租资产的人。在法律上，它享有租赁资产的所有权。目前在国际租赁业务中充当出租人的有以下几种。

(1)专业租赁公司

专业租赁公司专门从事国际租赁业务的企业。一方面自筹资金，购买机器设备或其他物品，存储待租；另一方面负责出租机器的保养、维修、更换零件和提供技术咨询等服务工作。

(2)制造厂商

制造厂商有两种形式：一种是制造厂商下设的租赁部门，法律实体是制造商；另一种形式是在制造厂商之下设立租赁公司，该租赁公司是独立的法律实体，以自己的名义从事租赁业务。

（3）银行或保险公司

银行或保险公司或以借贷人的身份，向租赁公司提供信贷以获取利润；或者成立自己的租赁公司，独立经营租赁业务。

（4）租赁经纪人

租赁经纪人本身不经营租赁业务，只是代表出租人和承租人寻找交易对象，并代表委托人与对方磋商租赁条件，促成交易，从中收取佣金。

（5）融资租赁公司

融资租赁公司有别于专业租赁公司。融资租赁公司侧重于租赁业务中的资金融通工作，只限于接受承租人的请求，出资购买机器设备，应由制造商直接交运出租的机器设备。

（6）国际性租赁组织

国际性租赁组织包括由英国、美国、法国、意大利、荷兰等国银行组成的总部设在卢森堡的租赁协会，以及 1973 年由英国、美国、德国、意大利、日本、加拿大等国银行组成的东方租赁控股公司等。他们主要是利用对各自国家的制造商或企业的了解来促成租赁业务的成交。

2. 承租人

承租人，即支付租金且享有租赁标的物使用权的人。在现代国际租赁业务中，承租人通常是企业，不是个人。

3. 供货人

供货人，即租赁标的物的制造商或其他供货商。

二、国际租赁的特点及作用

（一）国际租赁的特点

1. 所有权和使用权相分离

国际租赁与国际贸易不同。国际贸易交易达成后，卖方交货收款后，即丧失了对该商品的所有权和使用权。但在国际租赁业务中，出租人对租赁标的物仍保留所有权，承租人仅获得租赁标的物在租赁期限内的使用权。

2. 出租人和承租人享有税收优惠

一些西方国家为了鼓励某些固定资产的投资，采取投资免税的优惠政策，如果出租人购买此类固定资产作为出租标的，就可以享受减免税优惠；如果出租人采用分期付款的形式购买资产，所支付的利息可作为生产成本；另外，出租人还可将租赁标的的折旧费从应纳税收入中扣除。对于承租人来说，租赁资产不需计入企业的资产负债表，承租人可免交财产税；另外，根据一些国家的税法规定，租赁的费用——租金和资产维修费用可以作为生产成本从应纳税收入中扣除。

3. 国际租赁是集融资、融物一体的借贷业务

在国际租赁中，出租人通过出租资产，向承租人提供了信贷便利，即采用商品形式来融通中、长期资金；承租人以定期支付租金的形式，取得了租赁标的的使用权，实际上取得了相当于租赁资产成本的资金信贷。因此，国际租赁是一种以租赁形式达到融资目的，将贸易与金融结合在一起的信贷方式。

4. 国际租赁是多边经济合作

一项国际租赁业务中至少有三个当事人——出租人、承租人和供货人。出租人即出资人或投资人。经营国际租赁至少要有两份合同——出租人与供货人签订买卖合同，出租人与承租人订立租赁合同。如果租赁业务需要金融机构的贷款，那么出租人还需与信贷机构签订贷款协议，有些租赁业务甚至需要签订更多的协议。

（二）国际租赁的作用

国际租赁具有许多其他合作方式所没有的特点，它可以作为推销商品的方式，又可以作为筹措资金的手段，还可以作为一种投资或贷款的形式。国际租赁业务从其性质上来讲，是典型的贸易与信贷、投资与筹资、融资与融物相结合的筹资方式。

1. 国际租赁对承租者的作用

（1）提高资金的利用效率

利用国际租赁贸易，企业在引进国外设备时，不必一次支付巨额外汇购买设备，只需按期支付租金即可获得设备的使用权。避免因购置设备占用大量资金，加速企业资金的周转，促进企业利润的增加。

（2）有利于企业的技术改造

企业采用租赁方式，能经常替换残旧和过时的设备，使设备保持高效率及先进性，使企业产品更具有竞争力。尤其是经济寿命较短或技术密集型的设备，用经营租赁方式引进最新设备，出资者负责维修，更能使企业的技术改造有所保证。

（3）不受国际通货膨胀的影响

由于租金是固定的，因此，在整个租期内，即使遇到通货膨胀或国际贷款利率上浮等情况发生，也不能改变合同中已订的价款、利率和租金。

（4）减少盲目引进的损失

购买引进设备，一旦发现其产品不符合国内外市场的形势和要求，要想很快脱手是相当困难的。采用经营租赁方式，灵活方便，如果发现情况不好，则可立即收手退租，使企业损失降低到最低程度。

2. 国际租赁对出租者的好处

（1）扩大设备销路的新途径

机器设备只有尽快销售出去，才能收回资金，促进生产的进一步发展。如果需要设备的用户，缺乏资金又不易获得银行贷款，就难以达成交易。采用国际租赁贸易方式，设备生产商就可以以租金的形式回收资金。

（2）获得较高的收益

出租者在设备出租期间所获得租赁费的总和，一般都比出售该设备的价格要高。而设备的所有权仍属于出租者，使其收益更安全可靠。同时，在租赁期间内，出租者还可向承租者提供技术服务，包括安装、调试、检测、维修、保养、咨询和培训等，还可以获得一定的额外收入。

（3）享受税负和加速折旧的优惠

采用融资租赁形式出租的设备，国家一般均不将其作为该企业的资产处理，因此能在本国获得减免税的待遇。

3. 国际租赁贸易的局限性

对承租人来说，租赁的成本有时比其他中长期融资方式的成本高，而且绝大多数租赁是不可中途撤销的，即使企业在租赁期间发现租赁标的物不能给企业带来利润，仍需按期支付租金。此外，由于承租人对设备只享有使用权，未经出租人同意承租人不得根据自身需要改进所租赁的设备。对出租人来说，在经营租赁业务中，有时要承担设备闲置无人租的风险；遇到通货膨胀时还要承担计价货币贬值的风险。

第二节　国际租赁的方式

国际租赁可根据租赁期限长短、是否提供服务、支付情况和资金来源等进行分类。目前，国际租赁的主要方式有融资租赁、经营租赁、杠杆租赁、售后回租、综合性租赁等。

一、融资租赁

（一）融资租赁的概念

融资租赁，又称"金融租赁"（Finance Lease）、"完全付清的租赁"（Full Pay-out Lease）。目前国际上使用得最普遍、最基本的租赁形式。它是指出租人根据承租人的要求，与供货人订立购买合同；根据此合同，出租人与承租人订立一项租赁合同，以承租人支付租金为条件授予承租人使用标的物的权利。

租赁合同期满后，租赁标的物的处理方式有三种：第一，合同到期后将租赁标的物退还给租赁公司；第二，合同到期后，承租人续租；第三，留购，即承租人以名义货价（或象征性价格）将标的物买下，并办理产权转移的法律手续。

（二）融资租赁的特点

1）租赁标的物、供货人由承租人选定。租赁标的物的管理、维修保养和保险都由承租人负责，出租人只承担向供货人支付租赁标的物的价款，对租赁标的物的性能及是否适用不负任何责任。

2）租赁期限比较长。一般设备为 3 至 5 年，大型设备如飞机、钻井平台等租期可长达 10 年以上。

3）融资租赁是融资和融物相结合以达到融通资金的信用形式。

4）出租人保留对租赁标的物的所有权。在租赁有效期内，承租人拥有独家使用租赁标的物的权利，出租人保留对租赁标的物的所有权。

5）租赁期满，承租人对租赁标的物有权选择留购、续租或退租三种处置办法。

6）出租人为购买该租赁标的物所支出的全部费用，可以通过收取租金的形式得到完全的支付。

融资租赁适用于价格昂贵和技术先进的大型设备，如施工机械、生产设备，通信设备、大型医疗器械等。目前发达国家企业的大型设备有近 50% 是通过融资租赁方式购得的。融资租赁已经成为国际上应用最为广泛的融资方式。

二、经营租赁

（一）经营租赁的概念

经营租赁（Operation Lease），又称“服务性租赁”（Service Lease）、“业务租赁”或“不完全付清租赁”（Not Full Pay-out Lease）。经营租赁是指出租人将物品直接出租给承租人使用，并且出租人负责租赁物品的维修、保养和管理等服务。因此经营租赁的租金比金融租赁的租金高。

（二）经营租赁的特点

1）出租人负责租赁标的物的维修、保养等工作。经营租赁方式最大的优点是出租人既提供融资的便利，又提供必要的服务，包括设备维修、保险和技术服务等，使承租人在得到融资好处的同时，又得到了便利的服务。

2）租赁的期限短。租赁期限比租赁标的物的使用寿命短，出租人在租赁期内收取的租金不足以抵偿出租人对租赁标的物的全部投资和预期收入，因此，出租人需对租赁标的物出租多次才能收回其全部投资和预期利润。

3）在租赁合同期满前，承租人预先通知出租人就可以中止合同，退回租赁标的物，租用更好的设备。

4）租金比较高。经营租赁租期短，出租人无法通过一次出租的租金收回其投资和预期利润，同时出租人还需承担设备过时和承租人解约的风险，还要提供设备的维修保养等服务，因此其租金要高于融资性租赁。

经营租赁适用于技术进步快、需要较专业保养、管理技术及通用机械等。所以，经营租赁的租赁标的物一般为汽车、电子计算机、复印机、部分通用建筑机械设施等技术迅速发展的商品。

三、杠杆租赁

（一）杠杆租赁的概念

杠杆租赁（Leveraged Lease），又称“衡平租赁”，是指出租人在购买价格昂贵的设备时，自筹所需资金的 20% ~ 40%，其余 60% ~ 80% 的资金由出租人以设备作抵押，向金融机构贷款，然后将拥有所有权的设备出租给承租人使用的一种租赁方式。

（二）杠杆租赁的特点

杠杆租赁是由融资租赁派生的一种方式，除具有融资租赁的特点外，还具有以下特点。

1）杠杆租赁是一项非常复杂的交易。涉及的当事人多达五六个，如出租人、承租人、贷款人、受托人和保证人等，需要签订一系列协议，如参与者协议、信托协议、合约信托、租赁协议、购买协议的转让和保证书等。

2）贷款人提供的贷款成为该项租赁交易的基本部分，且贷款人对出租人没有追索权。

3）出租人购买租赁标的物至少须付出设备价款的 20% 作为其本身的投资。

4）租金不得预付或延期偿付。租金的偿付必须是平衡的，各期所付租金金额大小相差不得悬殊。

5）租赁期满，出租人必须将租赁标的物残值按当时的公平市价出售给承租人或按此价格续租。

杠杆租赁适用于价值昂贵的大型飞机、轮船、卫星、海上钻井设备、大型工厂设等。

四、售后回租租赁

（一）售后回租租赁的概念

售后回租租赁（Sale and Leaseback Lease），又称“售出与回租租赁”，简称“回租”，是指由出租人从拥有和使用设备的公司买下该设备，出租人成为该设备的物主，再将设备租回给原物主继续使用，而原物主成为承租人。

售后回租的一般做法是先由承租人和出租人签订租赁协议，然后再签订买卖合同，由出租人从承租人处购进租赁标的物，将其租给承租人，即原物主。这种租赁方式主要用于不动产或大型设备，由于承租人缺少资金而出售不动产或大型设备。

售后回租租赁与融资租赁比较相似，但他们之间还是有区别的。

1. 出租人购买设备的渠道不同

融资租赁是出租人直接从供货人或制造商处购买承租人选定的租赁标的物，售后回租租赁是出租人从承租人手里购进租赁标的物，然后将该租赁标的物再出租给承租人使用。

2. 设备新旧程度不同

融资租赁的设备一般都是新设备，而售后回租租赁的设备多为已使用过的设备。

3. 融资期限长短不同

融资租赁的承租人通常希望从出租人处获得长期融资，而售后回租租赁往往是为了解决承租人临时的资金周转困难。

因此，售后回租租赁业务主要用于已用过的设备，通过这种租赁业务，原设备的所有者可将出售设备得到的资金另行投资或作他用，加快资金周转。

售后回租租赁业务流程如图 17-1 所示。

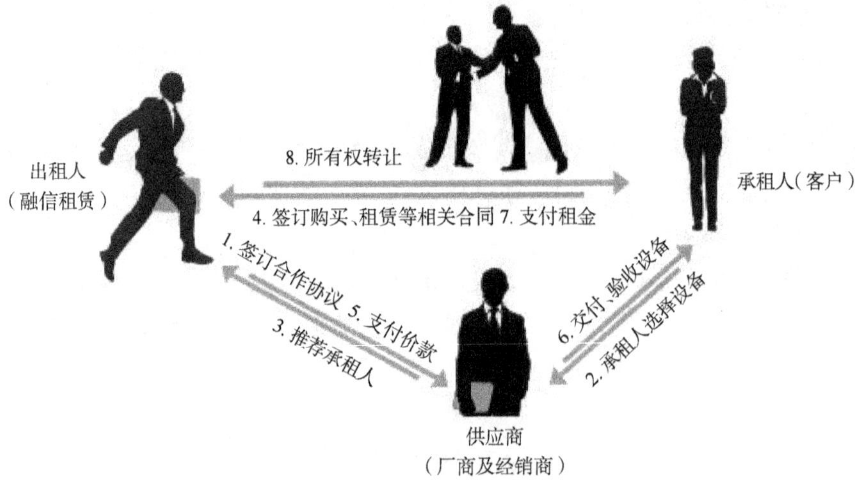

图 17-1　售后回租租赁业务流程图

五、综合性租赁

（一）综合性租赁的概念及种类

综合性租赁（Comprehensive Lease）是租赁与其他贸易方式相结合的租赁方式，通常包括租赁与补偿贸易相结合、租赁与加工装配相结合、租赁与包销相结合等三种方式。

1. 租赁与补偿贸易相结合

在租赁与补偿贸易相结合方式下，出租人把机器设备租赁给承租人使用，承租人以租赁来的机器设备所生产的产品偿付租金。

2. 租赁与加工装配相结合

承租人以租赁方式引进设备，承揽出租人的来料加工、来件装配等业务，以加工装配业务的工缴费收入按期抵付租赁设备的租金。

3. 租赁与包销相结合

出租人把机器设备租赁给承租人，而承租人生产出来的产品由出租人包销，出租人从包销收入中扣取租金。

（二）综合性租赁的特点

1）综合性租赁法律关系的主体除包括供货人、出租人和承租人外，还包括各种具体贸易形式的第三人。

2）综合性租赁除具有租赁标的物购买和融资租赁相结合的特点外，往往还与各种具体贸易直接联系，并通常享受相关国家的贸易政策优惠。

3）在综合性租赁业务中，承租人的租金并非以现汇方式支付，而是通过产品方式、加工费抵扣方式、包销第三人转付方式进行支付。

4）综合性租赁的承租人可按约享有留购选择权，其税收和会计政策上的优惠更为充分。

综合性租赁可以减少承租人的外汇支出，还可扩大承租人与出租人之间的贸易往来，促进商品贸易与租赁业务的共同发展。综合性租赁不仅具有融资租赁的功能，而且具有促进和发展多种贸易形式的作用，但此类交易方式往往受到交易产品范围的限制。

链接 17　融资租赁市场潜力大

融资租赁业务涉及飞机、船舶、大型设备三种类型，境内外市场潜力巨大。以飞机租赁市场为例，未来 20 年内，中国约需要新增干线飞机 2 822 架，按照 6∶4 的租赁和购买比例测算，将有 1 830 架飞机以租赁方式引入，涉及金额高达 1 460 亿美元。如以三分之一的市场份额计算，未来 20 年，上海飞机引进的贸易额将达到 486 亿美元，对海关税收、工商税收的增长具有现实的促进作用，将成为上海未来经济发展的新增长点。船舶融资市场方面，全世界每年新船合同造价约 5 000 亿美元，中国需求规模为 1 500 亿美元，船舶融资租赁市场前景也十分广阔。

第三节　国际租赁的业务程序及合同内容

一、国际租赁业务的一般程序

国际租赁种类多样，不同种类的租赁业务程序略有不同。以融资租赁为例说明国际租赁贸易的一般程序。

（一）申请租赁

承租人向租赁公司提出租赁申请，填写租赁委托书。

（二）选定租赁设备

承租人根据自己生产经营的需要，选择租赁标的物，并与生产厂家商定标的物的型号、品种、规格、价格、交货期，然后由出租人代为购买。

（三）预约租赁

承租人将自己与生产厂家或供应商谈妥的租赁标的物的品名、规格、价格、供货时间、维修保养及租期等内容告知出租人，并要求出租人提出租赁费的估价单，双方协商后办理租赁预约手续。

（四）审查

出租人接受预约租赁后，根据承租人提交的文件及自己掌握的各种资料对承租人进行资信审查，根据审查结果决定是否给予租赁。审查是出租人和承租人签订租赁合同前必经的环节，目的是确定承租人是否具有偿还租金的能力。

（五）签订租赁合同

出租人对承租人的资信进行调查，认为符合出租人的要求，即可与承租人就租赁细节进行磋商，双方达成一致后签订租赁合同。

（六）订购租赁标的物

出租人按照租赁合同中规定的要求，向承租人选定的生产厂家订购租赁标的物，签订购货合同。

（七）租赁标的物的交接与验收

生产厂家按照合同规定的交货日期，向承租人直接交付租赁标的物。承租人对收到的租赁标的物进行安装、调试、试运行，验收合格后，将验收结果告知出租人，开始计算租期。

（八）支付货款

接到承租人的验收合格通知后，出租人向供货人支付货款。货款的支付按照购货合同的规定执行，所需货款由出租人承担。在许多情况下，出租人可以从金融机构获得资金融通，并签订贷款协议，到期还本付息。

（九）支付租金

国际租赁租期起算日一般为租赁标的物经承租人验收完毕之日。承租人按照租赁合同规定支付租金。一般可按月、季度、半年或一年等期限支付。

二、国际租赁合同的主要内容

国际租赁业务本身很复杂，一笔国际租赁业务往往涉及进出口销售合同、国际租赁合同、金融贷款协议等。

（一）进出口销售合同

在融资租赁业务方式下，进出口销售合同是由出租人作为买方，按照承租人与供货人达成的条件，代承租人与供货人签订的，并由承租人连署签字确认的书面协议。合同的主要内容同其他进出口销售合同基本相同，主要包括以下几方面。

1）货物名称、规格型号。

2）包装，包装条款一般包括包装材料、包装方式、包装规格、包转标志和包装费用。

3）数量，主要包括商品的数量和计量单位，应当明确具体。

4）价格，一般包括贸易术语、单价和总值。

5）装运条款，包括装运期、装运港、目的港等。

6）付款条件，主要包括支付工具、支付方式、支付时间与地点等内容。

7）保险，保险条款内容因合同类型的不同而有不同规定。

8）检验，包括检验时间与地点、检验方法、检验机构与标准等。

9）索赔，一般订有罚金、异议与索赔条款。

10）不可抗力，主要包括事故的范围、事故处理的原则和办法等。

11）仲裁，主要包括仲裁地点、仲裁机构、仲裁程序及效力等。

（二）金融贷款协议

金融贷款协议是出租人与金融机构之间达成的融通资金协议。与一般贷款合同一样，国际租赁项下的贷款合同主要包括以下几方面。

1）借贷双方当事人。

2）贷款的目的。

3）贷款金额。

4）贷款期限。

5）借款利率。

6）还款方式。

7）各方权利和义务。

8）担保条款等。

（三）国际租赁合同

租赁合同规定了租赁双方的权利与义务以及存在争议时如何解决等问题。在国际租赁业务众多合同中，租赁合同是重要的主体部分，它主要包括以下条款。

1）合同当事人，即出租人和承租人。当事人是合同首先必须明确的。

2）签约日期、地点。在合同的开头要注明合同号码、合同签约日期和地点。

3）合同的租赁标的物。其主要是租赁标的物的名称、规格、型号、技术要求、数量和交货日期。

4）租赁期限。合同中应规定租赁的期限。租期一般从租赁标的物交付承租人并验收合格之日起算；如需安装设备，则应从设备安装完毕、承租人正式开始使用之日起算。租期的长短根据设备的使用寿命来确定。

5）租金。支付租金是承租人的主要义务。租金条款必须明确总金额、支付方式、支付时间、每次支付的数额、付款地点、支付货币等。

6）租赁物的购买与交货。在融资租赁中，合同要注明出租人所购买的拟租赁的标的物是由承租人选定的，并要出具必要的证明。租赁合同还应明确租赁标的物的交货时间和地点、交货人不能按时交货的责任、验货时间和方法等。

7）纳税。国际租赁业务中涉及海关关税、工商统一税等多种税款。承租人与出租人应在合同中列明各自应缴纳的税款。

8）租赁物的保管、使用和保养。租赁合同中应明确规定承租人对租赁标的物的保管义务、使用方法和注意事项以及租赁标的物的保养责任。

9）租赁标的物的保险。承租人与出租人应在合同中明确规定由谁投保。

10）租赁期满后租赁标的物的处理。租赁期满后，租赁标的物的处理方法一般有：出租人将租赁标的物按现实公平市场价卖给承租人；承租人继续租赁；租赁标的物退还给出租人。

11）租赁保证金。在订立租赁合同时，作为履行合同的担保，承租人要向出租人交纳一定金额的保证金，租赁期满时退还承租人。如果承租人发生违约行为，出租人则要从中扣去一部分款项作为对其补偿。

12）担保人。担保人必须保证承租人严格履约，并在合同上签字。

13）违约与索赔。合同中应规定履约过程中对各种违约情况的索赔金额和方法。

14）争议的解决。承租人与出租人在履约过程中出现争议的解决方法和地点。

思考题

1. 什么是国际租赁？ 简述其业务程序。
2. 为什么要开展国际租赁？
3. 国际租赁有哪些类型？ 其各自的特点是什么？
4. 简述国际租赁合同的组成及其主要内容。
5. 从事国际租赁业务的主体大致有哪几类？衫`

参考文献

[1] 中国国际商会/国标商会中国国家委员会. 国际贸易术语解释通则 2020[M]. 北京:对外经济贸易大学出版社,2020.

[2] 中国国际商会. 跟单信用证统一惯例(2007 年修订本)[M]. 北京:中国民主法制出版社,2008.

[3] 进出口业务编写组. 国际贸易法律惯例规则选编[M]. 北京:对外贸易教育出版社,1987.

[4] 成喜玲,孙林霞. 国际贸易实务[M]. 天津:天津大学出版社,2013.

[5] 黎孝先. 国际贸易实务[M]. 7 版. 北京:对外经济贸易大学出版社,2020.

[6] 冷柏军. 国际贸易实务[M]. 3 版. 北京:中国人民大学出版社,2020.

[7] 吴百福,徐小薇,聂清. 进出口贸易实务教程[M]. 8 版. 上海:上海人民出版社,2020.

[8] 朱箴元. 国际结算[M]. 2 版. 北京:中国金融出版社,2011.

[9] 谢国娥. 海关报关实务[M]. 6 版. 上海:华东理工大学出版社,2017.

[10] 温耀庆. 进出口通关实务[M]. 北京:中国物资出版社,2007.

[11] 涂永式,江若尘,李颖灏. 国际市场营销[M]. 北京:科学出版社,2015.

[12] 中国国际货运代理协会. 国际货运代理基础知识[M]. 北京:中国对外经济贸易出版社,2003.

[13] 中国国际货运代理协会. 国际海上货运代理理论与实务[M]. 北京:中国商务出版社,2005.